신문 잡보를
통해 본 근대 초기
한국사회의
파노라마

지은이

강현조 姜賢助 Kang Hyun-cho

연세대 글로벌인재대학 전임직원. 연세대 국어국문학과를 졸업하고 동 대학원에서 석사 및 박사 학위를 취득하였다. 2010년 연세대 교육개발지원센터의 글쓰기교실 교육전문연구원으로 임용된 후 동 대학 학부대학 및 글로벌인재대학으로 소속 변경되어 같은 직무를 담당하던 중 2018년 동 대학 전임직원으로 전환되었다. 신소설과 번역·번안소설, 활자본 고소설 등 근대 초기에 등장했던 서사문학 작품과 신문, 잡지 등의 매체를 주로 연구해 왔다. 주요 저서 및 논문으로 『이인직 소설의 텍스트와 작품 세계』, 『제국신문 미공개 논설 자료집』(공저), 「김교제 번역·번안소설의 원작 및 대본 연구」, 「한국근대소설 형성 동인으로서의 번역·번안」, 「근대초기신문의 전래 서사 수용 및 변전 양상 연구」, 「근대 초기 매체의 문체 선택 및 분화 양상 연구」, 「이해조 소설의 텍스트 변화 양상 연구」, 「『제국신문』 잡보란 연구」, 「『대한일보』 소재 단형서사 연구」 등이 있다.

신문 잡보를 통해 본 근대 초기 한국사회의 파노라마

초판인쇄 2023년 11월 1일 **초판발행** 2023년 11월 10일

글쓴이 강현조 **펴낸이** 박성모 **펴낸곳** 소명출판 **출판등록** 제1998-000017호

주소 서울시 서초구 사임당로14길 15 서광빌딩 2층

전화 02-585-7840 **팩스** 02-585-7848

전자우편 somyungbooks@daum.net **홈페이지** www.somyong.co.kr

ISBN 979-11-5905-838-7 93910

이 저서는 2017년 대한민국 교육부와 한국학중앙연구원(한국학진흥사업단)의 한국학총서 사업의 지원을 받아 수행된 연구임 (AKS-2017-KSS-1130003)

This work was supported by Korean Studies Series through the Ministry of Education of the Republic of Korea and Korean Studies Promotion Service of the Academy of Korean Studies (AKS-2017-KSS-1130003)

신문 잡보를 통해 본 근대 초기

한국사회의 파노라마

강현조 지음

Taking of A Sight of The Panorama of Korean Society through The Miscellaneous News of Early Modern Newspaper

책머리에

이 책은 한국학중앙연구원의 한국학총서 사업의 지원을 받아 집필된 것이다. 이 책에서 저자는 근대 초기 신문의 잡보란이 한국 근대 초기의 현실에 대한 총체적 조망과 고찰에 있어 필수적일 뿐만 아니라 가장 유용한 자료가 될 수 있다는 점을 논증해 보이고자 하였다. 이를 위해 1895년 9월 『한성신보』에 의해 잡보란이 개설된 이래 각 시기별로 발행된 다양한 신문들의 잡보란에 대한 종합적인 고찰을 시도하였고, 더불어 동일한 시기에 발행된 신문들의 잡보란에 대한 상호 비교 검토라는 방법론을 토대로 당대의 현실이 매체에 의해 어떻게 묘사되고 있었는지를 살펴보았다.

먼저 제2장에서는 1895년 9월 잡보란을 최초로 개설하였던 『한성신보』를 필두로 하여 1900년 이전까지 근대 초기 신문 시장의 형성기에 등장하였던 민간 발행 순국문 신문들의 잡보란에 대해 고찰하였다.

『한성신보』 잡보란은 조선인의 시각에서 서술된 근대 일본 체험과 함께 서구 문명으로부터 유래된 지식과 정보를 독자들에게 설명하는 기사들을 다수 게재하였고, 이와 더불어 서사화된 기사를 적극적으로 게재하는 경향을 보였다.

이에 비해 『독립신문』의 잡보란은 국내의 정치 현안 및 사회 문제에 대한 내용을 중심으로 보도하는 경향이 강했다. 『독립신문』의 잡보란은 조선 사회 내부에서 벌어지고 있는 다양한 사건 사고를 보도함과 동시에 경우에 따라서는 사건 사고에 대한 짧은 비평적 언급을 첨부함으로써 독자들로 하여금 잡보란을 조선 사회의 현실에 대한 동시대적 인식을 공유하게 하는 지면으로 인식하도록 만들었다고 할 수 있다.

『독립신문』에 이어 기독교계에서 발행한 순국문 신문인 『조선(대한)그리스도인회보』와 『그리스도신문』의 잡보란은 당대의 기독교인을 구성하고 있던 하위계층의 현실적 문제와 밀접한 관련이 있는 사안에 대해 중점적으로 보도하였음을 알 수 있다.

마지막으로 『협성회회보』와 『매일신문』 그리고 『제국신문』의 잡보란에서는 외국인에 의한 자국민 차별 문제뿐만 아니라 다양한 사회적 문제를 해결하는 데 있어 무능함을 드러내던 중앙 및 지방의 관료 집단에 대한 비판적 보도를 더욱 적극적으로 수행함으로써 앞서 발간되었던 신문들과 차별화된 양상을 보여주었다고 할 수 있다.

제3장에서는 신문 시장이 확대되고 매체의 다양한 분화가 이루어지던 시기인 1904~1907년 사이에 등장하였던 대표적인 신문인 『대한매일신보』와 『제국신문』, 그리고 『경향신문』 잡보란을 비교 고찰함과 동시에 이들 신문의 등장에 앞서 대척점에 서 있었던 일본인 발행 신문인 『대한일보』의 잡보란을 고찰함으로써 서로 다른 정파성을 지닌 매체들이 당대의 현실을 어떻게 상이하게 묘사하고 있었는지를 비교해 보았다.

먼저 1904년 3월에 창간된 『대한일보』의 잡보란은 언뜻 보기에는 당대 사회의 현실에 대한 비판과 바람직한 사회적 변화를 견인하기 위한 대안을 제시하는 것처럼 보이지만, 기사의 실질적인 내용을 면밀히 살펴보았을 때에는 러일전쟁에서 일본의 승리가 확실시된다는 인식을 확산시키는 것과 일본의 조선에서의 위상이 강화되는 현실에 대한 한국 국민의 순응과 나아가 적극적인 협조가 필요하다는 인식을 유포하려는 시도에 초점이 맞춰져 있음을 알 수 있다.

이에 비해 『대한일보』와 동일 시기에 발행된 『대한매일신보』는 창간 직후부터 잡보란을 통해 일본에 의해 강행되는 식민지화 정책과 그로 인해 일반 백성들이 겪게 되는 피해를 보도하고 독자들에게 현실에 대한 각성을 불러일으키는 기사들을 적극적으로 게재하였음을 알 수 있다. 아울러 『대한매일신보』는 외세의 주권 침탈 및 민권 침해의 현실 속에서 이에 맞서 국민을 보호하고 국권을 수호하는 데에 경주하기는커녕 오히려 사익을 탐하고 백성을 더욱 도탄에 몰아 넣는 군수와 아전 등 지방 관료 집단의 폐단과 비리를 고발하는 기사 역시 적극적으로 게재하였음을 알 수 있다.

다음으로 동일 시기에 발행되었던 확대판 『제국신문』과 『대한매일신보』의 잡보란 비교 고찰을 통해 두 신문이 당대의 현실을 어떻게 인식하고 묘사하고 있었는지에 대해 살펴보았다. 먼저 정미의병의 활동이 왕성하게 이루어졌던 시기에 발행된 두 신문의 잡보란을 비교해 보면 표면적으로는 의병에 대한 기사를 거의 비슷한 분량과 비중으로 다루고 있으나, 의병을 지칭하는 단어의 사용 양상과 그 용법을 좀 더 구체적으로 살펴볼 경우 의병에 대한 두 신문의 시각에는 일정한 차이가 있음을 알 수 있다. 두 신문의 차이를 좀 더 분명하게 드러내는 대상은 바로 여성 관련 기사라고 할 수 있는데, 확대판 『제국신문』에서는 동일한 시기의 『대한매일신보』에 비해 여성 관련 기사의 건수 및 분량에 있어 우위를 나타내고 있을 뿐만 아니라 여성을 지칭하는 단어와 이의 용법 또한 더욱 다양하면서도 복잡한 양상을 보이고 있다는 점을 알 수 있다.

한편 동일 시기에 발행되었던 『경향신문』은 제국주의적 침략을 노골화하고 있던 일본의 한국인에 대한 폭력과 억압적 행태에 대해 대단히 상세하면서도 비판적인 관점에 입각하여 보도하였던 것으로 확인된다. 특히 『경향신문』에서는 이러한 현실을 고발하고 폭로하는 데 있어 가해자인 관료 집단에 대한 비판적인 인식을 적극적으로 드러내는 경향을 보이고 있어 비교적 전언과 인용의 방식으로 형식적인 객관성을 유지하고 있던 『대한매일신보』와는 뚜렷한 차이를 나타내고 있다. 『경향신문』은 『대한매일신보』나 확대판 『제국신문』보다 더욱 강력하면서도 강경한 반외세적, 반봉건적 관점에서 당대의 현실에서 발생한 일본의 한국에 대한 주권 침탈과 다양한 범죄 행위를 고발함과 동시에 보호해야 할 백성들을 오히려 억압하고 늑탈하는 관료 집단 및 지배 계층의 부정적인 행태와 비리들을 여과 없이 잡보란에 기사화함으로써 당대에 가장 비판적인 언론 매체로서의 면모를 보여주었다고 할 수 있다.

결론적으로 저자는 이 책을 통해 근대 초기 사회에 대한 고찰에 있어 일정한 편향성과 의도에 의해 근대 초기 매체의 일부만이 한정적으로 선택되어온 관행, 그리고 매체의 지면 안에서 나타나고 있었던 내용적 다양성이 사상된 채 논설만이 매체의 메시지 그 자체이자 연구자들의 주장을 뒷받침하는 가장 중요도가 높은 근거 자료로 인용되어 온 관행에 대한 반성의 필요성을 제기하였고, 이의 극복을 위해 매체 전반에 걸친 비교 검토와 함께 비교 대상을 논설에서 잡보로 확장할 것을 제안하였다. 저자는 이 기록들이 지금까지 학계로부터 그 가치에 부합하는 정당한 관심과 주목을 받지 못했다고 보고 있다. 앞으로도 지속적인 고찰과 분석을 통해 당대 사회의 현실이 지닌 복합적이면서도 역동적인 양상을 재현해내기 위한 노력이 이루어지길 바란다.

차례

제1장

근대 초기 신문, 그리고 잡보를 주목하는 이유

1. 왜 근대 초기인가?

1876년 강화도조약의 체결로 인해 조선이 외국에 문호를 개방한 이후부터 1910년 국가의 멸망에 이르기까지의 시기를 가리키는 용어는 보는 이의 시각에 따라 매우 다양하다. 이 시기가 대단히 역동적이면서도 혼란스러운 사회 변동으로 점철되었기에 시대적 총체성 혹은 본질적 특징을 온전하게 담아 드러내 줄 수 있는 단어를 찾기가 쉽지 않다는 것은 주지의 사실이다. 또한 어떤 특정한 단어로 명명하는 순간 많은 다른 특징들이 관찰자의 시야에서 사라질 수 있다는 점에서 이 시기를 어떻게 명명할 것인가의 문제에 대해서는 대단히 조심스러운 접근을 하지 않을 수 없다.

하지만 적어도 저자는 '개화기'라는 용어가 주는 이중성, 즉 '개화가 곧 선善'이라는 미화법美化法을 통해 서구적 근대를 이상화하거나 나아가 서구적 근대의 이념과 제도가 폭력적으로 강요되었던 역사를 결과적으로 은폐해버릴 수 있다는 점 때문에 비록 이 용어가 오랜 기간 널리 사용되어 왔다고 할지라도 이 책에서는 수용하지 않고자 한다. 마찬가지로 '근대계몽기'라는 용어, '계몽'이라는 단어의 함의로 인해 다수의 민중을 단지 수동적인 대상으로 인식하게 만들고, 엄밀히 말해 실제에 있어서도 대중들에게 계몽가로서 별다른 지도력을 보여주지 못했던 일부 지식인과 사상가 집단까지도 일반화하여 반외세의 전위적 주체로 격상시키는 효과를 발휘하게 되는 이 용어에 대해서도 선뜻 동의하기는 어렵다.

한편 언뜻 보기에는 객관적이고 가치중립적인 개념처럼 보이지만 실제로는 이 시기에 유구한 역사 속에서 일정한 필연적 이유를 지니고 현존해 오던 사회 현실 전반을 마땅히 떨쳐버렸어야 할 낡은 옛 체제로 규정하게 만드는 결과를 초래하기 마련인 '구한말'이라는 용어에 대해서도 별다른 매력을 느끼지 못한다. 이 시기가 구한말이라면 도대체 '신한新韓'의 시대는 언제 있었단 말인가? 문화의 측면에서는 일신一新함이 있었다고 말할 수 있는 부분이 다소나마 있었다고 말할 수 있을지 모르겠으나, 사회경제사적인 측면에서 보았을 때 '구한舊韓'인 조선에 이어 등장한 남북한 분단 체제하에서 부와 권력이 소수에 의해 독점되어 오던 현상적 경향이 과연 일소되었는가? 그나마 대한민국에서만큼은 국민이 직접 선거를 통해 선출 권력을 교체하는 것이 가능하다는 경험과 인식을 갖게 된 지 30여 년이 됐다는 것이 거의 유일한 '신한'의 특징이 아닐까 싶다.

애초에 제국주의 일본의 군사력에 압도당해 체결되었던, 사실상 강요나 다름없었던 강화도조약부터가 개화의 실질적 개념과 어울리지 않을 뿐만 아니라 그렇게라도 해서 30여 년에 걸쳐 새로운 문물과 사상을 받아들이며 국가를 일신하고 백성을 계몽하려던 일체의 실천이 결국 국가의 멸망으로 귀결된 이 시기를, 개화와 계몽이라는 한편으로 기울어진 가치지향적 이념에만 의거해서 이해하고 규정하려는 것은, 의도하든 의도하지 않든 간에 불편하게 느껴질 수도 있지만 우리가 직시하지 않으면 안 될 당대의 또 다른 진실, 즉 개화와 계몽의 이념 추구과정에서 의도적이든 그렇지 않든 간에 배제되거나 포섭되어버린 다양한 하위 주체들과 이들에게 가해지던 동일시의 요구가 가시적이든 비가시적이든 간에 폭력의 형태로 현상하였던 명암의 혼재 상태를 은폐해버리는 우를 범하게 될 수도 있다고 본다.

이에 저자가 강조하려는 바는 연구자가 한 시대의 총체적 진실을 찾고 이를 충실하게 복원하려는 의도가 있다면 우선 당대의 객관적인 사실 그 자체에 집중하는 것이 선행되어야 한다는 점이다. 물론 당대 역사의 객관적인 사실 그 자체가 무엇인가에 대해서도 근본적인 의문은 제기될 수밖에 없겠지만 적어도 1876~1910년은 그 이전의 시기, 즉 전근대와 확연하게 다른 시대로 진입하게 만드는 여러 가지 제도와 사상, 그리고 운동이 혼재하면서도 공존한 시기이자 새로운 시대의 출발점이었다는 점은 분명하다. 이에 '새로운 시대가 시작되는 시기'라는 사전적인 의미와 당대의 상황에 대한 객관적 시각에 충실하기 위해 근대 초기라는 용어로 이 시기를 바라보고자 한다.

2. 특정 신문 편중을 넘어 매체 간 비교로

이 시기에 대한 이와 같은 개념적 정의를 토대로 당대 현실의 총체적 면모를 고찰하고자 할 때, 그 기본적인 전제가 되는 객관적인 사실들을 파악하는 데 있어 가장 대표적이고 유용한 자료에 해당하는 것이 새로운 근대적 매체 중 하나인 신문이라고 할 수 있다. 근대 초기의 도래를 가져오는 데 가장 큰 역할을 한 문물이자 제도 중의 하나가 바로 근대 초기 매체라는 점은 부정할 수 없는 주지의 사실이기 때문이다. 실제로도 근대 초기의 다양한 역사적 사건들을 조명하고 이해하기 위한 다양한 학문적 접근들에서 근대 초기 신문은 중요한 전거로 활용되어 왔다. 다만 근대를 개화와 계몽, 그리고 반외세적인 민족주의의 관점에서 보려는 시도와 관행이 굳어지면서 연구자가 지닌 렌즈의 일정한 편향성과 의도에 의해 근대 초기 매체의 일부만이 한정적으로 선택되어 왔음에도 불구하고 그 일부가 마치 전체인 것처럼 다뤄져 왔다는 점은 비판의 대상이 되지 않을 수 없다. 비록 일정한 타당성이 있고, 때문에 어느 정도 보편적인 동의와 인정을 받아오기는 했지만 이 같은 관행은 이른바 '성급한 일반화의 오류'라는 지적으로부터 결코 자유로울 수는 없기 때문이다.

이러한 관행은 크게 두 가지 양상으로 나타났다고 할 수 있는데, 첫 번째는 이 시기에 수많은 매체가 존재하였었음에도 불구하고 이른바 민족정론지라는 이름으로 불렸던 매체들만이 주로, 그리고 선택적으로 인용되었다는 점, 두 번째는 근대 초기 매체가 대부분 정론지적 성향을 띠었다는 도식적 사고에 긴박

되어 매체의 지면 안에서 나타나고 있었던 내용적 다양성이 사상捨象된 채 논설로 대표되는 특정한 텍스트만이 매체의 메시지 그 자체이자 연구자들의 주장을 뒷받침하는, 가장 중요도가 높은 근거자료로 인용되어 왔다는 점이다.

예컨대 『독립신문』, 『대한매일신보』, 『황성신문』과 같은 신문들이 국민 계몽과 개화 자강의 이념을 설파하고, 나아가 반외세의 여론을 형성하는 데 기여한 대표적인 언론으로 지목되는 현상이 이에 해당한다고 할 수 있다. 물론 근대 초기의 조선과 대한제국에서 이 세 신문이 미친 영향이 크다는 사실을 부정하려는 것은 결코 아니다. 세 신문의 영향력은 사실의 차원에서 충분히 인정될 수 있지만, 이 신문들만이 근대 초기 조선-대한제국에 존재한 유일한 매체가 아니었다는 사실 또한 충분히 존중되어야 한다는 점을 강조하고자 하는 것이다. 이와 관련하여 애초에 민족정론지의 대표 격으로 평가받는 『독립신문』 또한 이미 창간되어 있었던 조선 최초의 민간 신문인 『한성신보』의 후발 주자이자 강력한 대항 매체로서 출발했다는 사실을 다시금 되새겨 볼 필요가 있다.

1895년 9월 지형을 확대하여 기존의 일본어 지면에 국한문과 순국문을 혼용한 한국어 지면을 추가하는 방식으로 신문을 발행하기 시작한 『한성신보』와 1896년 4월 창간 당시부터 순국문으로 발행되었던 『독립신문』은 비록 1년이 채 안 되는 짧은 기간이었지만 1897년 2월까지 일본인 발행 신문 대 조선인 발행 신문이라는 양자 구도 속에서 독자 확보를 위한 경쟁을 벌인 바 있다. 실제로 『독립신문』이 창간되던 해인 1896년 『한성신보』의 총 독자 수는 1,911명에 달했다고 하며, 조선인 독자 대 일본인 독자의 비율은 대략 2.5 : 1 정도로 조선인 독자의 수가 훨씬 더 많았다.[1] 한편 『독립신문』은 1898년 1월의 정기구독자 수가 약 1,123명이었고, 같은 해 11월에 최고 3,000부까지 급증했다고 한다.[2] 이 같은 사실로 미루어보면 적어도 초기에

1 김영민, 『한국의 근대신문과 근대소설 2 - 한성신보』, 소명출판, 2008, 21쪽 참고.

는 선발 주자인 『한성신보』가 『독립신문』에 비해 훨씬 더 많은 조선인 독자를 확보하고 있었다고 볼 수 있다. 이는 두 신문의 영향력 차이를 가늠케 하는 지표가 될 수 있다. 같은 이유로 2년여 후에 두 신문의 독자 수가 역전된 것은 영향력의 크기 또한 역전되었음을 의미한다고 볼 수 있다. 다시 말해 1896~1898년 사이의 언론계는 두 신문의 경쟁 구도라는 관점에서 그 지형을 파악하는 것이 온당한 접근 방식이라고 할 수 있으며, 『독립신문』의 논조와 기사의 특징이 형성되는 데에는 역시 『한성신보』와의 독자 확보 경쟁이 중요한 요인 중의 하나로 자리 잡고 있다고 해도 과언이 아니다.

요컨대 초기에는 독자 확보 경쟁에서 『한성신보』에 밀리던 『독립신문』이 어떤 전략을 활용하였기에, 즉 논설과 기사 등 전체 지면의 내용을 어떻게 구성하였기에 선발 주자를 물리치고 신문 시장의 승자로 등장할 수 있었는지를 살펴보아야 할 필요성이 있는 것이다.

여기에 1897년 2월과 4월에 각각 창간된 『조선(대한)그리스도인회보』와 『그리스도신문』은 선교사들이 발행한 기독교 신문으로서 종교계에서 발행하는 매체라는 점에서 대상 독자층에 일정한 한계가 있긴 하지만 기존의 『독립신문』, 『한성신보』와 함께 본격적인 다매체 시대의 서막을 함께 열었다고 할 수 있으며, 1898년 4월과 8월, 그리고 9월에 각각 창간된 『매일신문』, 『제국신문』, 『황성신문』의 등장은 맹아적인 형태이기는 하지만 근대적인 의미에서의 신문 시장이 형성되었음을 보여주는 역사적 사건이기도 하다. 말하자면 1895년 9월 『한성신보』 배대판倍大版의 등장 이래로 불과 3년 만에 근대 초기의 조선-대한제국에 7개의 신문사가 언론계라는 근대적 '매체 생태계'를 형성하는 급격한 변화가 초래되었다고 할 수 있는 것이다.

물론 오늘날의 매체 환경과 여론 다양성을 기준으로 본다면 신문의 수와 구독자 수 및 발행 부수 등을 고려한 이 시기 신문 시장의 지형은 상대적으로

---

2 신용하, 『독립협회연구』, 일조각, 1976, 334~335쪽 참고.

매우 소소해 보일 수 있고 매체 간 차별성이 그렇게까지 크지 않다고 생각할 수도 있을 것이다. 그러나 현재의 언론계의 현실을 기준으로 이 시기의 언론계를 규정하려는 접근 방식은 당대의 상황과 특수성을 충분히 고려하지 못하고 다양하면서도 풍부하게 존재하는 사실들을 놓쳐버리는 결과를 가져올 수도 있다. 위의 7개 신문만 하더라도 일본인 발행 신문 대 조선인 발행 신문이라고 하는 발행 주체의 차이, 순국문 신문 대 국한문 신문이라고 하는 표기 수단의 차이, 기독교인·여성·청년 등 주요 대상 독자의 차이 등 매체 간 차별성과 다양성을 초래하는 여러 요인과 변수들이 복합적으로 작용하면서 저마다의 특색을 드러내고 있기 때문이다.

물론 이 시기의 신문들이 전반적으로 국민 계몽과 개화 자강의 이념을 주창한 것으로 이해하는 것은 대체로 사실과 부합한다고 할 수 있다. 그러나 각각의 신문마다 주요 대상 독자와 신문사 필진의 정치적, 사회 계층적 기반에 따라 내부적인 목소리들 사이에는 엄연한 차이가 존재한 것 또한 엄연한 사실이다. 다시 말해 『독립신문』과 『황성신문』 같은 특정 신문만을 통해 당대의 현실을 파악하려 한다거나 특정 신문이 당대 여론을 전적으로 대표한다는 식의 전제를 토대로 이 시기를 고찰하고자 한다면 근대 초기 조선-대한제국 사회가 지닌 복합성과 다양성이 온전히 드러나기 어렵게 될 것이라는 점은 분명하다. 같은 시기에 발행된 모든 신문의 지면을 함께 살펴봐야 하는 이유가 여기에 있다.

근대 초기 매체를 통해 근대 초기의 조선-대한제국 사회를 살펴보는 작업을 진행하는 데 있어 이른바 정론지로 불리는 일부 특정 신문을 선택적으로 집중 조명하는 방식이 갖는 문제점은 다음과 같은 사실에 의해서도 확인될 수 있다. 1895~1898년 사이에 도래했던 복수 신문의 창간과 그에 따른 신문 시장의 확대 현상이 근대적 언론계의 형성을 가져온 첫 번째 계기적 사건이었다면, 매체의 다양성이 이전에 비해 더욱 폭발적으로 증대함과 동시에 본격적인 신문 간 경쟁 체제의 성립을 가져온 두 번째 계기가 존재한다는 점이 그것이다.

1904년 7월 『대한매일신보』가 창간된 이후 1906년에는 『경향신문』과 『만세보』가 연이어 창간되었고, 1907년 5월에는 먼저 『제국신문』이 속속 창간되던 여타의 신문들과의 독자 확보 경쟁에서 우위를 차지하기 위해 지형을 확대한 배대판을 발간하기 시작한 데 이어 그동안 순국문과 국한문을 혼용하여 지면을 발간하던 『대한매일신보』 또한 순국문판을 별도로 발행하는 등 신문 시장 자체의 확대와 내부 분화가 지속되었고, 이 추세는 1909년 『대한민보』와 최초의 지역 기반 신문인 『경남일보』의 창간 때까지 이어졌다. 다시 말해 을사늑약이 체결되던 해인 1905년에서 한일신협약과 고종의 강제 퇴위 사건을 거치면서 사실상 국가의 멸망이 가시화되기 시작했던 1909년에 이르는 기간 동안 기존의 『제국신문』과 『황성신문』 외에도 5종 이상의 신문이 동시에 발행되는, 그 이전 시기와 비교해 보았을 때 역설적으로 매체의 다양성이 폭발적으로 증대되는 상황이 초래되었고, 나아가 민족지로 규정되어 온 한국인 발행 신문 내에서도 집필진의 신분, 종교, 출신 지역 등에 따라 다양한 정치적 입장의 분화 현상이 노정되었던 것이다. 때문에 이 시기 현실의 다양한 국면과 총체적 진실을 추적해 들어가는 작업을 진행하고자 할 때 그 대상이 『대한매일신보』와 『황성신문』 등과 같은 한두 종의 신문으로만 한정된다면 일면적인 고찰로 귀결될 수밖에 없다는 지적으로부터 자유로울 수 없다. 이와 같은 동일 시기 복수 신문의 공존 상황은 해당 시기의 현실을 들여다보는 데 있어 전반적인 매체 간 비교 검토가 필요하다는 문제 제기의 근거가 될 수 있다.

3. 잡보라는 새로운 고찰 대상

다음으로 매체 간 비교 검토와 함께 논의되어야 할 문제는 근대 초기에 발행된 신문들의 지면에서 관심을 가져야 할 대상이 논설에 한정되는 것이 타당한가 하는 점이다. 물론 일찍부터 학계에서는 근대 초기 매체의 지면 중 논설 외에도 당대 현실을 적극적으로 반영했던 문학 양식인 소설에 주목해왔고, 많은 연구 성과가 축적된 것 또한 사실이다. 그러나 실제로 근대 초기 매체의 지면에서 가장 많은 분량과 편폭을 차지하는 것은 논설도, 소설도 아닌 잡보였다. 뒤에서 좀 더 자세히 살펴보겠지만 잡보는 그 명칭에서도 알 수 있듯이 현대 신문의 일반적인 지면과 달리 기사, 서사물, 칼럼 등 다양한 종류로 분류할 수 있는 텍스트들이 복합적이면서도 미분화된 형태로 구성되어 있었던, 말 그대로 '잡스러운' 지면이다. 신문별로 방대한 분량을 차지하고 있는 잡보란은 그 내용적 다양성 또한 풍부하여 근대 초기 조선-대한제국 사회의 현실을 총체적으로 이해하는 데 있어 필수적이면서도 대단히 유용한 자료가 될 수 있음에도 불구하고 지금까지는 그 위상과 중요도에 걸맞은 학문적 관심의 대상이 되지 못했다. 이에 이 책에서는 먼저 본격적인 고찰에 앞서 근대 초기 매체의 잡보에 주목해야 하는 이유에 대해서 설명해 보고자 한다.

앞서 언급했듯이 근대 초기의 조선-대한제국에서 두 차례에 걸쳐 나타난, 단기간에 이루어진 신문의 급증은 구독자 수의 증대라는, 즉 신문 시장 자체의 확대라는 결과를 가져오기도 했지만 그럼에도 불구하고 시장 형성의 초기인 관계로 여전히 한정되어 있던 구독자들 사이에서 신문사 간 경쟁을 초래하기도 하였다. 오늘날이든 근대 초기든 상품시장경제의 원리가 작동하는 것은 신문이라고 해서 예외가 될 수 없었던 것이다. 실제로 각 신문사는 예외 없이 모두 신문이 사회의 공기公器이며, 대중의 신문 구독이 곧 개화와 계몽의 지름길임을 강력하게 설파하였지만 현실에 있어 대부분의 신문은 정기구독자의 확보에 애를 먹었고, 구독료를 납부하지 않은 채 신문을 보는 독자들에게 납부를 호소하거나 독촉을 했을 뿐만 아니라 심지어 미납자 또는 신문 구독을 거부하는 사람들을 공격적으로 비난하는 메시지를 수시로 지면에 게재할 정도로 적어도 영업적인 측면에 있어서는 고전을 면치 못했다. 이 같은 사정 때문에 대다수 신문이 왕실 내탕금의 하사 방식으로 이루어지는 정부 지원금에 의존하거나 적지 않은 지면 분량을 광고로 채워야 했으나, 이마저도 쉽지 않아 경영난과 그에 따른 잦은 휴·정간을 겪었던 것은 주지의 사실이다.

이처럼 신문 자체의 필요성에 대해 별로 공감하지 못하는 사람들이 많았던 근대 초기의 조선-대한제국에서 한정되어 있는 구독자들, 그 수가 모든 신문사의 재정적 자립을 가능케 할 만큼 충분히 증가하지 못하고 있는 구독자들을 두고 상호 경쟁을 벌여야 하는 신문사들이 생존을 위해 선택할 수 있는 방안은 무엇이었을까? 당대의 모든 신문이 논설란을 통해 자사의 정론성과 정치적 당파성을 드러냈던 것은 사실이지만 이 논설란만이 구독자로 하여금 신문을 구매할 필요성을 느끼게 만드는 가장 중요하면서도 유일한 지면이었을까? 결코 그렇지 않다. 신문사가 독자를 확보함으로써 시장 경쟁에서 살아남기 위해 채택한 전략은 오늘날과 마찬가지로 콘텐츠의 다양화와 차별화였고, 그중 가장 전형적인 것이 소설로 대표되는 서사물의 활용이었다.

이미 많은 연구자에 의해 지적된 바 있듯이 1897년 『한성신보』에 소설란이 개설되고 연재가 되기 시작한 이래 소설은 모든 신문에서 필수적인 콘텐츠가 되었고, 경우에 따라서는 논설을 2면으로 밀어내고 1면을 차지하기도 할 정도로 그 비중이 증대되었다. 『한성신보』의 소설란 개설과 독자 확보를 위한 서사물의 활용은 일본에서 신문들이 활용하던 방식을 그대로 가져온 것이긴 하였으나, 이는 이후 여타의 신문들에도 폭넓게 수용되었다. 다소 후대이기는 하지만

1905년을 전후로 하여 소설란을 독립시켜 서사물을 본격적으로 연재하는 경향이 여러 신문에서 유행처럼 나타나기 시작하였는데, 신문 지면에서 소설의 비중을 극대화한 가장 극적인 사례로는 1906~1907년 사이에 이인직의 소설을 연재한 『만세보』와 1907~1909년까지 이해조의 소설을 거의 하루도 빠짐없이 연재한 『제국신문』의 경우를 들 수 있다. 이 두 신문에서의 소설 연재는 필사본 세책에 의한 서사물의 전통적인 향유 방식을 신문 연재 후 활판 단행본의 출판이라는 근대적인 대중 독서 방식으로 대체하기 시작했고, 이후로도 오랜 기간 즉 해방 이후까지도 신문은 소설을 생산하고 유통하는 가장 강력한 매체이자 일종의 제도로서 기능한 바 있다. 물론 주로 문학 연구자들에 의해 이와 같은 소설과 신문의 공생 관계가 오랫동안 연구되었고, 이미 많은 성과가 축적되어 있기도 하다.

그러나 앞에서도 언급했듯이 이 같은 본격적인 소설란의 개설은 1905년이 되어서야 비로소 이루어진 일이다. 그렇다면 신문들은 1905년 이전에는 무엇으로 독자들의 흥미와 관심을 끌 수 있었을까? 1897년 이후에 창간된 초기의 신문들은 주로 잡보란에 기사와 서사를 미분화된 상태로 구성하였고, 다양한 서사물을 잡보란에 게재하는 방식을 활용하였는데, 이는 역시 『한성신보』가 잡보란을 통해 서사물을 연재했던 방식을 수용한 결과였다. 그렇기 때문에 1897~1905년 사이의 신문들을 살펴볼 때 잡보란을 단순히 보도 기사가 게재된 지면으로만 이해해서는 안 된다. 다양한 근대 초기 신문들에 빠짐없이 개설되어 있었던 잡보란은 근대 초기의 조선-대한제국 사회의 총체적 현실을 파악하기 위해 고찰되어야 할 사실과 서사의 보고寶庫인 동시에 사료史料적 가치와 함께 당대의 현실에 대한 문학적 반영물로서의 가치를 지닌 복합적 자료로서의 속성을 지니고 있는 것이다. 이 시기의 잡보란은 기사와 함께 서사물을 혼용하여 구성되고 있었고, 서사물 게재의 영향으로 기사 자체도 단순한 보도문의 수준을 조금씩 벗어나기 시작하면서 그 자체로 서사화되는 경향을 보이기도 하였다. 뿐만 아니라 잡보란은 근대적 지식과 문물을 소개하는 박물지적 정보 제공 지면으로서의 기능도 동시에 수행하고 있었다.

결국 근대 초기에 발행된 신문들의 잡보란은 단순한 정치, 경제, 사회적인 사실의 보도 외에도 풍문의 전언과 함께 심지어 허구를 사실처럼 구성하여 전달함으로써 사실과 허구 사이의 경계를 명확히 파악하기 어려운, 현대의 일반적인 기사의 범주로 분류할 수 없는 내용들이 혼재해 있는 지면인 동시에 근대 초기에 대중들에게 신문명과 문물에 대한 지식 및 정보의 전달이라는 백과사전적 기능까지도 수행하는, 폭넓은 편폭과 방대한 분량으로 구성된 당대의 '멀티콘텐츠 저장소'이자 정부의 공식 기관을 대신하여 자생적으로 형성된 민간의 '기록 보관소archives'라고 해도 지나친 말이 아니다.

따라서 잡보란이라는 텍스트는 논설에 대한 독해만으로는 포착될 수 없는 당대 사회의 다양한 주체들의 사회적 실천, 주요 역사적 사건의 이면에 담긴 복잡하면서도 복합적인 맥락, 대중들의 일상적 삶을 구성함과 동시에 다양한 문화적 욕구를 충족시켰던 사물들 및 콘텐츠가 무엇이었는지를 알 수 있게 해주는 단서이자 수단인 것이다. 잡보란에 대한 고찰을 통해 근대 초기 한국사회의 현실을 총체적으로 규명하려는 시도의 타당성이 여기에 있다고 하겠다.

지금까지 논의한 바와 같이 시대상을 반영하는 자료로서 잡보의 중요성과 그 고찰의 필요성에 대한 문제 제기에 동의한다면 다음으로 지적되어야 할 부분은 당대의 각 신문의 잡보에 기사로 등장하는 내용 간의 비교 고찰 작업이 필요하다는 점이다. 잡보 자체가 다양하면서도 복합적인 내용들이 미분화된 상태로 섞여 있기는 하지만 이를 신문별로 살펴볼 경우 해당 신문사가 당대의 현실에서 무엇을 중요하게 생각했고, 어떤 것을 독자에게 전달하고자 했는지를 알게 해주는 중요한 단서가 될 수 있다. 특히 동일한 사건이나 동일 시기의 시사적 이슈, 예컨대 의병의 봉기나 국채보상운동, 여성 계몽 등에 대한 각 신문사 잡보란의 보도 비중과 보도 태도 등을 비교해 본다면, 대체로 엇비슷한 논조를 보였던 논설을 통해서는 변별해내기 힘든, 각각의 신문들이 당대의 현안들에 대해 가지고 있었던 관점과 시각을 더욱 명확하게 변별해낼 수 있는 결과를 기대할 수 있다. 그리고 이러한 매체 간 비교 작업이 전면적으로 진행된다면 잡보란을 통한 근대 초기 한국사회에 대한 총체적 조망이라는 목표에 더욱 다가갈 수 있을 것이다.

예를 들어 의병의 봉기와 무장투쟁이 활발하게 이루어졌던 1907년 5월부터 1909년 2월까지의 기간에 발행되었던 확대판 『제국신문』[3]과 『대한매일신보』의 잡보란을 비교해 보면, 확대판 『제국신문』은 의병을 지칭할 때 비도 또는 폭도라는 단어를 사용하는 경우가 각각 101회와 78회로 월등히 많았던 반면 『대한매일신보』는 비도 3회와 폭도 10회로서 그 사용 빈도에 있어 현저하게 차이가 난다.[4] 이러한 양상은 1차적으로는 신문지법의 도입 등 통감부로 대표되는 일제 당국의 검열 및 보도 지침의 영향과도 무관하지 않겠지만, 동일한 외적 제약이 모든 언론 매체에 작용하고 있었음에도 불구하고 두 신문 사이의 의병 관련 기사에서 의병을 지칭하는 방식의 차이가 나타난 것은 의병을 바라보는 두 신문사의 입장과 시각 차이를 반영한 결과로 해석할 수 있을 것이다. 물론 좀 더 많은 사례들의 축적과 차이 발생의 원인에 대한 엄밀한 분석이 수반되어야겠지만 이러한 차이는 『제국신문』이 『대한매일신보』에 비해 통감부로 대표되는 일제 당국의 의병에 대한 시각 내지는 보도 지침을 더 철저히 따르지 않

3 1907년 5월 17일부터 1909년 2월 28일까지의 발행분을 가리킨다. 자세한 내용은 근대초기매체연구회 편, 『제국신문 미공개 논설 자료집－1907.5.17.~1909.2.28.』, 현실문화연구, 2014, 「해제」 참고.

4 졸고, 「『제국신문』 잡보란 연구－신자료 지면확대판(1907.5.17.~1909.2.28.)을 중심으로」, 『현대문학의 연구』 63, 한국문학연구학회, 2017, 14~16쪽 참고.

을 수 없는 어떤 사유가 있었다는 의미로도 이해할 수 있고, 혹은 의병에 대한 제국신문사의 시각이 대한매일신보사보다 상대적으로 더 부정적이었다는 의미로도 해석이 가능하다. 일제로 대표되는 외세에 대한 민중적 저항으로서의 의병운동에 대해 오늘날 학계의 역사적 평가는 크게 다르지 않지만, 당대의 경우 매체에 따라 무장투쟁방식을 바라보는 시각에 편차가 존재하였고 이 같은 시각차에 따라 의병운동을 저항이 아닌 사회적 혼란의 증대로 그리는 경향 또한 공존하였을 여지가 있는 것이다. 이는 당대에 신문 집필진이 지닌 정치적 입장 및 그들이 지향하는 노선이 반드시 저항적 민족주의로 수렴되는 것만은 아니라는 점을 시사할 뿐만 아니라 이 같은 차이로 인해 보도 대상이 되었던 조선사회의 다양한 역사적 사건 및 시사적 사안에 대해 묘사하거나 형상화하는 방식이 매체에 따라 다를 수 있다는 점을 시사하는 것이기도 하다. 잡보 자체에 대한 학문적 관심과 함께 각 신문의 잡보 기사에 대한 비교 고찰이 필요한 이유가 여기에 있다고 할 것이다.

우리는 앞 절에서 먼저 근대 초기의 조선-대한제국 사회를 총체적으로 살펴보기 위해 가장 유력하고 유용한 대상이자 동시에 이 시기 연구를 위한 사료로서의 성격을 지니기도 한 근대 초기 매체에 대해 기존의 연구들이 지니고 있었던 문제점이 무엇인지 짚어 보았다.

미시사적微視史的 연구 방법과 시각의 대두로 인해 이 시기 연구의 성과가 과거에 비해 대단히 많이 축적되어 온 것도 사실이지만, 여전히 특정 매체만이 선택적으로 논의의 주된 참고 대상이 되고 있는 점과 각 매체에서도 특정 지면, 그 중에서도 논설이 가장 주된 근거자료가 되고 있는 현실은 크게 달라지지 않았다고 해도 과언이 아니다. 따라서 이 책에서는 지금까지 학계의 관심에서 소외되어 있었던, 매체 자체의 다양성이라는 요인에 대한 고찰과 함께 매체 내의 지면 중 기존에 이미 주목을 받았던 논설과 소설이 아닌, 잡보가 지닌 내용적 다양성과 현실의 총체적 면모를 풍부하게 담아냈던 구체성에 주목해 보고자 한다. 잡보는 각 신문사가 신문 시장에서의 경쟁에서 살아남기 위해 개설하고 독자 확보의 수단으로 적극적으로 활용한 또 다른 주요 지면인 동시에 당대의 현실을 다양한 양식의 텍스트로 폭넓게 담아내고 있기 때문이다.

그러나 방대한 분량의 자료를 대상으로 하면서도 공동 작업이 아닌 개인에 의해 진행되는 작업이라는 점에서 제기한 문제의식을 토대로 근대 초기 매체의 잡보란이 지닌 편폭과 다양한 면모를 모두 다 드러내는 데에는 한계가 있는 것도 부정할 수 없는 사실이다. 이에 저자는 잡보가 묘사하고 있는 다양한 근대 초기 조선-대한제국 사회의 현실 중 특징적이면서도 해당 시기에 새롭게 나타난 현상과 사실을 보여주는 전형적인 국면들과 기사들에 대한 '선택과 집중'의 방법론을 지향하고자 한다.

먼저 제2장에서는 잡보란이라는 지면의 탄생과 초기의 지면 구성 양상에 대한 분석에 집중하고자 한다. 이를 위해 가장 먼저 등장했던 신문들인 동시에 일본인 발행 신문과 한국인 발행 신문이라는 차이로 인해 치열한 독자 확보 경쟁을 벌여 나갔던 『한성신보』와 『독립신문』의 잡보란을 비교 고찰한 후, 국내의 사건 사고를 잡보란을 통해 본격적으로 보도하기 시작한 『조선(대한)그리스도인회보』, 『그리스도신문』, 『협성회회보』, 『매일신문』, 『제국신문』 등의 순국문 신문들이 지면에 담아내고 있는 근대 초기의 사회상이 어떠한 모습이었는지 읽어내고자 한다.

다음으로 제3장에서는 을사조약 이후 일본의 조선에 대한 식민지화 기도가 노골화되었던 시기에 가장 강경한 반외세적 경향과 논조를 보인 것으로 알려져 있는 『대한매일신보』의 잡보란과, 그동안 자료 접근의 제약으로 그 전체적 내용과 양상이 충분히 알려지지 않았던 확대판 『제국신문』 잡보란의 비교를 통해 해당 시기의 사회상이 매체별로 어떻게 다르게 형상화되고 있는지 고찰하고,

여기에 더하여 당대에 발행된 신문 중 가장 현실 비판적 보도 경향을 강하게 드러내 보였던 『경향신문』 잡보란의 주요 기사들을 살펴볼 것이다. 이를 통해 당대 사회의 총체적 조망을 위한 방법으로서 신문 간 비교 고찰이라는 작업이 갖는 타당성을 시론적試論的으로나마 드러내 보이고자 한다. 그리고 보론補論적인 성격의 논의로서 역시 그동안 그 전체적인 면모가 거의 공개되지 않았던 『대한일보』 잡보란의 주요 내용과 양상에 대해 살펴보고자 한다. 이는 『대한일보』 잡보란이 그 이후에 등장한 확대판 『제국신문』과 『대한매일신보』, 그리고 『경향신문』의 잡보란과 명확한 차이점을 드러내고 있기 때문이다.

그러나 모든 신문을 비교 대상으로 삼지 못해 불가피하게 나타날 수밖에 없는 연구 대상의 사상捨象과 배제는 당대 현실의 총체적 면모를 복원하고자 하는 애초의 의도를 제약하는 결과를 낳을 수밖에 없고, 이는 이 책의 한계로 고스란히 남는다. 그럼에도 불구하고 근대 초기 매체의 잡보란을 통해 근대 초기 조선-대한제국 사회를 구체성과 다양성의 관점에서 읽어내고자 하는 시도 자체의 의의는 인정받을 수 있기를 희망한다.

제2장

신문 시장 형성 초기의 매체별 잡보란 비교

1. 1895.9~1897.2 『한성신보』의 잡보란 개설과 『독립신문』의 등장

1) 『한성신보』 해외 문물 체험 및 근대적 학지學知 소개의 장場

1895년 2월에 창간된 『한성신보』는 일본인들이 발행하는 신문이었지만 조선인 독자들을 확보하기 위한 전략의 일환으로 같은 해 9월 지형을 확대하여 국한문과 순국문을 혼용한 한국어 지면을 발행하기 시작하였다. 말하자면 조선인 최초의 민간 신문인 『독립신문』이 창간되기 전까지는 『한성신보』가 한국어 지면을 지닌 유일한 신문이었던 것이다. 이 신문의 잡보란은 앞선 시기에 일본에서 발행되던 신문들이 잡보를 게재하던 방식을 거의 그대로 가져온 것이었는데, 때문에 『한성신보』 잡보란의 고찰에 앞서 이 시기 일본의 신문들에서 나타나는 잡보의 특징이 무엇이었는지 살펴볼 필요가 있다.

쓰치야 레이코土屋禮子의 『일본 대중지의 원류』는 이와 관련하여 의미 있는 시사점을 제공하고 있다. 그에 따르면 일본에서의 신문 발행 초기에는 "정론 위주의 대신문大新聞 대對 오락 위주의 소신문小新聞"이라는 구도가 형성되었지만 이는 그리 오랫동안 유지되지 않았다고 한다. 1886년 9월에 실시된 『우편호치신문郵便報知新聞』의 전면적인 지면 개혁과 함께 대신문과 소신문의 차이는 이미 사실상 사라졌고, 청일전쟁 이후에는 소신문이라는 용어 자체가 완전히 과거의 어휘로 퇴각했다는 것이다. 소신문은 초창기에는 부정적 평가를 받았지만 얼마 지나지 않아 대신문을 압도하는 성장세를 나타냈고, 그 결과 이후에 등장한 모든 일본 신문의 표준적·보편적 체제로 자리잡음으로써 현재와 같은 대중지의 원류가 되었다는 것이 이 책의 결론이다.[1] 그렇다면 소신문은 어떻게 해서 일본 신문의 일반적 형태로 자리 잡을 수 있었고, 나아가 잡보란은 어떤 특징을 지니고 있었을까?

---

1 쓰치야 레이코(土屋禮子), 권정희 역, 『일본 대중지의 원류』, 소명출판, 2013 참고.

쓰치야 레이코에 의하면 소신문은 형식 면에서는 후리가나 표기와 속담평화체俗談平話体의 사용을 통해 부녀자·동몽童蒙으로 대표되는 비식자층非識者層의 수준 및 취향에 적합한, 평이하면서도 구연성orality에 기반한 언어 공간을 창출하였고, 내용 면에서는 문명개화와 권선징악이라는 민중 교화의 기치를 내걸면서도 실질적으로는 주 독자층의 기호에 영합하는 선정적이면서도 흥미 위주의 읽을거리를 주로 제공함으로써 상업주의적 경향을 강하게 드러내었다고 한다. 이와 같은 소신문의 특징이 형성된 배경으로는 먼저 당대 일본 대중의 리터러시literacy에 계층별로 편차가 있었다는 사실을 들 수 있는데, 보다 구체적으로 살펴보면 대신문의 논설을 읽을 수 있을 정도의 식자층은 소수 귀족 계층에 한정된 반면, 다수의 평민은 가나를 읽고 쓰지만 한자를 읽고 쓰는 것이 능숙하지 않은 비식자층 혹은 준 식자층으로 볼 수 있다는 것이다. 때문에 소신문의 후리가나 표기 및 속담평화체가 대신문에 비해 상대적으로 훨씬 더 많은 독자를 확보할 개연성이 높았다고 할 수 있다. 아울러 다색인쇄목판화를 배경으로 삼아 기사 본문을 결합시킨 『니시키에錦繪신문』 또한 이러한 비식자층 및 준 식자층을 대상 독자로 삼은 소신문 시장의 성립 터전을 마련하는 데 일조했다고 한다. 이러한 배경 속에서 소신문은 잡보란을 통해 악한이나 독부의 파란만장한 이야기를 전략상품화함으로써 독자 확보에 크게 기여할 수 있었고, 동시에 실질적으로 잡보란 내에서 문예물적 기능을 담당하고 있었던 쓰즈키모노續き物가 점차 독립된 연재소설로 발전해나갔다는 것이다. 또한 소신문은 잡보란과 함께 독자 참가의 장場인 투서란, 즉 기서寄書란을 마련함으로써 열렬한 환영을 받았을 뿐 아니라 이를 무대로 활약하는 투서가投書家 집단을 출현시켰다고 한다. 이 난에는 오늘날과 같은 의견 중심의 기서만이 아니라 계몽적인 교훈담이나 노래 가사 바꾸기 등의 풍자, 수필문 등 오락적인 면을 많이 포함한 다채로운 글들이 게재됨으로써 도시화한 당대 사회의 살롱 문예 발표

장의 역할을 담당했다는 것이다.[2]

이 같은 일본 근대신문의 특징, 특히 이 책에서 중점적으로 고찰하려는 대상인 잡보란의 특징은 기본적으로 조선에서 발행된 일본인 발행 신문인 『한성신보』에서도 거의 유사한 형태로 나타났다고 할 수 있다. 그러나 한국어 지면은 동시에 발행되던 일본어 지면과 달리 주요 대상 독자층이 조선인이었기 때문에 특별히 이들의 관심과 흥미를 끌 만한 내용들을 게재하는 데에 더욱 많은 신경을 썼음을 알 수 있고, 이에 따라 조선이라는 지역과 민족, 그리고 문화의 특수성이 지면과 내용에 반영됨으로써 일정한 변화가 나타나는 양상 또한 확인할 수 있다. 또한 『한성신보』는 당대의 조선에 최초로 등장한 민간인 발행 신문이라는 위상을 지니고 있었기 때문에 『독립신문』을 필두로 하여 이후에 등장한 한국인 발행 민간 신문들은 『한성신보』에 대한 모방과 차별화라는 서로 상반되는 두 갈래의 길 사이에서 진동하면서 어떤 식으로든 『한성신보』 잡보란의 영향을 받았다고 할 수 있다. 한국인이 발행하는 근대 초기 신문들의 잡보란에 대한 본격적인 고찰에 앞서 『한성신보』 잡보란을 살펴보아야 하는 이유가 여기에 있다.

그렇다면 『한성신보』 잡보란은 한국인 독자들에게 어떤 소재와 내용을 지닌 기사를 게재하였을까? 지금부터는 그 구체적인 사례들을 살펴봄으로써 한국 근대 초기 신문에서 잡보란이 어떠한 특징들을 지니게 되었는지에 대해 설명하도록 하겠다.

먼저 배대판의 발행 초기에는 조선인 필자의 도일 체험을 기사화함으로써 『한성신보』를 읽는 조선인 독자들로 하여금 이른바 문명개화가 실현되고 있는 공간에 대한 막연한 상상을 넘어 그러한 현실의 실제적 모습을 단편적으로나마 엿볼 수 있게 만들었다는 점을 알 수 있다. 일례로 다음의 기사는 1895년 9월 9일 배대판의 발행 첫날부터 다음 호[3]까지 이틀에 걸쳐 게재된 조선 여인의

2 위의 책 참고.

도일 체험기다.[4] 용산을 출발하여 인천에서 화륜선을 타고 5일 만에 고베神戸에 도착한 조선 여인의 시선에 비친 일본의 풍경과 남녀 간 예법에 대한 설명은 자연스럽게 낙후되고 여성에게 억압적인 조선의 현실에 대한 개탄으로 이어지고 있다.

○ 이 아ᄅᆡ 적은 ᄒᆞᆫ 편 글은 일본日本에 가 잇ᄂᆞᆫ 죠션 녜펴네 아모가 그 친구 아모 부인의게 붓친 편지라

셔울셔 총〻이 써ᄂᆞ온 지 십여일 ᄉᆞ이의 이 몸이 ᄇᆞᆯ셔 하ᄂᆞᆯ ᄭᅳᆺᄀᆞᆺᄉᆞ온 만리되ᄂᆞᆫ 듯ᄒᆞ온 일본 ᄯᅡᆼ의 와 잇ᄉᆞ온즉 눈에 보이ᄂᆞᆫ 것과 귀에 들니ᄂᆞᆫ 것시 모두 다 이샹〻〻 긔이〻〻ᄒᆞ오ᄂᆞ 도리켜 고향을 ᄉᆡᆼ각하온즉 하ᄂᆞᆯ이 아득ᄒᆞ옵고 물이 가물〻〻ᄒᆞ와 경치를 구경ᄒᆞ옵고 물건을 보ᄂᆞᆫ ᄃᆡ로 마음에 다 ᄃᆞᆯ쳐 감회가 이러나옵기로 (…중략…) 이제 ᄀᆡᆨ디에 소경녁하온 경치를 적ᄉᆞ와 보ᄂᆡ랴 하온즉 (…중략…) 용산붓허 닌쳔ᄭᆞ지는 한강에 ᄂᆡ왕하ᄂᆞᆫ ᄇᆡ를 타고 하로길을 올 동안의 (…중략…) 부지듕에 엇더케 닌쳔을 왓ᄉᆞᆸ던지 닌쳔도 와셔 구경하온즉 그 굉장하고 즐비하온 법이 놀납ᄉᆞᆸ고 닌쳔셔붓허 화륜션이라ᄂᆞᆫ ᄇᆡ를 타온즉 ᄇᆡ가 굉장하옵기가 고루그각 ᄀᆞᆺᄉᆞ와 문호며 방실 찬란하고 긔묘하오며 슈ᄇᆡᆨ 여인이 잇셔도 좁지 안ᄉᆞ오며 ᄇᆡ 안의 ᄀᆞᆺ치 잇ᄂᆞᆫ 사ᄅᆞᆷ덜인즉 만이 일본 사ᄅᆞᆷ덜이라 그 말이 남〻하오며 쳡〻하와 그 소ᄅᆡ만 들니ᄋᆞᆸ고 무슨 말인 줄 모로와 겁〻하옴 한량업ᄉᆞ오며 ᄯᅩᄒᆞᆫ 이곳시 남 눈의 지목되옴을 폐하고쟈 하와 닌쳔셔붓허셔ᄂᆞᆫ 본ᄅᆡ 의복을 벗고 일본 의복을 입ᄉᆞ오며 머리 쪽찌ᄂᆞᆫ 것도 ᄯᅩᄒᆞᆫ 일본 쳔속ᄃᆡ로 좃ᄎᆞ 쪽찌ᄋᆞᆸ고 제 몸을 도라보온즉 일본 녀인 ᄀᆞᆺᄒᆞᆫ지라 ᄉᆡᆼ각컨ᄃᆡ 어이업사오ᄂᆞ 다시 남의 눈에ᄂᆞᆫ 걸닐 것시 업스니 ᄯᅩᄒᆞᆫ 긔이ᄒᆞᆫ

3 『한성신보』는 격일간으로 발행된 신문이다.

4 참고로 이 기사는 현존하는 근대 초기 신문 자료 중 잡보에 실린 최초의 순국문 기서(寄書)이자 여성이 게재한 기서로서도 최초의 사례인 것으로 판단된다.

닐이라 (…중략…) ᄇᆡ가 크기가 이ᄀᆞᆺᄉᆞ오ᄂᆞ ᄒᆡ양에를 나가은즉 좁쌀 하ᄂᆞ ᄀᆞᆺ흔 ᄲᅮᆫ 아니오라 파도를 베여 ᄒᆡᆼ하올 족의 요동하기로 안지며 일어ᄂᆞ기ᄅᆞᆯ 임의로 ᄒᆞᆯ 슈 업ᄉᆞᆸ ᄇᆡ멀미로 두통이 대단하와 동하오면 구토하옵ᄂᆞᆫ 고로 ᄇᆡ 안에 방속에 드러누어셔 정신을 못 차리고 죽은 사ᄅᆞᆷᄀᆞᆺ치 지ᄂᆡᄉᆞᆸ기로 ᄇᆡ 가든 경치ᄂᆞᆫ 눈으로 보지 못하와 결분하옵고 ᄇᆡ가 ᄒᆡᆼ하온지 닷ᄉᆡ만의 일본 신호 ᄯᅡᆼ의 ᄃᆡ고 뭇ᄒᆡ 올ᄂᆞ셔 여관으로 드러가온 후에야 비로소 ᄌᆞᄉᆡᆼ하ᄂᆞᆫ 모양이 잇ᄉᆞ오며 신호란 ᄯᅡᆼ은 산을 그□□ ᄇᆞ라를 안어ᄉᆞᆸᄂᆞᆫᄃᆡ 그 광경이 명낭하옵고 아릿다오며 쳔만 돗ᄃᆡ가 슈풀ᄀᆞᆺ치 부두에 셧ᄉᆞᆸ고 사ᄅᆞᆷ에 집인즉 모다 놉흔 누며 큰 집인즉 외연ᄒᆞ며 흘연하고 도로에 광활함은 대개 죵노와 ᄀᆞᆺ사오며 그 평탄하옵기ᄂᆞᆫ 숫돌 ᄀᆞᆺᄉᆞ와 우리나라에셔ᄂᆞᆫ 보지 못하던 바이요 남녀의 ᄅᆡ왕ᄒᆞᄂᆞᆫ 것과 물화 의복 듀하ᄂᆞᆫ 것슨 싸ᄂᆞᆫ 듯하오며 넘칠 듯하옵고 여관집들에 굉장하고 정결하옵기ᄂᆞᆫ 언어의 붓씃흐로 능히 형용치 못하겟ᄉᆞ오며[5]

(ᄉᆞᆼ전承前)

ᄯᅩ 이곳스로 하여금 더욱 놀ᄂᆞᆯ 닐은 남녀간의 셔로 샹죵하ᄂᆞᆫ 례법이온ᄃᆡ 집도 각히 아니 하옵고 방도 달니 아니하엿ᄉᆞ오며 슈작담소ᄅᆞᆯ 환연이 하와 슈괴하온 ᄃᆡ도 업ᄉᆞ오ᄃᆡ 기간의 오히려 례법이 잇ᄉᆞ와 란잡치 아니하옵고 화긔가 애연하와 진실노 가히 흠션ᄒᆞᆯ 만하오며 ᄯᅩ 놀납고 이상하온 쟈는 녀인도 남ᄌᆞ와 ᄀᆞᆺ치 남ᄌᆞ와 ᄀᆞᆺ치 웃옷슬 입지 아니코 집의 나가셔 ᄅᆡ왕을 임의로 하고 비녀와 치마가 낙녁하야 길의 가득하오며 도라보건ᄃᆡ 고향의 잇슬 ᄯᆡ는 ᄇᆞᆯ이 문밧게ᄅᆞᆯ 나가지 아니하와 ᄒᆡ가 ᄆᆞᆺ도록 농의 갓친 ᄉᆡ와 ᄀᆞᆺ하셔 굿시방속게 갓치여 잇셔ᄌᆞ 보ᄂᆞᆫ 바인즉 지쳑의 ᄯᅡᆼ이며 샹ᄃᆡ하ᄂᆞᆫ 바인즉 집안 사ᄅᆞᆷᄲᅮᆫ이라 일즉이 일으되 집의 거하야 잇ᄂᆞᆫ 것슨 녀ᄌᆞ의 례라 하야 다른 남ᄌᆞ를 본즉 오직 붓그러워ᄒᆞᆯ 쥴만 알앗더니 이제 일본의 건너와셔 보온즉 그 남녀간의 샹ᄃᆡ홈이 졍도 잇ᄉᆞ오며 례도 잇ᄉᆞ와 황평하옵고 슌편하온즉 돈연이 ᄉᆡ가 농 가온ᄃᆡ셔 나와셔 공즁게 날어단이ᄂᆞᆫ 듯하온 의ᄉᆞ가 잇ᄂᆞᆫ지라 이의 죠

5 『한성신보』, 1895.9.9, 잡보 2면.

> 션게 녀즈들 가두는 힝습이 츰 고루하온 쥴 알겟삽 죠션 녀즈는 무슨 죄악이 잇ᄉ와 이른 익을 면치 못하읍ᄂ잇가[6]

이 편지를 쓴 여인은 일본 사회에서 '남녀 간에 수작과 담소를 자유롭게 나누면서도 난잡하지 않고 화기애애한 상종相從의 예법'을 보고 이를 흠선欽羨할 만하다고 생각한다. 그리고 지금까지 '우리 속의 새처럼 규방에 갇혀 문밖에를 나가보지 못하고 다른 남자를 보면 부끄러워하기만 했던' 자신의 처지를 한탄함과 동시에 대상을 전체 조선 여성으로 확대 또는 일반화하여 '조선 여자는 무슨 죄악이 있어 이런 액을 면치 못하는가'라고 토로한다. 물론 일본인 발행 신문에 실린 이 같은 기사는 결과적으로 일본에 의한 동화 정책의 정당성을 뒷받침하는 것으로 해석될 여지가 있다. 실제로 『한성신보』에는 조선의 낙후성을 비판하고 일본의 지도에 의한 개화의 당위성을 지지하는 기사들이 적지 않게 실렸고, 이는 최근의 연구에서도 충분히 지적된 바 있다.[7] 때문에 여기에서는 『한성신보』의 태생적 한계와 정치적 편향성에 대해서 굳이 재론하지 않고자 한다.

그러나 잡보를 통해 당대 사회의 현실을 읽어내고 고찰하려는, 이 책에서 견지하고자 하는 관점에서 볼 때 이 기사는 그 선례가 거의 없는, 사실상 최초로 신문 잡보라는 근대적 매체의 지면을 통해 조선 여성의 해외여행 경험과 그에 따른 문화 충격을 독자들에게 생생하게 전달하고 있는 텍스트라는 점에서 주목할 만하다. 나아가 일본 여행 체험을 통해 이 여성이 도달한 인식과 그가 제시하고 있는 언술에는 조선 사회의 봉건적 구습에 대한 비판과 함께 자유로운 삶

---

6 『한성신보』, 1895.9.11, 2면.

7 구선희, 「『한성신보』의 조선 사회에 대한 인식-斷髮令(1895)과 관련하여」, 『사학연구』 137, 한국사학회, 2020; 김종준, 「『한성신보』의 한국 정치 및 사회에 대한 인식」, 『역사와현실』 102, 한국역사연구회, 2016; 김항기, 「『한성신보』의 의병보도와 그 특징(1895~1896)」, 『역사와현실』 116, 한국역사연구회, 2020; 장영숙, 「『한성신보』의 이중적 언론활동」, 『숭실사학』 44, 숭실사학회, 2020 등 참고.

을 향한 개인의 욕망이 표출되고 있다는 점을 부정하기 어려울 것이다. 다시 말해 조선이 아닌 다른 국가의 실제적 모습에 대한 묘사는 저자 자신뿐만 아니라 기사를 읽는 독자들로 하여금 자국의 현실에 대한 객관화와 함께 개선을 필요로 하는 문제점이 무엇인지에 대한 비판적 인식을 가능하게 하였다고 할 수 있다. 요컨대 신문이라는 지면을 통해 간접적이기는 하지만 다수의 독자가 개인의 해외 체험을 동시적으로 공유할 수 있게 되었고, 그 결과 조선 사회의 현실이 타국과 비교했을 때 어떤 차이점과 특징을 지니고 있는가에 대한 인식의 공유 또한 가능해졌다고 할 수 있는 것이다.

아울러 이 기사는 신문 지면에 독자에 의한 기서寄書가 게재될 수 있다는 점, 그리고 그 필자가 여성이 될 수도 있다는 점을 독자들과 후발 신문들에게 하나의 선례로서 제시하였다는 점에서도 한국 근대 초기 신문의 역사에서 갖는 의미가 적지 않다고 할 수 있다. 여성을 주요 독사층으로 삼았던 『제국신문』뿐만 아니라 기독교계 신문과 『대한매일신보』 등 한글로 발행되었던 대부분의 근대 초기 신문에서 여성 독자의 기서가 등장하게 된 계기를 제공한 것이 위의 기사라고도 볼 수 있기 때문이다. 결과적으로 신문 잡보란은 조선의 현실에 대한 다양한 주체들의 인식과 목소리를 공유하고 전파할 수 있는 지면으로서 기능하게 된 것이다.

또한 발행 초기의 『한성신보』 잡보란은 위의 기사와 유사하게 조선인의 도일 체험과 관련된 기록들이 적지 않은 분량을 차지하고 있다. 1895년 10월 27일부터 11월 15일까지 10회에 걸쳐 연재된 「일유기람日遊記覽」은 그 대표적인 사례에 해당한다. 이 기사는 같은 해 4월 1일~7월 31일까지 농상공부의 파견 명령에 따라 일본 교토 오카자키 공원京都市 岡崎公園에서 개최되었던 제4회 내국권업박람회內國勸業博覽會[8]를 시찰한 조선인 일행의 여정과 견문을 서술하고 있으며,

8 내국권업박람회(內國勸業博覽會) : 메이지(明治)시대 식산흥업정책의 일환으로 개최된 박람회.

무려 2만여 자의 분량에 달한다. 지면에는 이 기사의 저자가 명시되어 있지 않지만 본문을 잘 살펴보면 집필자가 누구인지 알 수 있고, 이 집필자는 그 특이한 이력으로 인해 주목할 만하다.

제4회 내국권업박람회 시찰을 위해 농상공부의 시취試取를 거쳐 선발된 박람원博覽員은 일본인 사토 준쇼佐藤潤象와 농상공부주사農商工部主事 손영길孫永吉 외 8명[9] 등 조선인 9명을 포함하여 총 10명으로 구성되었다. 본문에는 이들 중 김상연金祥演을 제외한 모든 인원의 이름이 실명, 즉 3인칭으로 표기되어 있다. 따라서 「일유기람」에 등장하는 '나', 즉 저술자는 김상연金祥演이라고 할 수 있는데 그는 훗날 『제국신문』 기자로 재직한 경력이 있다.[10] 『정선만국사精選萬國史』1906, 『회사법會社法』1907 등과 같은 도서를 저술하기도 한 그는 아마도 이 박람회 유람이 계기가 되어 와세다대학 정치과로 유학을 온 것으로 추정된다. 교사-언론인-관료-저술가 등 다채로운 경력을 겸비했던 김상연은 당시에는 벼슬하지 않은 선비라는 의미를 지니는 사인士人의 신분으로 일행과 함께 5월 23일부터 6월 28일까지 약 1개월여 동안 박람회장을 포함한 일본의 주요 도시를 방문·유람하였다.

「일유기람」의 기록에 의하면 박람원 일행은 한성을 출발하여 배편으로 시모노세키와 히로시마, 고베를 거쳐 목적지인 교토 도착에 앞서 오사카에서 하루

1877년(明治 10년) 내무성(內務省)이 창설하였다.

9 「일유기람」 1회 연재분에 인천항 서기(仁港書記) 김창한(金彰漢), 농상공부주사 이윤경(李允景), 성균관진사(成均進士) 정극경(丁克慶), 전 외부 직원(前員外部) 유당(劉堂), 농상공부주사 정희환(鄭熹煥), 전 참봉(前參奉) 채형묵(蔡亨默), 전 사용(前司勇) 이봉중(李奉中), 사인(士人, 벼슬하지 않은 선비) 김상연(金祥演) 등이 기재되어 있다.(『한성신보』, 1895.10.27, 1면.)

10 김상연(金祥演, 1874~?) : 강원도 김화 출신으로 1895년 4월 일본국 제4회 권업박람회(勸業博覽會)를 시찰했고, 1898년 6월부터 관비유학생으로 일본에서 유학했다. 1902년 7월 와세다(早稻田)대학 일본정치과를 졸업했다. 졸업 후인 1902년 8월부터 12월까지 일본 각 지방의 행정사무를 견습한 뒤 1903년 2월 귀국했다. 귀국 후 곧바로 제국신문사 기자로 활동했다. 1904년 3월 『한성신보』의 「사형실황(死刑實況)」이라는 기사를 『제국신문』에 번역 게재했다가 제국신문사 사장 이종일(李鍾一) 등과 함께 경무청에 필화사건으로 구속되었으나 바로 석방된 뒤, 6월에 제국신문사에서 퇴사했다.

를 묵었는데, 특히 여기서 그는 1907~1910년 폐간 때까지 『제국신문』 사장을 역임한 정운복鄭雲復을 만나기도 했다. 오사카에서 철도를 이용해 교토에 도착한 일행은 미술관-환등장幻燈場-농림관-수산관수족관-동물관 등을 관람하고 그 외에 직물공장과 시계공장 등의 제조 공장, 그리고 헤이안진구平安神宮-센토고쇼仙洞御所-긴카쿠지金閣寺 등의 명승지를 관광한 후 오사카로 다시 돌아와 귀국길에 다시 제지소製紙所, 철공소, 방적회사 등의 공장과 상품진열소를 둘러본 후 인천으로 귀환하였다.

앞에서 인용했던, 기서를 투고한 여성과 마찬가지로 김상연의 눈에 비친 일본은 조선에 비해 법과 제도, 물산과 풍속이 모두 선진화되어 있는 문명 강국으로 인식되고 있다.

> 져녁밥을 먹고 문을 열고 홀노 안젓스니 동헌東軒 밧게 긔화요쵸가 섯다음을 닷토아 픠엿고 나무숫히 홀연이 흔 박휘 밝은 돌이 걸녀셔 교결皎潔흐기가 낫과 갓흔지라 므음에 亽랑워셔 즈세히 보니 천상가백天上佳魄이 아니라 수간전등樹間電燈이 분명흐도다 슬프다 가항주점街巷酒店이 々갓치 亽치하고 쟝흐니 다란 거시야 엇지 다 말흐리오[11]
>
> 좌등佐藤 씨氏가 밤경을 구경흐기를 청흐야 흔가지 져즈거리로 나가니 좌우 상점商店에 등화가 란만흐고 로쇼가 모히여 억기를 겻고 거름을 옴길 수가 업는딕 들네는 소릐는 업시니 밤져즈가 아참보다 낫다 흐더라 큰거리에 슌사가 서셔 두루 삷히니 가위 밤에 문을 닷지 안코 길에 싸진 거슬 줍지 아니흐야 짐즛 문명흔 나라이라 흠탄함을 마지 안켓더라[12]

전등을 낮같이 밝게 켜놓은 거리와 상점의 번화함은 물론이거니와 경찰순사에

11 「日遊記覽」 1회, 『한성신보』, 1895.10.29, 2면.
12 「日遊記覽」 2회, 『한성신보』, 1895.10.31, 2면.

의해 '밤에 문을 닫지 않고 길에 떨어진 것을 줍지 않는' 문명국으로서의 면모를 지닌 일본에 대한 묘사는 조선의 물산과 풍속도 일본처럼 문명화되어야 한다는 당위성을 강조하고 있을 뿐만 아니라 당대의 조선에서는 아직 목도할 수 없는 것으로 여겨졌던 풍경을 신문 지면을 통해 제공함으로써 같은 조선인 독자로 하여금 일본에 대한 선망과 함께 문명개화를 향한 열망을 불러일으키는 효과를 발생시켰을 것으로 판단된다.

말하자면 「일유기람」의 김상연과 앞서 언급한 서간문 형식의 도일 체험을 기록한 조선 여인은 비록 일본의 제국주의적 속성에 대한 비판적 인식은 부재할지라도 신문의 잡보란을 통해 당대의 조선인들에게 '지금 여기조선의 현실'과 다른 '새로우면서도 이상적인 현실'이 실재하고 있다는 메시지를 던짐으로써 조선 사회의 구성원들에게 자국의 현실을 더 나은 방향으로 만들어 나가기 위한 방안으로 근대화의 필요성에 대한 인식을 환기하는 결과를 가져왔다고 할 수 있는 것이다. 그리고 이러한 인식의 환기는 간접적이고 맹아적인 형태로나마 당대 조선 민중의 의식 변화를 견인함과 동시에 근대화를 향한 실천적 움직임, 구체적으로는 다양한 조직적 운동을 견인하는 동력 중의 하나가 되었을 가능성이 충분히 내포되어 있다고 해도 과언이 아니다. 이것이 저자가 근대 초기 조선 사회의 현실을 드러냄과 동시에 현실의 변화에 영향을 미친 텍스트로서 잡보에 주목하는 이유 중의 하나라고 할 수 있다.

『한성신보』 잡보란에 실린 도일 체험 기사가 갖는 또 다른 의미로는 조선인들의 근대적 문물 경험을 밀도 높은 구체성의 차원에서 제시함으로써 당대의 한국인들이 경험했던 현실의 실제적인 양상을 이해하는 데 필요한 사료적 가치 또한 작지 않다는 점을 들 수 있다. 이 중 1895년 9월 17일 자 1면에 실린 「조선 학생의 시험朝鮮 學生의 試驗」은 그 디테일의 충실성으로 인해 주목할 가치가 있다. 게이오기주쿠慶應義塾에 입학한 조선 최초 관비유학생들의 일본 체험을 소개하고 있는 이 기사는 조선인 유학생들의 제1기 시험과목 및 문제를 상세하게 소개함으로써 이들이 일본을 통해 접한 근대적 교육과정이 구체적으로 어떠한 모습이었는지 알 수 있게 해준다는 점에서 의미가 있다.

경응의숙慶應義塾에셔 구월九月 초일일初一日부터 조선학생朝鮮學生의 제일기시험第一期試驗을 시작하야 초삼일初三日노 맛쳣더니 ᄃᆡ제 시험과목試驗科目은 어학語學, 독본讀本, 수학數學, 체조體操에 사과四科로 분하ᄂᆞᆫ 즁이라도 어학語學을 뎨일 졀요ᄒᆞᆫ 과목科目으로 하야 써 평ᄉᆡᆼ에 그 어ᄒᆞᆨ을 즁이 하ᄃᆡ 위션 일용日用말붓터 보통회화普通會話와 밋 서법書法 등을 ᄀᆞ르치며 ᄯᅩ 수학數學은 제일기第一期에ᄂᆞᆫ 가감승제加減乘除를 ᄀᆞ르치더라 (…중략…) 보통과普通科 이급二級 ᄒᆞᆨ도의 회화시험會話試驗에셔 교사教師가 하ᄂᆞᆫ 말이

공등公等은 무신 일노 일본日本에 오셧소

하니 학도學徒의 ᄃᆡ답이 구區々하야 엇덧타 ᄒᆞᆯ 슈 업건마ᄂᆞᆫ 기즁其中 일이一二말을 긔록ᄒᆞᆫ즉

일왈一日 일본日本말을 공부ᄒᆞᆫ 후에 아무 전문학專門學을 ᄇᆡ우랴ᄂᆞᆫ ᄯᅳᆺ으로 나왓소

이왈二日 일본日本 사정事情을 탐구探究하야 문명文明을 이식移植하랴ᄂᆞᆫ ᄯᅳᆺ스로 나왓소

(…중략…)

ᄯᅩ 수학數學은 가감승제加減乘除에 식제式題 및 례제例題에 수가 합하야 십일十一인ᄃᆡ 그즁 일이례一二例를 ᄂᆡ여 아ᄅᆡ 긔록하면

일왈一日 ᄒᆡᆨ鶴와 토兎에 수數를 합하야 백百인ᄃᆡ 그 족수足數가 이백칠십二百七十이라 하니 각기 기하幾何씩이냐

이왈二日 비단을 약간인若干人의 분배分配하란즉 매명每名 팔필八疋씩을 가지랴면 삼필三疋 부족不足이 나니 매명每名 칠필七疋씩으로 난호면 십일필十一疋이 남으니 본ᄅᆡ 그 비단과 사ᄅᆞᆷ의 수효가 기하幾何오

ᄒᆞᆫᄃᆡ 수학력數學力은 아직 답안答案을 ᄉᆞ실 아니하얏스니 미리 알 슈 업건마는 어학語學과 및 서법書法 등等에ᄂᆞᆫ ᄆᆡ오 진보進步ᄒᆞᆯ 듯 뵈며 (…중략…)

ᄃᆡ제 조선학도朝鮮學徒들이 문명교육文明教育에 시험試驗하ᄂᆞᆫ 거시 아마 이번이 처음이라 하ᄃᆡ 그 ᄉᆡᆼ도ᄂᆞᆫ 다 근신勤愼하니 장내場內가 정숙靜肅하야 잇다감 간략簡略ᄒᆞᆫ 일어日語로 질문質問하기를 들을 ᄲᅮᆫ이요 수학修學하든 일한은 불과 사삭四朔인ᄃᆡ 호성적好成績이 잇ᄂᆞᆫ 거슬 보니 ᄎᆞᆷ 교육教育에 효效가 시역 대大하ᄂᆞ니라[13]

위의 인용문을 통해 조선인 유학생들이 어학, 독본, 수학, 체조 등의 과목을 학습하고 있다는 사실과 함께 일본어 회화 시험에서 어떤 질문이 주어졌는지도 알 수 있으며, 수학의 경우 2원 1차 연립방정식을 배우고 시험문제로 풀었다는 사실 또한 알 수 있다. 이러한 정보는 유학생의 명단 혹은 그들의 전공 분야 등의 공식적인 정보에 한정되어 있기 마련인 관보와 같은 공식적인 사료史料를 통해서는 알 수 없는 것이다. 때문에 잡보란에 실린 위와 같은 기사들은 신문을 읽는 당대의 조선인 독자로 하여금 일본 유학을 통해 실제로 배우는 내용이 무엇인지에 대해 실감할 수 있게 해준다는 점에서 충분히 관심과 흥미의 대상이 되었을 것으로 판단될 뿐만 아니라 미시사微示史의 관점에서 현대의 연구자들에게도 기존의 공적 문헌이나 사료를 보완하는 귀중한 역사적 자료로서의 위상과 가치를 지닌다고 할 수 있을 것이다.

요컨대 『한성신보』는 1895년 9월 9일부터 배대판을 발행한 이래로 이미 초기부터 일본 여행이나 유학 등의 형태로 이루어지고 있던 조선인들의 근대 체험을 구체적이면서도 적극적으로 지면에 담음으로써 그러한 체험의 사회적 공유와 전파, 그리고 확산을 불러일으킬 수 있는 조건을 제공하고 있었다고 할 수 있다. 물론 이러한 기사들은 『한성신보』 집필진이 조선인 독자를 계몽하려는

13 「朝鮮 學生의 試驗」, 『한성신보』, 1895.9.17, 1면.

긍정적인 의도를 갖고 게재했다고 보기는 어려울 것이다. 도일渡日을 통한 근대 체험의 기사화는 낙후된 조선과 선진 일본을 대비시켜 조선 인민으로 하여금 일본에 의한 조선 지배의 정당성을 지지하도록 만들려는 의도가 개입되어 있다고 보는 것이 실상에 더 가까울 것이다. 그러나 『한성신보』 집필진의 의도가 무엇이었든 간에 이러한 기사들은 조선 사회의 구성원들에게 당대 사회의 현실에 대한 비판적 인식과 새로운 세계를 향한 선망과 동경을 자극하는 계기를 제공하였으리라는 추정은 충분히 성립 가능하다고 본다.

이에 더하여 『한성신보』 잡보란은 일본을 통한 근대적 문물 체험의 기사화뿐만 아니라 서구의 근대적 문물 또는 학지學知와 관련된 내용을 소개하는 다양한 기사들도 함께 게재함으로써 조선인 독자들에게 신문이 세계를 이해하고 견문을 넓히는 데 필요한 지식과 정보를 제공하는 일종의 창窓으로 기능할 수 있다는 점을 인식하게 만든 최초의 매체이자 지면이 되었다고 할 수 있다. 이 같은 특징을 잘 보여주는 사례로 다음의 기사들을 들 수 있다.

세계외世界外의 세계世界

하늘의 빗ᄂᆞᆫ 만성내萬星內의 가쟝 우리 세계世界와 갓튼 거ᄂᆞᆫ 화셩火星인ᄃᆡ 이 별의 빙설氷雪노 폐蔽하ᄂᆞᆫ 남북극南北極이 잇ᄉᆞ며 산山이 잇ᄉᆞ며 바다이 잇ᄉᆞ며 호수湖水 잇고 ᄯᅩ 공긔가 잇ᄂᆞᆫ 거ᄂᆞᆫ 빙산氷山이 잇기로 말ᄒᆞᆯ 만하ᄃᆞ ᄒᆞ기ᄂᆞᆫ 박사博士 「베가린구」, 「밧찌보게루」, 「휴-긴스」, 「간베루」 제씨諸氏의 이구異口의서 갓튼 소ᄅᆡ로 말한 거신ᄃᆡ (…중략…) 요ᄉᆞ이 간베루 박사博士가 다시 공부를 하야 놀어서야 화셩火星의ᄂᆞᆫ 다소多少 공긔 잇ᄂᆞᆫ 것시 ᄉᆞᄅᆞᆷ의 생활生活홈의 넉넉하며 ᄆᆡ우 분分□하ᄂᆞᆫᄃᆡ 만일 세계世界의 목젼의 뵈ᄂᆞᆫ 공긔의 사분일四分一 가량하면 보기 어렵지 아니하다 하고 단언斷言을 하얏ᄂᆞᆫᄃᆡ 외국外國 신문新聞의 보왓ᄉᆞᄆᆡ 쳔문허는 집의 ᄒᆞᆫ 가지 세목될 만하다 하더라[14]

우체물郵遞物에 역인役人ᄒᆞᄂᆞᆫ 주의注意라

우쳬郵遞(우체)의 ᄉᆞ업은 실샹 문명에 큰 리긔利器(리기)라 그 셜시ᄒᆞ야 옴으로 좃차 셔 인민의 편리함이 과연 엇더ᄒᆞ던고 그러ᄂᆞ 셔신書信(서신)을 투입ᄒᆞᆯ 적의 혹 그 법을 그릇ᄒᆞ야셔 업ᄉᆡ沒入(몰입)ᄂᆞᆫ 배 되기ᄅᆞᆯ ᄒᆞᆫ다 ᄒᆞ니 이럼으로써 우리ᄂᆞᆫ 그 우체물郵遞物(우체물)을 투입ᄒᆞ는 법을 ᄌᆞ셰이 긔록ᄒᆞ야셔 쟝ᄎᆞᆺ 각인으로 ᄒᆞ야금 착념ᄒᆞ게 ᄒᆞ노라 (…중략…) 무릇 셔신을 우편의 보ᄂᆡᄂᆞᆫ 쟈는 샹거의 원근으로 좃차셔 우포를 달니 붓치ᄂᆞᆫ 것시 아니라 담은 즁슈를 좃차셔 달니ᄒᆞ나니 (…중략…) ᄯᅩ 편지봉을 긴히 봉ᄒᆞ고 그 것면에 밧을 사ᄅᆞᆷ의 거쥬와 셩명을 ᄌᆞ셰이 긔록ᄒᆞ고 그러치 아니ᄒᆞ면 그 셩 아ᄅᆡ 직함이ᄂᆞ 별호를 ᄌᆞ셰이 긔록ᄒᆞᆯ 거시니 이ᄀᆞᆺ치 아니ᄒᆞ면 편지 젼ᄒᆞ는 쟈의 그릇ᄒᆞᆯ가 념녀라 ᄯᅩ 편지 밧을 사ᄅᆞᆷ의 거쥬 셩명만 ᄌᆞ세이 긔록ᄒᆞᆯ ᄲᅮᆫ 아니라 젼ᄒᆞ는 사ᄅᆞᆷ의 거쥬와 셩명도 ᄌᆞ셰이 긔록ᄒᆞᆯ 것시니 혹 셩명만 긔록ᄒᆞ고 거쥬ᄂᆞᆫ 긔록지 아니커ᄂᆞ 거쥬만 긔록ᄒᆞ고 셩명을 긔록지 아니ᄒᆞ면 이것시 다 법에 틀닌 것시니 만닐 젼하러 다니ᄂᆞᆫ 사ᄅᆞᆷ이 엇지 그 곳슬 찻기 어렵지 아니ᄒᆞ리요 (…중략…) 이 ᄀᆞᆺᄒᆞᆫ 닐은 모단 사ᄅᆞᆷ덜이 극히 착념들 ᄒᆞ시기를 깁히 ᄇᆞ라로라[15]

인촌燐寸(당성냥)에 사事를 기記함이라

무릇 세계상世界上에 만 가지 일과 만 가지 물건 즁에 단일單一ᄒᆞᆫ 물건밧게ᄂᆞᆫ 다 그 직업을 ᄂᆞᆫ와 가지고 ᄒᆞ지 아니ᄒᆞᄂᆞᆫ 거시 업스니 (…중략…) 이졔 당셩냥이 ᄯᅩᄒᆞᆫ 그러ᄒᆞᆫ지라 ᄃᆡ기 당셩냥이라 ᄒᆞᄂᆞᆫ 거슨 우리 세샹 사ᄅᆞᆷ이 다 날노 반다시 쓰ᄂᆞᆫ 물건인데 그 갑신즉 지극히 헐ᄒᆞ고 그 물건이즉 지극히 단순單純ᄒᆞ나 그러나 그 ᄆᆡᆫ드ᄂᆞᆫ 법인즉 ᄯᅩ 여러 가지를 섭거서 ᄆᆡᆫ들고 ᄯᅩ 졍묘롭게 ᄒᆞ여 업을 ᄂᆞᆫ와 ᄒᆞᄂᆞᆫ 거시라 인제 그 ᄆᆡᆫ드ᄂᆞᆫ 법을 기록ᄒᆞ건ᄃᆡ 당셩냥이라 ᄒᆞᄂᆞᆫ 거시 세 가지 ᄌᆡ료를 가지고 ᄆᆡᆫ드ᄂᆞᆫᄃᆡ

---

14 「世界外의 世界」, 『한성신보』, 1895.9.27, 2면.

15 「郵遞物에 役人ᄒᆞᄂᆞᆫ 注意라」, 『한성신보』 1면, 1895.10.9.

첫ᄌᆡᄂᆞᆫ 죠희요 둘ᄌᆡᄂᆞᆫ 남기요 셋ᄌᆡᄂᆞᆫ 자긔황이라 (…중략…) 이러ᄒᆞ계 여러 가지로 ᄉᆞᄅᆞᆷ이 드러서 간신ᄒᆞ계 당셕냥을 ᄆᆡᆫ드러서 뎐ᄒᆞ ᄉᆞᄅᆞᆷ에 쓰ᄂᆞᆫ 거슬 수응ᄒᆞ니 이런 당셕냥 ᄒᆞᆫ 가지도 오히려 여러 ᄉᆞᄅᆞᆷ에 업을 ᄂᆞ우기를 요구ᄒᆞ거든 함을며 다는 물건이야 엇지 ᄎᆞᆨ냥ᄒᆞ리오 여러 ᄉᆞᄅᆞᆷ이 일을 ᄂᆞᆫ와 가지고 ᄒᆞᄂᆞᆫ 거시 제조製造에 유익함이 젹지 아니ᄒᆞᆫ지라 됴선서도 맛당히 이만 당셕냥 ᄆᆡᆫ드ᄂᆞᆫ 거시라도 ᄇᆡᆨ화 ᄆᆡᆫ들면 나라에도 유익ᄒᆞ고 여러 ᄉᆞᄅᆞᆷ에 ᄉᆡᆼ업도 될 터이니 이런 말을 웃지 말지어다[16]

위의 기사들은 각각 서구 천문학자들의 화성에 대한 연구 내용, 근대적 우편 제도의 원리와 이용 시 유의사항, 성냥의 재료와 유용성 등을 제재로 하고 있다는 점에서 동시대의 사건 사고에 대한 보도를 목적으로 하는 사전적인 의미의 신문 기사와는 그 속성이 다르다고 할 수 있다. 이 기사들은 현대의 대중들에게는 굳이 설명이 필요하지 않을 정도로 익숙한 대상과 제도에 대한 설명을 담고 있지만, 당대의 조선 대중들에게는 잘 알지 못했던 새롭고도 낯선 근대적 문물들에 대한 지식 및 정보를 제공하는 텍스트로서 충분히 관심의 대상이 됨과 동시에 주목을 받았을 것으로 판단된다.

『한성신보』 잡보란에는 이와 같은 유형의 기사들이 적지 않게 발견된다. 이러한 사례들은 근대의 신지식과 신문물이 유입되기 시작하던 시기에 잡보가 그러한 지식과 문물에 대한 정보 획득의 수단이자 대중들의 이해를 돕는 백과전서적百科全書的 지면으로서 기능했음을 보여준다. 말하자면 『한성신보』를 통해 근대 초기 조선 사회에 처음 등장한 잡보라는 지면은 당대 조선인들의 근대 체험뿐만 아니라 근대적 문물 및 학지의 사회적 공유와 전파, 확산을 가능케 하는 수단이자 경로로서 일정한 역할을 담당하였다고 볼 수 있다. 특히 『한성신보』 잡보란은 근대적 문물과 학지에 대해 단순히 그 내용을 설명하는 방식을 넘어

16 「燐寸(당성냥)에 事를 記함이라」, 『한성신보』 2면, 1895.10.19.

서 서사화된 텍스트의 형태로 구성하여 독자에게 제공하는 경향이 두드러졌는데, 이러한 경향은 한국인이 발행했던 초기의 신문들인 『독립신문』, 『매일신문』, 『제국신문』, 『황성신문』 등에서는 그 사례를 발견하기가 쉽지 않다는 점에서 『한성신보』만이 지니고 있었던 차별화된 특성이라고 해도 지나친 말은 아닐 것이다. 다음의 기사는 이 같은 특징을 잘 보여주는 사례 중의 하나다.

희랍希臘의 아전국雅典國 현인賢人에 색극索克이란 사ᄅᆞᆷ에 행실行實이라

색극索克(소구라데스)이란 사ᄅᆞᆷ은 아전국雅典國의 조상공彫像工에 아들이라 (…중략…) 그 처妻 산척백散尺伯[17]이 텬셩이 흉한兇悍ᄒᆞ여 자조 색극索克을 매罵ᄒᆞ되 색극索克은 써 진수進修함을 더욱 ᄒᆞ고 죠금도 ᄯᅳᆺ에 ᄀᆡ렴치 아니ᄒᆞ고 그ᅵ 사ᄅᆞᆷ 가ᄅᆞ침을 순諄々설화說話로 뎡ᄒᆞᆫ 규측을 습襲ᄒᆞ지 아니ᄒᆞ고 사ᄅᆞᆷ으로 ᄒᆞ여곰 알기 쉽게 함을 힘쓰니 어진 일홈이 사방에 지써리되 혹 ᄯᅩ 미워ᄒᆞᄂᆞᆫ 쟈들이 국신國神을 공경ᄒᆞ지 아니ᄒᆞ고 남의 자뎨을 사교邪敎로 인도ᄒᆞᆫ다고 소訴ᄒᆞ여 심관審官이 신국訊鞫ᄒᆞ니 (…중략…) 심관審官이 노ᄒᆞ여 옥에 ᄂᆡ려 맛참ᄂᆡ 사형死刑으로써 의擬ᄒᆞᄂᆞᆫᄃᆡ 그 문인門人이 옥리獄吏를 ᄌᆡ몰을 주고 옥에 드러가서 구ᄅᆞ데스을 보고 도망함을 권ᄒᆞ니 구ᄅᆞ데스가 드른 체 아니ᄒᆞ고 휘揮ᄒᆞ여 하여금 그 사ᄅᆞᆷ을 나가라 ᄒᆞ고 (…중략…) 이윽고 형刑을 사ᄉᆞᄒᆞᆫ 쟈 독약을 가져왓스되 구ᄅᆞ데스가 신색神色이 자약ᄒᆞ여 쳔々히 신神에 배拜ᄒᆞ고 약그릇슬 밧드러 마시ᄂᆞᆫᄃᆡ ᄒᆞᆫ 방울도 남기지 아니ᄒᆞ니 문인門人들이 일제ᄃᆡ셩통곡ᄒᆞᄂᆞᆫ지라 구ᄅᆞ데스이 ᄭᅮ지져 가로되 너의들은 엇지ᄒᆞ여 이갓치 ᄒᆞ나뇨 거름 것기를 이윽히 ᄒᆞ다가 피곤ᄒᆞ여 거ᄭᅮ러지더니 이윽ᄒᆞ여 독ᄒᆞᆫ ᄀᆡ운이 크게 발ᄒᆞ여 양족兩足이 차기가 어름갓고 기식氣息이 죠금 부텃ᄂᆞᆫ지라 눈을 부릅ᄯᅳ고 문인다려 일너 가로되 너희들은 나를 위ᄒᆞ여 숫닭 ᄒᆞᆫ 마리를 야사고자포耶士古刺布(신사명神祠名)[18]에 공供ᄒᆞ라 ᄒᆞ니 문인이 나가 그 유언을 시ᄒᆡᆼᄒᆞᄆᆡ 구ᄅᆞ데스 다시 말ᄒᆞ지 못

17 소크라테스의 처 크산티페(Xanthippe)의 음차 표기.

ᄒᆞ고 죽으니 잇ᄯᅢ 기원전紀元前 ᄉᆞᆷᄇᆡᆨ구십칠년이라[19]

위의 기사는 "索克색극", 즉 고대 그리스 철학자 소크라테스를 한국에 소개한 최초의 텍스트로 추정되며, 잡보란에 실린 기사의 형식을 띠고 있지만 실상은 인물의 일대기를 서사의 형식으로 서술한 약전略傳에 가깝다고 할 수 있다. 소크라테스의 생애에 대한 사실 중 현대의 대중들에게도 비교적 잘 알려져 있다고 할 만한 핵심적인 내용인 악처 크산티페의 존재에 대한 소개, 부당한 사형선고를 거부하지 않고 수용한 사실, 죽기 전 수탉을 공물로 바쳐 달라는 유언을 남긴 사실 등이 고스란히 담겨 있는 이 기사는 소크라테스의 철학에 대한 지식의 전달보다는 위인으로서 그의 삶을 서사화하는 데 더 집중하고 있다는 점에서 단순히 학지를 제공하는 기사의 차원을 넘어 대중 독자에게 더 쉽게 읽힐 수 있는 문예물이자 서사물 형태의 텍스트에 가까워져 있다고 해도 지나친 말은 아닐 것이다.

이 기사를 통해 우리는 현대 한국사회의 대중들에게도 친숙한 소크라테스와 관련된 전기적傳記的 사실들이 이미 120여 년 전 신문의 잡보란을 통해 당대의 대중들에게도 일종의 내러티브의 형태로 구성되어 유포된 적이 있다는 사실을 확인할 수 있다. 그리고 이러한 사실로부터 앞서 언급한 것처럼 서구에 대한 다양한 지식과 정보들이 일종의 상식이자 대중의 보편적 교양으로서 한국사회에 정착되기까지의 역사적 과정에서 근대 초기 신문의 잡보가 그 형성 및 확산의 경로로서 일정한 기능을 수행했다는 점을 추론할 수 있다.

'세계에 대한 인식과 이해의 지평을 넓히는 수단으로 기능하는 신문, 그리고

18 그리스의 의술의 신 아스클레피오스(Aesculapius)의 음차 표기. 본문에서는 아스클레피오스의 신전을 뜻한다.

19 「希臘의 雅典國 賢人에 索克이란 사ᄅᆞᆷ에 行實이라」, 『한성신보』 2면, 1895.11.21.

이를 특화하는 지면으로서의 잡보.' 『한성신보』는 후발 주자인 『독립신문』의 등장에 앞서 신문의 기능과 효용에 대해 이와 같은 인식을 독자들에게 심어주었고, 당대 조선인들의 대외 인식 형성에 중요한 역할을 했다고 해도 과언이 아니다. 두 신문이 상호 경쟁을 벌이던 시기를 중심으로 『한성신보』와 『독립신문』의 잡보란을 비교해 보면 이 점이 좀 더 명확하게 나타난다. 기존의 연구에 따르면 『독립신문』은 당대 조선인의 대미對美 인식을 형성하는 데 있어 가장 중요한 역할을 한 매체로 평가받고 있는데, 만약 고찰의 대상을 『한성신보』로까지 확대할 경우 이 같은 논의는 수정되어야 할 필요성이 생겨난다는 것이 저자의 판단이다.[20]

오랜 기간 미국에 체류했던 서재필과 윤치호 등에 의해 발행되었던 『독립신문』은 미국에 대해 비교적 우호적인 인식을 담은 기사를 많이 실었다고 평가받아왔다.[21] 『독립신문』이 미국을 '민주주의와 인도주의의 나라·부국과 강병을 이룩한 나라·남녀평등 교육을 실시하는 나라·기독교 신앙에 투철한 나라'로 주로 보도했다는 오영섭의 논의[22]는 이 같은 시각을 보여주는 대표적인 사례라고 할 수 있다.

그러나 기존의 연구에서는 『독립신문』보다 앞서 발행되었을 뿐만 아니라 일정 기간 독자 확보 경쟁을 벌였던 『한성신보』가 미국을 어떻게 소개했는가에 대한 고찰은 이루어지지 않았다. 이는 영인본이 발행되기 이전까지는 『한성신보』 지면의 전체적인 모습을 확인하기 어려웠다는 현실적 제약이 작용한 결과이기도 하지만 『한성신보』가 한국인이 아닌 일본인 발행 신문이라는 이유로 기존의

20 사실 두 신문 모두 가장 비중있게 다룬 외국 국가는 중·일·러 3국이다. 그러나 이들 국가에 대한 기사의 분량이 너무 많아 이 책에서 비교 고찰하기엔 적절치 않으므로 상대적으로 분량이 적어서 비교가 용이한 미국 관련 기사로 한정하였다.

21 유영익 외, 『한국인의 대미인식 : 역사적으로 본 형성과정』, 민음사, 1994, 62~78쪽 참고.

22 오영섭, 「『독립신문』에 나타난 미국인식」, 『한국민족운동사연구』 67, 한국민족운동사학회, 2011, 5~36쪽 참고.

논의에서 고려 대상이 되지 않았다는 사실 또한 부정하기 어렵다고 본다. 하지만 시야를 확대하여 『한성신보』가 조선인 독자들에게 미국이라는 국가에 대해 제공한 정보의 양과 편폭篇幅을 온전히 고려한다면 19세기 말 조선인들의 대미 인식 형성에 영향을 미친 '두 개의 창窓'으로서 『독립신문』과 『한성신보』가 동등하게 비교되어야 할 당위성은 충분하다고 할 수 있다.[23]

지면 비교가 가능한 기간인 10개월여1896.4~1897.2의 발행분을 기준으로 두 신문의 미국 관련 기사를 비교해 보면 우선 보도 분량에 있어 현격한 차이가 있음을 알 수 있다. 『한성신보』 잡보란의 미국 관련 기사는 약 37건에 15,000여 자 정도의 분량인 반면, 『독립신문』은 약 21건에 5,000여 자 정도에 불과하다. 전자는 월평균 4건으로 특히 4·6·7월에 집중적으로 기사가 실린 데 비해, 후자는 1896년 4월 23일~5월 19일 사이에는 1건이 보도되는가 하면 7월 7일~12월 24일까지 약 6개월 동안에는 단 1건도 보도되지 않았다. 물론 이는 『독립신문』이 참조할 수 있었던 해외 뉴스원news源이 상대적으로 『한성신보』에 비해 부족했기 때문이었던 것으로 추정된다. 실제로 『독립신문』은 1897년에 이르러서야 한국인 발행 신문 중 최초로 로이터 통신과 기사 수신 계약을 맺었고, 같은 해 1월 12일부터 외국통신란을 별도로 개설하였는데 이때부터 해외 소식을 조금씩 증가시켜가며 기사를 게재하기 시작했다.[24] 따라서 1896년 4월~1897년

---

23 물론 현실적인 제약이 없지 않다. 『한성신보』는 1895년 2월 창간된 후 1906년 8월까지 발행되었지만, 결호 없이 비교적 온전하게 전하고 있는 것은 앞서 언급했듯이 근대 초기 1895년 9월~1897년 2월 발행분뿐이고 그 이후의 발행분은 『독립신문』의 폐간 이후인 1902년 7월~1905년 9월 발행분이다. 1896년 4월에 창간되어 1899년 12월 4일까지 발행된 『독립신문』은 『한성신보』와 지속적으로 독자 확보 경쟁을 벌였을 것으로 추정되지만 기사의 직접 비교가 가능한 기간은 10개월여(1896년 4월~1897년 2월)에 불과하다. 그럼에도 불구하고 이 기간 동안 보도된 두 신문의 미국 관련 기사를 비교해보면 분명한 차이점이 존재한다는 사실을 확인할 수 있다.

24 김연희, 「근대 도시로의 기반시설 구축」, 서울특별시 시사편찬위원회, 『서울 2천년사 25－근대 문물의 도입과 일상문화』, 경인문화사, 2014, 94~98쪽 참고. 참고로 이 책에 따르면 1898년 8월에 창간한 『제국신문』은 이듬해인 1899년 5월 런던 소재 통신사로부터 뉴스를 받기로 했고,

2월 사이의 기간에 『한성신보』의 외국 관련 기사가 『독립신문』에 비해 분량과 다양성 면에서 압도적인 우위를 점하는 것은 당연한 결과일 수도 있다.

그러나 바로 이러한 이유 때문에 적어도 민간 신문 시장의 형성 초기에 『한성신보』 잡보란의 외국 관련 기사가 조선인 독자들에게 미친 영향이 『독립신문』을 포함한 한국인 발행 신문들보다 클 수 있다는 가설의 설득력은 더더욱 높아지게 된다. 분량의 차이뿐만 아니라 기사의 질적 측면에 있어서도 차이가 있음을 알 수 있는데, 『독립신문』은 이른바 "스트레이트straight"로 불리는 단신 보도 기사가 주를 이루는 반면, 『한성신보』에는 기존의 연구에서 이미 소개된 바 있는 「미국신대통령전米國新大統領傳」[25] 외에도 「북미합중국여서반아국간지일갈등北米合衆國與西班牙國間之一葛藤」과, 미국의 제25대 대통령 선거의 쟁점을 상세히 분석하고 있는 「미국정황米國政況」 등과 같은 장문의 심층 분석 기사가 게재되었다는 점을 그 근거로 들 수 있다.

북미합중국여서반아국간지일갈등北米合衆國與西班牙國間之一葛藤

규바도島일로 미국과 셔반아국 ᄉᆞ이에 갈등葛藤ᄀᆞᆺ치 분란紛亂이 나셔 (…중략…) 셔반아국 정부ᄂᆞᆫ 규바도島에 반적叛賊의게 미국인이 병긔를 ᄇᆡ에 싯고 와셔 주며 도민島民을 션동ᄒᆞ며 의용대義勇隊라 ᄒᆞ고 나와셔 규바에 적도賊徒로 들며 ᄒᆞᄂᆞᆫ 고약ᄒᆞᆫ 놈이 만으므로 셔반아국 병션은 쥬야 업시 규바도島에 흡해洽海를 순찰경계巡察警戒ᄒᆞ야 잇더니 맛침 흑연黑烟을 내여 멀리셔 나오므로 뎍병이 나왓다고 포문砲門을 열고 ᄶᅩᆺᄎᆞ가보니 상선商船인ᄃᆡ 미국 국긔을 ᄭᅩ잣더라 엇터ᄒᆞ든지 임검臨檢ᄒᆞ야 보자고 승선乘船ᄒᆞ니 ᄇᆡ 속은 다 병긔를 싯고 ᄯᅩ 수부水夫(사공 체ᄒᆞᄂᆞᆫ 사ᄅᆞᆷ)가 다 가졋스므로 이

『제국신문』과 같은 해 창간한 『황성신문』은 1900년에 로이터 통신과 전신 수신 계약을 맺었던 것으로 알려져 있다.

25 『한성신보』, 1896.11.14~18, 2면; 김영민, 『한국 근대신문과 근대소설 2 – 한성신보』, 소명출판, 2008 참고.

는 물론勿論히 뎍병을 구완ᄒᆞ자ᄂᆞᆫ 빈즉 그 화륜션을 나포拿捕ᄒᆞ야 그 승원乘員을 「흡안ᄂᆞ」로 구나拘拿ᄒᆞ얏더라 (…중략…)

이 일로써 미국과 셔반아국 간에 대갈등大葛藤이 니러난 근인根因이 되엿더라 (…중략…) 미국 사ᄅᆞᆷ에 ᄆᆞ음으로 ᄉᆡᆼ각ᄒᆞ면 규바도島ᄂᆞᆫ 일엽대수一葉帶水를 넘은 □□ㅣ요 그 도민島民은 자유自由ᄒᆞᆷ을 ᄇᆞ라 독닙ᄒᆞᆷ을 ᄇᆞ라셔 젼브터 미국을 우러라 잇ᄂᆞᆫ 거신즉 그 욕심이 안 날 리 잇스리요 (…중략…) 그러ᄒᆞ나 셔반아국 사ᄅᆞᆷ에 ᄆᆞ음으로 ᄉᆡᆼ각ᄒᆞ면 폭정暴政을 ᄒᆞ든지 혹 도민島民이 본국을 원망ᄒᆞᆫ 일이 잇더ᄅᆡ도 규바도島ᄂᆞᆫ 본ᄅᆡ 셔반아국의 속령屬領이라 미국은 어인 즛시냐 타국 인민을 션동ᄒᆞ며 ᄯᅩ 우리 속령지屬領地를 독닙국이라 ᄒᆞ니 이ᄂᆞᆫ 우리 서국西國을 모욕侮辱ᄒᆞᄂᆞᆫ 거신즉 비록 유혈폭시流血曝屍ᄒᆞᆯ지연경 이 모욕侮辱ᄒᆞᆷ을 설백雪白치 안ᄒᆞ리뇨[26]

미국정황米國政況

은화銀貨를 쓰자ᄂᆞᆫ 무리와 금화金貨로 ᄒᆞ야 쓰자ᄂᆞᆫ 무리가 닷투든 미국대통령개선지사米國大統領改選之事ᄂᆞᆫ ᄌᆞ주 긔ᄌᆡᄒᆞ얏거니와 시방 ᄂᆡ각은 이 일로 엇더케 아ᄂᆞᆫ고 ᄒᆞ니 지난ᄃᆞᆯ 십ᄉᆞ일「와싱돈」華盛頓(화성돈) 석양신문夕陽新聞에 탁지부 협판「함린」씨氏ᄂᆞᆫ「데모그랏도」당黨이모와셔 의결議決ᄒᆞ얏든 일을 긔ᄌᆡᄒᆞ야 시방 ᄂᆡ각의 의견意見도 그러ᄒᆞ노라고 ᄒᆞ얏더라 그「함린」씨氏 말에 닐으기를

금회의 선거選擧 일은 구ᄉᆞᄒᆞᆫ 정치적政治的 소장消長에 일ᄲᅮᆫ이 아니라 극직히 중요重要ᄒᆞᆫ 일이라 우리「합듕국」미국 제도制度ᄂᆞᆫ 쟝찻 각란覺亂되려 ᄒᆞ니 국가 ᄐᆡ평을 ᄉᆡᆼ각ᄒᆞᄂᆞᆫ 인민은우리 미국을 위ᄐᆡ케 ᄒᆞ려ᄂᆞᆫ 은화당銀貨黨에 극녁키 힘을 써 반항反抗치 아니치 못ᄒᆞᆯ지니 금회 선거選擧ᄂᆞᆫ 여러 당黨이 잇ᄂᆞᆫ 거시 아니라 그저 은화당과 금화당ᄲᅮᆫ이니 극키 힘을 쓰고 경쟁競爭치 아니치 못ᄒᆞ리라

ᄒᆞ고 ᄂᆡ각 제경諸卿(대신)에도 국무경國務卿「올니」씨氏ᄂᆞᆫ 분명히 말을 내여 ᄀᆞᆯᄋᆞᄃᆡ

26 「北米合衆國與西班牙國間之一葛藤」, 『한성신보』, 1896.6.20, 2면.

「맛긴레」씨氏를 대통녕에 쳔거ᄒᆞ고 그러치 안커든 아모도 쳔거를 아니ᄒᆞᄂᆞᆫ 거시 올타 ᄒᆞ며 해군경海軍卿 하바도씨氏도 은화당을 시려ᄒᆞᆫ다 ᄒᆞ며 기타 농무경農務卿 몰돈씨氏도 그러ᄒᆞᆯ 경눈을 ᄒᆞ야 잇더라 시방 대통녕「그리쌘란더」씨氏ᄂᆞᆫ 금직히 은화당을 시려ᄒᆞ야 ᄂᆡ각 의향意向은 모도 그리호되 탁지부경度支部卿「가리슬」씨氏ᄂᆞᆫ 은화당의「쌘래ᄋᆞᆫ」씨氏를 쳔거ᄒᆞ려 ᄒᆞ고 내부경內部卿 호그 스미스씨氏와 우체ᄉᆞ쟝「월손」두 사ᄅᆞᆷ은 어ᄂᆞᆫ 편을 쳔거ᄒᆞᆯ가 ᄒᆞ고 결심치 안터라[27]

차기次期 대통령大統領 예선豫選이라

북미합중국미국의 대통녕이 ᄀᆞᆯ니는 긔한이 장찻 나오ᄆᆡ 공화당共和党은 지난ᄃᆞᆯ 십이일에 「가리훨나」주州에셔이 다음의 대통녕의 예선豫選을 ᄒᆞ니 그 투표投票의 모양이 좌와 여홈

삼ᄇᆡᆨ삼십오점点 맛긴레씨氏 / 이ᄇᆡᆨ십오점点 리더씨氏 / 구십칠졈 모돈씨氏 / 팔십졈 하리손씨氏 / 칠십육졈 그예씨氏 / 삼십팔졈 고럼씨氏 / 이십육졈 섀랏던씨氏[28]

위에서 인용한 기사들에서 알 수 있듯이 『한성신보』는 「미국정황米國政況」을 포함하여 총 7건에 달하는 미국 대선 관련 보도 기사를 지속적으로 게재했을 뿐만 아니라 심지어 「차기 대통령 예선次期 大統領 豫選이라」 같은 기사에서는 후보자별 득표수를 포함한 공화당의 캘리포니아주 예비 경선 결과를 상세히 보도하기도 하였다. 「미국신대통령전」은 바로 이러한 대선 과정을 통해 25대 대통령으로 당선된 윌리엄 맥킨리William McKinley, Jr.의 생애와 정치 경력을 소개하는 약전 형식으로 서사화된 기사였던 것이다.[29] 이에 비해 『독립신문』에서는 제25

27 「米國政況」, 『한성신보』, 1896.8.25, 1면.

28 「次期 大統領 豫選이라」, 『한성신보』, 1896.4.29, 1면.

29 이 책의 주된 고찰 대상은 아니지만 『한성신보』의 미국 관련 기사로부터 일본의 미국에 대한 관심은 이때에도 각별하였음을 알 수 있다.

대 미국 대통령 선거와 관련해서는 단신 2건만이 보도되었다.[30] 말하자면 동일 시기를 기준으로 살펴보았을 때 미국 관련 기사를 더 많이, 지속적으로 보도한 매체는 『한성신보』라 할 수 있으며, 적어도 이 시기의 『독립신문』을 통해서는 한국인 독자들이 미국에 대한 다양하면서도 심층적인 정보를 얻기 어려웠다고 해도 과언이 아니다.

소재의 다양성이라는 측면에서 살펴볼 때에도 『한성신보』가 『독립신문』에 비해 한층 풍부했다고 할 수 있다. 『독립신문』은 미국 관련 기사 중 정치 분야 외에는 1896년 6월에 발생한 세인트루이스의 허리케인 피해[31]와 7월에 건조建造된 철갑선 오레곤호의 시운전,[32] 관세 인하[33] 및 태평양 해저 전신 부설敷設[34] 기사 등을 포함한 총 8건의 소식을 전하는 데 그치고 있지만, 『한성신보』의 경우는 약 20건에 달하며 그 제재 또한 사뭇 다르다. 특히 「미국지대녀米國之大女라」,[35] 「세계제일지거인世界第一之巨人」,[36] 「세셰최대지여관世界最大之旅館」[37] 등과 같

30 『독립신문』, 1896.7.2 및 1896.11.7, 2면. 원문은 각각 다음과 같다.
"○ 미국 오하요 쇼통영 월임 ᄆᆡᆨ컨늬씨을 공화당에셔 대통영 가음으로 쟉졍ᄒᆞ엿다더라"
"○ 미국셔 젼보가 왓ᄂᆞᆫᄃᆡ 이달 삼일에 젼국 인민이 투표ᄒᆞ야 새 대통령을 ᄲᅩᆸ앗ᄂᆞᆫᄃᆡ 오하요에 쇼통령 ᄆᆡᆨ킨늬씨가 ᄲᅩᆸ혀다더라"

31 『독립신문』, 1896.6.13, 2면.
"○ 미국 셴르누이스란 동리에셔 큰 바람이 니러나 ᄉᆞᄅᆞᆷ ᄇᆡᆨ여명이 죽고 샹ᄒᆞᆫ ᄉᆞᄅᆞᆷ이 무슈ᄒᆞ고 ᄒᆡ 난거시 금젼으로 이쳔 오ᄇᆡᆨ 만원 가량이더라"

32 『독립신문』, 1896.7.4, 2면.
"○ 미국셔 새로 ᄆᆞᆫ든 철갑션 오레건이란 군함을 쳐음으로 시험ᄒᆞ여 보ᄂᆞᆫᄃᆡ ᄒᆞᆫ 시간에 오십 오리을 간다니 아마 셰계 즁에 철갑션으로ᄂᆞᆫ 뎨일 ᄲᆞ를 듯ᄒᆞ다더라"

33 『독립신문』, 1896.12.29, 2면.
"○ 미국 의원회에셔 새로 ᄒᆡ관셰를 늘이량으로 ᄅᆡ년 삼월에 새 대통영이 동극ᄒᆞ면 별노히 의회를 열고 이 일을 의론ᄒᆞᆯ 터이라더라"

34 『독립신문』, 1897.1.7, 2면.
"○ 미국 회샤 ᄒᆞ나이 태평양 밋흐로 젼신을 노화 미국 샹항으로브터 하와이를 지내야 일본 횡빈으로 청국 샹ᄒᆡᄭᆞ지 젼신을 연쇽ᄒᆞᆯ 터인ᄃᆡ 미국 졍부에셔도 보죠금을 주고 하와이 졍부에셔도 보죠금을 준다고 ᄒᆞ엿더라"

35 『한성신보』, 1896.6.14, 2면.
"미국 계집에 「예라예잉」이란 ᄉᆞᄅᆞᆷ은 몸의 키가 八尺 二寸이요 体量이 二百 二十斤이 되ᄂᆞᆫ 奇女ㅣ 잇ᄂᆞᆫᄃᆡ 공일에ᄂᆞᆫ 텬쥬학당에 가니 텬쥬학 僧이 셜법ᄒᆞᄂᆞᆫ 거슬 듯ᄂᆞᆫ ᄉᆞᄅᆞᆷ보담 이 녀편네를 보고 잇ᄂᆞᆫ ᄉᆞᄅᆞᆷ이 만타더라"

이 미국에 존재하는 이른바 '세계 최고 수준의 명물'에 대한 보도와 함께 「축궁수저築宮水底」, 「조유술기造囿述奇」 등과 같이 현대 언론에서 해외 토픽 기사로 분류될 만한 기사들을 주로 게재함으로써 말 그대로 '별천지 같은 이국異國'으로서 미국의 이미지를 독자들에게 부각시키는 데 큰 역할을 했다고 할 수 있다. 게다가 오늘날 지진 해일을 뜻하는 '쓰나미'라는 명칭의 유래가 되었던 일본 메이지 산리쿠 지진明治三陸地震 해일의 여파가 하와이를 넘어 미국 본토까지 미쳤다는 내용을 담고 있는 「대해소지여파급미국해안大海嘯之餘波及米國海岸」과 「포와국역해소지여파布哇國亦海嘯之餘波」와 같은 기사에 이르면 『한성신보』의 잡보란은 독자들에게 기사記事를 넘어 기사奇事 혹은 기문奇聞과 같은 소식들을 접할 수 있는 지면으로 인식되었을 수 있다고 해도 지나친 말은 아닐 것이다.

축궁수저築宮水底

미국 부호의 모가 종ㅅ 기관奇觀 짓기를 조아흐셔 왕ㅅ이 사름의 의료밧게 ㄴ는 닐이 잇더니 그리 ᄯᅩ 깁흔 곳셜 가리여셔 긔계로써 물밋희 집을 지을 ᄉᆡ 쇠로써 셕

36 『한성신보』, 1896.7.20, 2면.
"米國「미네소다」쎠「센도보르」府에「윌긴스」란 사름이 잇셔 올희 二十二歲로되 몸의 킈가 八尺二寸이요 體量 이삼빅 팔십육 斤이요 革靴ᄂᆞᆫ 장이 二十四寸이요 장갑의 기럭지 十四寸이요 九寸半이 된 帽子를 쓰고 잇다ᄂᆞᆫᄃᆡ (…중략…) ᄯᅩ 몸이 이러케도 크면 지식이 젹다든지 몸에 不完全ᄒᆞᆫᄃᆡ 잇다든지ᄒᆞᄂᆞᆫ 거시로되 이 사름은 身體 智識이 아올너 겸젼ᄒᆞ야 잘 싱겻다 ᄒᆞ되 얼굴에 異狀곳이 좀 잇스나 허물ᄒᆞᆯ 거시 업고 (…중략…) 소문이 금직히 돗코 오지리국 皇帝 陛下계옵셔도 引見ᄒᆞ옵셧다더라"

37 『한성신보』, 1896.7.20, 2면.
"일젼붓터 북미합듕국「맛ᄉᆞ쥬셋즈」州「버스돈」邑셔 계획ᄒᆞ야 잇ᄂᆞᆫ 旅館은 아마 셰계상에셔 제일 되ᄂᆞᆫ 大旅館인ᄃᆡ 명년 안으로 畢役ᄒᆞᆯ 터히라 (…중략…) 그 旅館의 모양을 들으니 十一層 집이로되 과히 놉게 안 뵈고 아주 벽돌로 질 터힌즉 보기 금직ᄒᆞ리라 그 見樣은 독국 北方에 잇ᄂᆞᆫ 宮殿본으로 짓고 그 館內를 三部로 구별ᄒᆞ니 ᄆᆡ부에 칠빅간씩인즉 도합이 이쳔일빅간이라더라 ᄯᅩ 各部 ᄉᆞ이에 칠십戶 ᄉᆞ방만 ᄒᆞᄂᆞᆫ 곳이 잇셔 食堂은 집 북쪽에 河瀕으로 향ᄒᆞ야 잇고 퍽 美麗케 지여셔 出入ᄒᆞᄂᆞᆫ 문이 스물 ᄒᆞᆫ 군ᄃᆡ요 ᄯᅩ 昇降器가 둘이 잇셔셔 ᄒᆞ나ᄂᆞᆫ 物貨를 運送ᄒᆞ며 ᄒᆞ나ᄂᆞᆫ 사름이 ᄐᆞ고 昇降ᄒᆞᄂᆞᆫ 거시니라 ᄯᅩ 그 旅館에ᄂᆞᆫ 미국에셔 데일 되ᄂᆞᆫ 壯麗ᄒᆞᆫ 宴會室과 打球場도 ᄒᆞ야 ᄆᆡᆫ들고 기타 製氷處도 ᄆᆡᆫ기러셔 炎署 ᄯᅢ에 어롬을 ᄆᆡᆼ기리 먹게 ᄒᆞ며"

가리와 기동을 하고 상ᄒᆞ와 ᄉᆞ방을 다 유리로 ᄭᅮᆷ이고 ᄯᅩ 단기ᄂᆞᆫ 길얼 유리로 지여셔 노ᄂᆞᆫ 사ᄅᆞᆷ덜이 다 그리로 조ᄎᆞ 츌닙을 ᄒᆞ고 공긔가 ᄯᅩᄒᆞᆫ 그리로 조ᄎᆞ 통하며 밤이면 젼긔등을 두루 혀셔 광명통쳔하며 노ᄂᆞᆫ 고기가 ᄯᅦ를 지여 슈조 ᄉᆞ이에 왕ᄂᆡᄒᆞ며 조곰도 사ᄅᆞᆷ을 긔ᄒᆞ지 아니ᄒᆞ니 참 물건과 ᄂᆞ의 □도 이져 버리ᄂᆞᆫ ᄌᆞ미를 어덧고 비록 여름 삼복 ᄯᅵ라도 그 물속 유리집에 들어간 자ᄂᆞᆫ 조곰도 더운 긔운이 읍시 페셔를 ᄒᆞ니 그 긔관의 질기ᄂᆞᆫ 거슬 가히 알너라[38]

조유술기造囿述奇

미국 부호의 모가 임의 슈경궁을 물속의 짓ᄭᅩ도 오히려 써 허되 긔교를 다 못ᄒᆞ엿다 ᄒᆞ여셔 ᄯᅩᄒᆞᆫ 광원廣園을 지여셔 모든 짐싱을 기를 ᄉᆡ 호랑이와 표범과 ᄉᆞ자와 코키리 등속의 갓쵸지 아닌 거시 읍는ᄃᆡ 그 동순이 퍽 널ᄭᅩ ᄂᆞ무와 슈풀이 다 갓쵸왓스며 ᄉᆞ방 쥬회를 돌 쥬츄로 건획ᄒᆞ게 싸서 ᄊᆞᆺ코 ᄯᅩ 그 밧그로 철착鐵柵을 더 베푸러셔 가히 써 열고 닷게 ᄒᆞ고 ᄯᅩ 속의 방□을 하야셔 그 속의 짐싱들이 셔로 물고 ᄊᆞ호ᄂᆞᆫ 폐가 읍게 ᄒᆞ고 ᄯᅩ 그 가운ᄃᆡ 놉흔 탑을 일좌를 셰워셔 노ᄂᆞᆫ 사ᄅᆞᆷ덜이 올ᄂᆞ가셔 구경하기 편ᄒᆞ게 할 ᄉᆡ 그 탑의 오르ᄂᆞᆫ 길은 다 □도道로 조ᄎᆞ 올ᄂᆞ가게 ᄒᆞ엿시니 비록 옛사ᄅᆞᆷ이 종횡무진縱橫無盡ᄒᆞᄂᆞᆫ 쟈ㅣ가 잇슬지라도 ᄯᅩᄒᆞᆫ 반다시 이여셔 더ᄒᆞ지 못ᄒᆞ겟더라[39]

대해소지여파급미국해안大海嘯之餘波及米國海岸

미국 상항桑港 남쪽에 잇ᄂᆞᆫ「산다글즈」란 포구에ᄂᆞᆫ 지난ᄃᆞᆯ 십오일의 일본 동북부東北部 대해소大海嘯의 여파가 갓다더라 그 ᄯᅡᆼ은「산러렌조」하河의 강만江灣인ᄃᆡ 그 강만江灣에 ᄒᆞᆫ 셤이 잇셔 그 셤에 조선소造船所 잇셔셔 해파海波가 못 나오게 제방堤防을

38 「築宮水底」,『한성신보』, 1896.12.20, 1면.
39 「造囿述奇」,『한성신보』, 1896.12.20, 1면.

민드러 두엇스되 그날 앗침에 쟝식들이 일을 ᄒᆞ려ᄂᆞᆫ ᄉᆡ 외양에셔 산ᄀᆞᆺ흔 물결이 람濫々ᄒᆞ야 곳 그 제방堤防으로 나왓코 그 물결이 놉기가 구척반九尺半이나 되얏스되 그 죠션쇼ᄂᆞᆫ 샹ᄒᆞ지ᄂᆞᆫ 안힛다더라[40]

포왜국역해소지여파布哇國亦海嘯之餘波

동국同國 최대도지포왜도最大島之布哇島에도 미러 와셔 그 나온 물결의 놉기가 삼십 쳑이 넘고 거긔 사ᄅᆞᆷ의 경악驚愕흠이 말로 ᄒᆞᄂᆞᆫ 슈 업고 야단을 치고 놉흔 ᄃᆡᄂᆞᆫ 도피逃避ᄒᆞ얏스므로 다힝으로 인축人畜은 샹ᄒᆞ지 안힛다더라 그러ᄒᆞ나 집을 침수유실浸水流失ᄒᆞ든 거슨 수십가 잇고 주벌舟筏을 닐은 것도 퍽 만다더라[41]

이처럼 『한성신보』는 신문이 세계 이해와 견문 확장에 필요한 지식과 정보를 제공하는 창이 될 수 있다는 점을 보여줌과 동시에 그러한 지식과 정보를 흥미로운 읽을거리, 즉 오락적 서사물로서 향유할 수 있다는 점을 당대의 독자 대중들에게 분명하게 각인시킨 매체로 평가될 수 있다. 『한성신보』의 이러한 특징을 잘 보여주는 대표적인 기사 중의 하나로서 마지막으로 1896년 9월 8일 자 2면에 실린 「역사각기力士角技」를 소개하고자 한다. 이 기사는 아마도 한국 언론사에서 최초로 서구 근대의 스포츠 종목 중 하나인 권투를 소개한 사례로 기록될 것으로 판단되며, 조사 결과 놀랍게도 실제로 있었던 사건을 보도한 것이기도 하다. 이 기사는 독자의 흥미를 자아내는 생생한 묘사를 담고 있을 뿐만 아니라 지식 및 정보를 오락적 형태로의 가공을 통한 제시라는 『한성신보』 잡보란의 특징을 잘 보여주는 사례로서 주목할 가치가 있다.

40 「大海嘯之餘波及米國海岸」, 『한성신보』, 1896.7.20, 1면.
41 「布哇國亦海嘯之餘波」, 『한성신보』, 1896.7.20, 1면.

역사각기力士角技

세상에서 유명ᄒᆞ고 강력剛力ᄒᆞ다ᄂᆞᆫ 권투가拳鬪家 미국 사ᄅᆞᆷ 「쟌변 고볏도」 씨와 전수부前水夫(사공) 「샤계」란 사ᄅᆞᆷ이 본년 육월 이십ᄉᆞ일 밤에 미국 「메가닛ᄇᆞ브리온」이란 곳에서 크게 권투拳鬪를 ᄒᆞ야 귀견식겻ᄯᅡ는 말은 외국 신문에서 보든 ᄇᆡ더니 시방 미국에서 도라왓든 사ᄅᆞᆷᄒᆞᆫ테 그 모양을 들으니 그 권투拳鬪란 거슨 우리 동양東洋에서 씨름ᄒᆞᄂᆞᆫ 겻과 좀 다르고 ᄶᅩᆨ 싸홈ᄒᆞ미 ᄀᆞᆺ고 문명ᄀᆡ진의 행업行業이 아니로되근ᄅᆡ 미국에서ᄂᆞᆫ 용기勇氣를 고무鼓舞ᄒᆞ야 의협義俠을 여勵함의에 좃타고 ᄒᆞ야 귀천상하貴賤上下 업시 그 권투拳鬪를 됴화ᄒᆞᄂᆞᆫ지라 (…중략…) 그 개장開場 당일當日에ᄂᆞᆫ 야단을 ᄒᆞ야 정오 열두시에 그 간객看客(구견군)을 인도ᄒᆞ니 ᄆᆡ명의 입장료入場料ᄂᆞᆫ ᄉᆞ원씩인ᄃᆡ 드러가 본 구견군이 무려無慮 일만 오천여명이더라 그리ᄒᆞ고 장내場內 가온ᄃᆡ에 그 투장鬪場을 ᄒᆞ야 두니 그 ᄉᆞ면은 홍백紅白 만막幔幕을 찰려치고 우희 미국 국긔를 셰위 ᄭᅩᆺ고 좀 ᄒᆞ디가 호종號鐘을 지니 (…중략…) 「샤계」란 사ᄅᆞ이 몸에 침의寢衣를 닙고 후견인後見人 ᄉᆞ오명을 다리고 나왓든 후에 「쟌변 고볏도」란 사ᄅᆞᆷ이 침의寢衣를 닙고 나오니 박수갈채拍手喝采 ᄒᆞᆫ 소리가 그 내외內外로 진동ᄒᆞ얏더라 그리ᄒᆞ고 그 두 사ᄅᆞᆷ인 악수握手 인ᄉᆞ를 ᄒᆞ든 후에 서로 권투拳鬪를 시작ᄒᆞ얏더라 당초에ᄂᆞᆫ 피ᄎᆞ 주의注意만 ᄒᆞ야 과히 박격撲擊치 아니ᄒᆞ얏스므로 별로히 승부 업고 두 번ᄌᆡ에ᄂᆞᆫ 「샤계」가 공교롭게 적인敵人을 속여셔 이기고 세 번ᄌᆡ에ᄂᆞᆫ 「고볏도」ᄂᆞᆫ 좀 의구疑懼ᄒᆞᆫ 모양이 나고 「샤계」ᄂᆞᆫ 승승ᄒᆞ야 크게 「고벗도」의 이변耳邊을 충격衝擊ᄒᆞ고 ᄯᅩ 뒤로 가셔 그 목을 붓들어셔 지상地上에 던지고 네 번ᄌᆡᄂᆞᆫ 「샤계」가 더욱 승승ᄒᆞ야 「고볏도」를 철권鐵拳으로 치니 ᄎᆞᆷ아 견ᄃᆡ들 못ᄒᆞ야 아주 쳣더라 이러므로 귀견군들은 그저 용ᄒᆞ다고 「샤계」만 칭찬ᄒᆞ야 파ᄒᆞ엿더라 그 후에 들으니 「고볏도」ᄂᆞᆫ 일만원을 현상懸賞으로 ᄒᆞ야 복수적復讐的 권투拳鬪를 ᄒᆞ야셔 권투사拳鬪士란 영칭榮稱을 정ᄒᆞᆫ다더라[42]

---

42 「力士角技」, 『한성신보』, 1896.9.8, 2면.

위의 기사에 등장하는 "쟌변 고볏도"는 제임스 코벳James John Corbett이라는 실존 인물이자 미국의 권투선수이고,[43] "샤계"는 역시 실존 인물이자 수부水夫 즉 선원 출신의 권투선수 톰 샤키Tom Sharkey이다.[44] 당대 미국의 인기 권투선수였던 두 사람은 1896년 6월 24일에 "메가닉ㅂ브리온", 즉 당시에 "Mechanic's Pavilion"이라는 이름으로 불렸고 현재는 "San Francisco Mechanics' Institute"로 불리고 있는 장소에서 실제로 시합을 벌인 바 있다. 이 기사에서는 권투가 '문명개진文明改進의 행업行業'은 아니지만 '용기를 고무하여 의협을 장려하기에 좋다고 하여 상하와 귀천 할 것 없이 좋아하는' 스포츠라고 소개하면서 이 두 선수의 경기가 4원의 입장료를 내고 입장한 1만 5천 명의 관중이 관람하는 대규모의 상업적 이벤트라는 점을 강조하고 있다. 미국에서 실제로 이 경기를 관람하고 돌아온 일본인의 전언을 통해 묘사되고 있는 이 권투 경기는 활자로 된 외국 신문으로만 이 소식을 접한 일본인 독자들에게도 충분히 센세이셔널하면서도 흥미로운 관심의 대상이 되었던 것으로 볼 수 있으며, 같은 내용을 『한성신보』의 잡보란을 통해 접하는 조선인 독자들에게는 미국에 대한 막연한 인식을 좀 더 구체적인 이미지의 형태로 떠올릴 수 있는 계기 중 하나가 되었을 것이다.

요컨대 이러한 잡보란의 기사들은 조선인들로 하여금 '온갖 신기한 물상物象이 존재하며 기존의 통념을 넘어서는 규모의 사건이 발생하는 세계'이자 선망과 동경의 대상이 되는 공간으로서 미국을 인식하도록 만드는 데 기여하였다고 할 수 있다. 그리고 이러한 인식을 강화하는 데 있어 상대적으로 더 큰 역할을 함과 동시에 내용적인 측면에서 세부detail의 구체성과 실감을 확보하고 있던 매체가 『한성신보』라는 사실 또한 분명하다고 할 수 있다.

지금까지 『한성신보』의 사례를 통해 잡보란이라는 지면이 등장했던 초창기

---

43 위키피디아 참고. URL(http://en.wikipedia.org/wiki/James_J._Corbett)
44 위키피디아 참고. URL(http://en.wikipedia.org/wiki/Tom_Sharkey)

에 주로 어떠한 내용들이 제시되었고, 그것이 근대 초기의 조선 사회를 살아가는 구성원들에게 어떤 영향을 미쳤는지에 대해 고찰해 보았다.

초기의 『한성신보』 잡보란은 비록 일본의 지도에 의한 문명개화의 당위성이라는 전제를 바탕으로 하고 있었다는 점에서 일정한 한계가 있음에도 불구하고 조선인의 시각에서 서술된 근대 일본 체험과 서구 문명으로부터 유래된 지식과 정보를 조선 사회에 전파하고 알리는 기사들을 다수 게재하였고, 이러한 기사들은 조선인 독자들에게 신문이라는 매체와 잡보란이라는 지면이 갖는 유용성과 효과에 대해 인지하게 만듦과 동시에 당대 조선인 독자들의 외부 세계에 대한 이해와 지식을 넓히는 데 일조하였을 것으로 판단된다. 한 걸음 더 나아가 『한성신보』 잡보란은 서사화된 기사를 통해 오락성을 증대시키는 방식으로 독자의 흥미를 불러일으키는 상업주의적 지면 활용 전략을 선보인 최초의 매체이기도 하였으며, 이러한 특징은 후술하겠지만 이후에 등장한 모든 근대 초기 신문들의 독자 확보를 위한 지면 편성 전략으로 적극적으로 수용되기도 하였다.

그러나 물론 초기부터 모든 신문이 『한성신보』의 지면 체제와 편집 전략을 그대로 따라가기만 한 것은 아니었다. 각각의 신문들은 『한성신보』가 조선에 처음 선보인 잡보란을 개설하고 지면을 편성하면서 내용적으로 일정한 공통점을 공유하면서도 각 매체의 집필진이 지닌 정치적 입장과 사안에 대한 관점에 따라 제재 선택과 논조에서 차이점을 보이기도 하였다.

그렇다면 이제 우리는 최초의 한국인 발행 신문인 『독립신문』과 연이어 『그리스도신문』, 『조선(대한)그리스도인회보』, 『매일신문』, 『제국신문』, 『황성신문』 등이 등장함으로써 초기의 민간 신문 경쟁 체제가 형성된 시기에 각 신문의 잡보란은 어떤 특징을 보이고 있었고, 내용 면에서 어떠한 변화와 차이점이 있었는지에 대해 살펴볼 필요가 있다.

2) 『독립신문』 외세의 민권 침해와 체제 전환기의 혼란상 고발

최초의 한국인 발행 민간 신문 『독립신문』은 『한성신보』 배대판이 발행된 지 약 7개월 후인 1896년 4월 7일에 창간호를 발행하였으며, 1899년 12월 4일 폐간되었다.[45] 『독립신문』의 경우 지형이 『한성신보』에 비해 작았을 뿐만 아니라, 전체 내용 중 논설의 비중이 높아 상대적으로 잡보가 차지하는 비중이나 분량이 적은 편이다. 실제로 창간 후 약 3개월 정도의 기간에는 1일 치 발행분 내의 잡보의 기사 건수가 평균 10여 건에 불과하였을 뿐만 아니라 분량 역시 기사 1건당 약 200~300자 내외의 비교적 단형으로 작성된 국내의 사건 사고에 대한 보도 기사가 많은 편이었다. 그러나 이후 『한성신보』와의 독자 확보 경쟁이 본격화되면서 기사의 건수와 기사별 분량이 증가하는 추세를 보였다.

잡보란의 주요 내용 범주로는 사회·경제·사법司法 등 제 분야의 근대적 제도 도입에 대한 소식과 함께 이와 관련하여 일반 대중들의 제도에 대한 이해의 부족 또는 시행 과정에서 정부 및 관료가 착오를 일으키는 등의 잘못으로 인해 민간에서 발생했던 다양한 사건 사고를 보도하는 기사, 그리고 근대적 제도의 도입에도 불구하고 여전히 사라지지 않고 있는 다양한 형태의 범죄들에 대한 폭로와 고발, 마지막으로 주로 독자의 편지나 전언의 형태로 이루어진 지방 관료의 통치 행태에 대한 비판적 보도 등을 들 수 있다. 주된 보도 소재와 내용 범주가 이러하다 보니 기사에서 국내 관련 보도가 차지하는 비중이 매우 높은 편이었으며, 해외 소식 혹은 외국 관련 기사가 차지하는 비중은 『한성신보』에 비해 상대적으로 낮은 편이었다.

요컨대 발행 초기 『독립신문』의 잡보란은 국내의 정치 현안 및 사회 문제에 대한 내용을 중심으로 보도하는 경향이 강했다는 점에서 해외 소식 및 근대적

45 『독립신문』은 초기에는 『한성신보』와 마찬가지로 격일간으로 발행하다가 1898년 6월 30일부터 매일 발행 체제로 변경되었다.

문물과 학지를 서사적 텍스트의 형태로 잡보에 게재했던 『한성신보』와는 일정한 차이를 보이고 있다. 그리고 이러한 차이점은 독자들에게 신문 잡보란이 『한성신보』를 통해 처음 접했던 것과는 다른 속성을 지닐 수 있다는 점을 인식할 수 있게 만들었다고 할 수 있다. 즉 『한성신보』라는 매체에서 잡보란은 새롭고 이색적이면서도 알지 못했던 지식을 전달해주거나 흥미를 불러일으키는 읽을거리를 제공하는 기능을 하는 지면으로 독자들에게 인식되었다면, 『독립신문』의 잡보란은 조선 사회 내부에서 벌어지고 있는 다양한 사건 사고를 비교적 크게 시차가 벌어지지 않은 시점에서 보도함과 동시에 경우에 따라서는 사건 사고에 대한 짧은 비평적 언급을 첨부함으로써 독자들로 하여금 잡보란을 조선 사회의 현실에 대한 동시대적 인식을 공유하게 하는 지면으로 인식하도록 만들었다고 할 수 있다. 다시 말해 『독립신문』의 잡보란은 독자들에게 '지금 여기의 현실'이 어떠한지 바라볼 수 있게 해주는 일종의 창窓으로서 인식되었을 것으로 판단된다. 이처럼 근대 초기 신문의 잡보란이 당대 조선 사회의 현실을 반영함과 동시에 대중들의 지향과 열망을 적극적으로 반영하는 지면으로서 복합적인 속성을 갖게 된 데에는 한국인 발행 신문 중 선두 주자였던 『독립신문』의 역할이 자못 컸다고 할 수 있다.

그렇다면 『독립신문』의 잡보란에는 어떤 기사들이 게재되었고, 이 기사들은 당대 조선 사회의 어떤 모습을 주로 주목하였을까? 우선 가장 중요하면서도 흥미로운 사실 중의 하나는 『독립신문』의 잡보란에는 당대 조선의 대중들, 다시 말해 양반 사대부 계층이나 고위 관료 집단보다는 중인 이하의 평범한 일반인들에게서 발생한 사건 사고에 대한 보도 기사가 상대적으로 훨씬 많은 비중을 차지하고 있다는 점이다. 이 같은 특징은 『독립신문』이 한국인 발행 민간 신문이라는, 『한성신보』와는 다른 조건으로부터 형성된 것일 가능성이 높다. 탐보원探報員, 즉 기자 자신이 당대의 조선 사회를 살아가는 구성원이라는 사실로부터 출발하는 『독립신문』의 잡보란은 일반 대중들이 일상에서 겪는 다양한 사건들이 뉴스의 소재로 채택되는 양상을 보여주었던 것이다.

○ 이ᄃᆞᆯ 스무날 열두시에 남촌 갓우물골 우물에셔 고씨의 계집 하인이 물 동우를 이다가 ᄯᅩ아리가 ᄲᆡ지거ᄂᆞᆯ 사나희 한범의란 놈이 지내가기에 ᄯᅩ아리를 너 달나 ᄒᆞ니 그 놈이 너 쥰체ᄒᆞ면셔 은 빈여를 ᄲᆡ 가지고 도망ᄒᆞ거ᄂᆞᆯ 계집 하인이 물동우를 내던지고 고셩으로 뎌긔 도적 놈 간다고ᄒᆞ니 남셔 슌검 김영식이가 보고 붓잡아 본셔로 와셔 공초를 밧은즉 ᄋᆡᄆᆡᄒᆞ다ᄒᆞ거ᄂᆞᆯ 몸을 뒤여 보니 빈여가 바지 쇽에 잇ᄂᆞᆫ지라 빈여ᄂᆞᆫ 그 계집하인을 주고 그 도적 놈은 경무쳥에 가두웟다더라[46]

○ 지낸 ᄃᆞᆯ 금음날 최정식이란 놈이 인셩부ᄌᆡ 쥬ᄉᆞ 다니ᄂᆞᆫ 한용션이 집에 업ᄂᆞᆫ줄 알고 나제 드러가 그 쳡의게 무례ᄒᆞᆫ 일을 힝코져 ᄒᆞᆯ제 칼노 그 계집을 두서너 관ᄃᆡ를 찔너 유혈이 랑ᄌᆞᄒᆞ고 거의 죽게 되얏ᄂᆞᆫᄃᆡ 힝슌ᄒᆞ던 슌검의게 붓들녀 지금 경무쳥에 갓쳣다더라[47]

○ 이ᄃᆞᆯ 스무 엿ᄉᆡ 날 양쳔 니근용이가 남대문 거리에셔 나무 쟝ᄉᆞ ᄋᆞᄒᆡ 임만쥰의 나무를 홍졍ᄒᆞ야 공덕이로 ᄭᅳ을고 가셔 부리고 그 ᄋᆞᄒᆡ 보고 말ᄒᆞ기를 양화도 짐 실을 것 잇다고 다리고 가셔 ᄒᆡ가 져물ᄆᆡ 니가가 칼노 ᄋᆞᄒᆡ 임가의 목을 두 번 질으고 몽둥이로 ᄯᆡ리니 이ᄋᆞᄒᆡ가 놀ᄂᆡ여 써구러져 가만리 보니 도적 놈이 쇼을 ᄭᅳ을고 양쳔으로 가니 이 ᄋᆞᄒᆡ가 겨오 졍신을 차려 동유 ᄋᆞᄒᆡ를 맛나 집에 긔별ᄒᆞ야 뎌희 삼촌이 경무쳥에 고ᄒᆞ니 본쳥에셔 스무 닐헤 날 밤 열시에 슌검 세ᄉᆞᆯ 보내여 그 도젹을 잡아다 가두웟다더라[48]

46 『독립신문』, 1896.4.23, 2면.
47 『독립신문』, 1896.4.28, 2면.

비교적 육하원칙에 충실하게 맞춰 작성된 위의 기사들은 수도인 한성과 경기 인근에서 벌어진 범죄 행위에 대해 보도하고 있으며, 가해자의 실명을 여과 없이 기재하고 있음과 동시에, 비록 『한성신보』처럼 서사화된 형태는 아니지만 일반 대중이 겪은 범죄 피해를 상당히 생생하게 묘사하고 있음을 알 수 있다. 이 밖에도 사기와 협잡, 횡령과 늑탈, 여성을 향한 성적 폭력과 재산에 대한 소유권을 다투는 이해 당사자 간의 갈등에서 비롯된 폭력 등 다양한 사회적 범죄와 사법 체계 교란 행위, 그리고 성별과 대상을 가리지 않고 약자적 위치에 있는 사람에게 폭력이 가해지던 당대의 사회상이 적지 않은 기사들을 통해 독자들에게 전달되었다.

요컨대 『독립신문』의 잡보란을 통해 그려지고 있는 조선의 현실은 일반 민중들이 각자의 삶의 자리에서 저마다의 생업에 종사하면서 정당한 권리와 복락을 누릴 수 있는 세계가 아니었다고 할 수 있다. 민중의 삶은 사익의 편취를 도모하는 범죄자들의 폭력적 행태로부터 안전을 보장받지 못한 채 일상적인 위협에 노출되어 있었고, 약자적 위치에 있는 여성과 노비, 그리고 하급 노동자 등의 개인들이 범죄자들의 주요 범행 대상이 되었음을 알 수 있다. 다시 말해 전근대의 공동체적 질서 속에서 충분한 수준은 아니지만 일정한 정도로 개인을 보호하는 기능을 담당해오던 전통적 규범과 관습이 무력화되고 있었던 현실의 모습이 잡보란의 기사들을 통해 여과 없이 보도되고 독자들에게 공유되었던 것이다.

그렇다면 이 같은 체제 붕괴적 현실을 바라보는 『독립신문』의 시각은 어떠하였을까? 잡보란의 기사들은 근대적 사법 체계가 도입되긴 했지만 여전히 공권력의 보호를 받지 못한 채 생명과 재산을 침해 또는 강탈당하는 당대 민중들의 상황을 직접적으로 고발하고 있음과 동시에 이 같은 범죄자들이 '순검'에게 체

---

48 『독립신문』, 1896.5.2, 2면.

포되어 '경무청'으로 압송된 후 평리원사법부에서 재판받는 과정을 상세히 서술하거나 공권력의 집행 및 사법적 절차를 통해 죄에 상응하는 처벌을 받아야 한다는 당위를 강조함으로써 결국 가해자이자 범죄자인 이들을 응징할 수 있는 수단 또한 사적 폭력이나 개인의 복수가 아닌 공권력과 사법 체계여야 한다는, 기본적으로 법치주의적 인식에 기반한 관점과 서술 태도를 보여주고 있다. 이는 『독립신문』이 기본적으로 조선 사회가 더 이상 전제 국가적 체제의 형태로 유지될 수 없고, 그래서도 안 된다는 인식에 기반하고 있음을 시사하고 있다. 일반 민중들의 '민권'이 가장 중요한 가치인 동시에 그것을 침해하는 시도들은 어떤 것이든 비판의 대상이 되어야 한다는 것이다.

그러나 일견 민중 중심주의적으로 보이는 『독립신문』의 시각에도 한계가 없는 것은 아니었다. 백성의 삶을 침해하는 범죄적 행위에 대해 강경한 비판적 시각을 보여준 『독립신문』의 입장대로라면 가해 행위를 한 주체가 누구든지 일관성 있게 비판의 대상이 되어야 마땅하겠지만, 잡보란의 기사에서 지배층의 백성에 대한 권익 침해와 폭력을 적극적으로 비판하지는 못하고 있는 것으로 판단된다.

일례로 발행 초기 『독립신문』의 잡보에서는 중앙정부의 고위 관료들의 실정과 무능, 부패와 학정을 직접적으로 고발하거나 비판하는 기사는 양반이 아닌 일반 범죄자들의 범죄를 보도하는 기사들에 비해 그리 많이 발견되지는 않으며 그러한 내용을 기사화하더라도 주로 구독자 혹은 기서를 보낸 지인기자가 아닌 외부인의 전언傳言의 형태로 제시하고 있음을 알 수 있다. 이는 보도된 기사에 대해 책임을 추궁당할 때 대비하기 위한 방책이었던 것으로 보인다. 만약 강력한 권력을 지닌 관료가 당사자로 지목될 경우 단순한 반발을 넘어 신문사 집필진을 사법적으로 응징하는 등의 탄압적 행위가 드물지 않게 벌어지곤 했기 때문이다. 아울러 비리와 불법을 저지르는 관료에 대해서는 신문사 집필진 또는 기자가 직접적인 비판을 가하지 않고 해당 관료의 소속 부서에서 감찰을 하거나 사실관계 확인 후 법리적인 절차에 따라 처분 혹은 처벌을 해야 할 것이라는 판단을 기사 말미에 첨부하는 경우가 많이 발견되는데, 이 같은 보도 태도는 법치주의에 의거한 근대적 통치 방식을 지지하는 『독립신문』의 입장을 드러내는 것이기도 하지만 한편으로는 언론사로서의 독립성과 자유를 충분히 누리지 못하고 있던 당대의 현실 속에서 지배층에 비해 상대적으로 약자적 위치에 있었던 신문사가 취할 수 있었던 현실적인 대응 방식이었다고도 할 수 있을 것이다.

말하자면 『독립신문』은 적어도 창간 초기에는 어떠한 이유에서든 당대의 조정 및 관료 세력과 직접적인 대립각을 세우지는 않았던 것으로 판단되며, 정부와 지배 세력에 대한 비판을 본격화하면서 비판적 저널리즘을 지향하는 매체로서의 면모를 보이게 된 것은 창간 당시로부터 상당한 시간이 흐른 뒤인 1898년 후반 만민공동회 사건이 전개되면서부터라고 할 수 있다. 다음의 기사들은 이러한 판단을 뒷받침한다고 할 수 있다.

○ 한셩부에 공립 쇼학교가 잇ᄂᆞᆫᄃᆡ 본부 관찰ᄉᆞ 유긔환 씨가 닷ᄉᆡ 날마다 나와셔 학원 칠십여명을 강을 받아 고등 된 학원들의게 샹급을 주되 학교 부비로 주ᄂᆞᆫ거시 아니라 ᄌᆞ긔 월급 즁으로 준다더라[49]

○ 슌쳥골 리근풍씨가 부ᄌᆞ가 아니로되 그젼에 여러 골 외임으로 잇슬 ᄯᆡ도 관황으로 ᄇᆡᆨ셩의게 보폐ᄒᆞᆫ 일이 만커니와 쟉년 십월에 슌쳔 군슈 ᄯᆡ에 가난ᄒᆞᆫ ᄇᆡᆨ셩들의게 월급 즁으로 쳔여 금을 내여 구졔ᄒᆞ고 쟉년 동지ᄃᆞᆯ에 쟝흥 군슈를 ᄒᆞ여 농ᄉᆞᄒᆞᄂᆞᆫ ᄯᆡ가 당ᄒᆞᄆᆡ 날마다 집신 신고 촌과 논과 밧헤 거러 나가셔 농ᄉᆞᄒᆞᆷ을 권ᄒᆞ며 월급 즁으로 슈쳔여금을 내여 ᄇᆡᆨ셩들의게 보폐ᄒᆞ고 촌간으로 다니면셔 밥을 농부들의게

49 『독립신문』, 1896.5.2, 2면.

사 먹고 원 노릇슬 ᄒᆞ니 이 두 골은 비도가 업고 ᄇᆡᆨ셩들이 거리거리 칭숑ᄒᆞᆫ다더라[50]

○ 슌안군 사ᄅᆞᆷ이 신문샤에 편지를 ᄒᆞ엿ᄂᆞᆫᄃᆡ 젼답 결복과 잡역이 그젼과 ᄀᆞᆺ고 조곰도 감ᄒᆞ지 아니ᄒᆞ엿다 ᄒᆞ니 그골 원은 그 돈을 그젼과 ᄀᆞᆺ치 밧아 어ᄃᆡ다가 쓰ᄂᆞᆫ지 이런 사ᄅᆞᆷ은 ᄂᆡ부에셔 자셰히 샤실ᄒᆞ여 면직을 식이고 젹당ᄒᆞᆫ 형률을 주ᄂᆞᆫ거시 맛당ᄒᆞᆯ 듯ᄒᆞ더라[51]

○ 희쳔군 김츈보 김봉샹이가 신문샤에 편지 ᄒᆞ엿ᄂᆞᆫᄃᆡ 희쳔 군슈의 관노가 그 고을 유원진 젼인보의 안ᄒᆡ를 ᄌᆞᆷ통ᄒᆞ여 ᄲᅢ셧기로 젼인보가 평양부에 졍ᄒᆞᆫ즉 관찰ᄉᆞ가 훈령ᄒᆞ여 관노를 잡아가두고 젼가의 쳐를 차자 주라 ᄒᆞ엿더니 희쳔 군슈 경광국이가 도로혀 젼인보를 가두고 무슈히 악형를 ᄒᆞᆫ다니 이 말이 분명ᄒᆞᆯ진ᄃᆡ ᄂᆡ부에셔 ᄉᆞᆯ핌이 죠흘듯 ᄒᆞ더라[52]

위의 기사에서 알 수 있듯이 사재를 출연하여 학생들에게 상급을 주거나 가난한 백성들을 구제한 관료에 대해서는 기자 혹은 집필진이 직접 취재하여 그 내용을 전하는 형식으로 보도를 하고 있는 데 비해, 횡령 등의 비리 혹은 불공정한 법 집행이 의심되는 관료에 대한 보도는 주로 해당 지역에 살고 있는 독자 혹은 일반인이 보낸 편지를 전하는 방식으로 기사가 작성되고 있음을 알 수 있다. 이는 선행 또는 미담을 보도하는 기사에는 당사자들의 항의가 제기될 가능성이 크지 않지만 부정부패와 악행을 보도하는 기사에 대해서는 당사자들의 항의가 있을 수 있다는 점을 감안한 일종의 방어책으로 볼 수 있다.[53] 기사 작성

50 『독립신문』, 1896.5.14, 2면.
51 『독립신문』, 1896.4.18, 2면.
52 『독립신문』, 1896.5.23, 2면.
53 후술하겠지만 실제로 편지 혹은 전언의 형태로 보도를 하는 방식은 『독립신문』 이후에 발간된

의 의도에 대한 분석과는 별개로 결과적으로 이와 같이 신문사에 투서를 통해 지방 관료나 아전의 부정부패를 폭로하는 보도가 관행화되면서 이후 『독립신문』 잡보란에는 기자에 의해서 작성된 기사만이 아닌, 독자 혹은 일반 대중에 의한 제보 기사가 게재되는 경우가 『한성신보』에 비해 대폭 증가하였고, 이러한 참여적이면서도 쌍방향적인 형태의 저널리즘은 뉴스의 다양성과 풍부성, 그리고 시의성과 신속성 등의 측면에서 후발 주자인 『독립신문』의 매체로서의 경쟁력을 강화함과 동시에 관료 계층이나 양반 사대부 계층이 아닌 일반 대중들을 독자로 견인하는 주된 동인으로 자리 잡게 되었다고 해도 과언이 아니다.

요컨대 새로운 문물과 지식을 서사화된 텍스트로 가공 또는 구성하여 소개함으로써 독자의 흥미를 불러일으키는 지면 구성 전략을 취했던 『한성신보』와 달리 『독립신문』의 경우는 주로 논설을 통해 개화와 계몽의 의도를 확산시키는 작업과 함께, 비록 건조하면서 간략화된 형태의 문체로 구성되어 있긴 하지만,[54] 잡보를 통해 당대 민중의 일상적 현실과 그들이 직면하고 있었던 다양한 고충들을 세세하게 담아내고 보도함으로써 조선인 독자들의 일상적 삶에 밀착된 내용을 전달하는 신문이라는 이미지를 형성했다고 할 수 있을 것이다. 다시 말해, 근대 초기에 형성된 양대 신문의 경쟁 체제 속에서 『한성신보』는 전형적인 일본 근대 소신문의 잡보란 구성 방식인 흥미 위주의 기사를 게재함으로써 독자를 포섭하려는 상업주의적 전략을 충실히 따랐던 반면, 『독립신문』의 경우는 한국인이 기사 작성과 발행을 담당하는 신문인 동시에 자유주의와 공화주의라는 서구의 근대적 정치 이념을 추구했던 서재필과 윤치호라는 인물에 의해

신문들에서도 기사에 대한 책임을 추궁하는 이해당사자들로부터 신문사를 보호하기 위한 방법의 하나로서 종종 활용되곤 하였다.

54 그렇기 때문에 발행 초기, 즉 3개월 이내의 『독립신문』 발행분에서는 『한성신보』와 같이 1,000자가 넘어갈 정도의 장형화된 기사나, 수일 또는 1~2주에 걸쳐 연속으로 게재되는 기사는 거의 발견되지 않는다.

주도되었다는 태생적 조건으로 인해 지배 관료 세력이나 양반 계층이 아닌 당대 조선 사회의 대다수 구성원이었던 일반 민중들의 삶에 밀착된 사건 사고를 기사의 주요 제재로 삼음으로써, 나아가 대중 독자의 확보를 더욱 유리하게 만들었던 순한글 기사 작성의 원칙과 함께 독자 및 일반 대중의 제보를 적극적으로 수용하여 기사화하는 방식을 견지함으로써, 논설을 통한 정론성의 추구, 그리고 사실 중심의 보도 경향과 참여적이고 쌍방향적인 커뮤니케이션에 기반한 잡보를 통한 대중 중심적 저널리즘의 구현이 서로 조화를 이루었다고 할 수 있다. 이것이 창간 후 몇 개월이 채 되지 않아 『독립신문』을 당대에 가장 많이 읽히는 신문으로 만든 원동력 중의 하나라고 해도 과언은 아닐 것이다.

그러나 백성에 대한 지배 계층의 부당한 권리 행사와 이로 인한 피해에 대해 첨예한 대립각을 형성하지는 못했다는 점에서 『독립신문』의 현실 비판적 저널리즘에는 일정한 한계가 있었고, 이러한 한계는 『독립신문』 이후에 등장한 신문들에 의해 점차 극복되는 양상을 보여주었다고 할 수 있다. 이 점에 대해서는 뒤에서 좀 더 자세히 살펴보기로 하고 이에 앞서 다음 절에서는 『한성신보』와 『독립신문』의 양자 경쟁 체제가 형성된 시기에 두 신문이 당대의 현실을 어떠한 방식으로 묘사하였고, 그러한 잡보란의 기사들 속에서 형상화된 조선 사회의 모습은 어떠했는지에 대해 살펴보도록 하겠다.

3) 비교 고찰 심미적 가상과 비판적 현실 인식의 대립

한국어 지면을 발행한 지 7개월여 만에 『독립신문』이라는 강력한 경쟁자를 만난 『한성신보』의 대응은 어떠했을까? 앞서 언급했듯이 국내 사건 사고의 보도에 있어서는 『한성신보』가 『독립신문』이 지닌 역량을 따라잡기 어려웠을 뿐만 아니라 조선인 독자의 관심에 부응하는 보도 경향을 보이지도 못했던 것으로 판단된다. 『독립신문』이 창간된 이후 국내 사건을 보도하는 다음과 같은 『한성신보』의 기사들은 일본인 발행 신문으로서의 정치적 한계를 극명하게 드러내고 있다고 해도 과언이 아니다.

부대부명婦代夫命이라

경긔도 쥭산군, 셔일면 월곡月谷 사는, 사족의 김샹일金相一씨는, 본ᄅᆡ 문혹이 잇고, 일향에 물망이 잇던 사ᄅᆞᆷ이라, 이ᄃᆞᆯ 초ᄉᆡᆼ의, 비도덜이, 그 집의 가셔, 김씨를 쳥ᄒᆞ여, 저의 당의 들나 ᄒᆞ거ᄂᆞᆯ, 김씨가 크게 ᄊᆞ지저 ᄀᆞᆯᄋᆞᄃᆡ, 너의가 불의에 범ᄒᆞᆫ 죄가 임의 크거ᄂᆞᆯ ᄒᆞᆷ을며, 사ᄅᆞᆷ을 감히 불을ᄶᅡ보냐 ᄒᆞ니, 비도덜이 ᄀᆞᆯᄋᆞᄃᆡ, 네가 쥭ᄂᆞᆫ 것시 믜셥지, 아니ᄒᆞ냐 ᄒᆞ거ᄂᆞᆯ, 김씨가 ᄀᆞᆯᄋᆞᄃᆡ, 찰아리 열 번을 쥭을지언졍, 엇지 잠간이나, 불의에 굴피리요 ᄒᆞᆫᄃᆡ, 비도덜이 크게 노ᄒᆞ야, 이에 김씨를 결박ᄒᆞ고, 툥으로 노흐랴 ᄒᆞ거ᄂᆞᆯ, 그 부인 니씨가, 그 모양을 보다가, 툥을 노흐랴는 걸 보고, 급히 나가셔, 몸ᄋᆞ로 막어셔, 탄환을 맛지 즉사ᄒᆞᄂᆞᆫ지라, 비노늉에도 사ᄅᆞᆷ에 마음이 잇ᄂᆞᆫ 쟈이 잇셔셔, 부인에 렬힝을, 칭찬ᄒᆞ고, ᄀᆞᆯᄋᆞᄃᆡ 의리에, 둘 다 쥭이지 못ᄒᆞᆯ 게라 ᄒᆞ고, 이에 김씨는 살녓스니, 셰샹 사ᄅᆞᆷ덜이 일으기ᄅᆞᆯ, 가위 부부라 ᄒᆞᆯ만 ᄒᆞ다고, 칭찬ᄒᆞ더라[55]

권봉수씨權鳳洙氏라

츈쳔부, 북면 만수동萬壽洞 사던 권봉슈씨가, 의병 란리에, 몹시 곤경을, 당ᄒᆞ야, ᄑᆡ가망신ᄒᆞ고, 할 슈 업셔셔, 셔울노, 올랴고, 밤의 그 부인만, 다리고, 도망ᄒᆞ야 오더니, 그 길으던 ᄀᆡ ᄒᆞᆫ 마리가 ᄊᆡ러오더라, 그 잇흔날 큰 고ᄀᆡ를 당ᄒᆞ야, 심히 곤ᄒᆞᆫ 고로, 부부ㅣ 안져셔, 슈이더니, 의외에 엇더ᄒᆞᆫ 쟝졍이 팔쳑쟝신에, 환도를 차고 올나오더니, 그 부인에 형용이, 아름다온 것슬 보고, 그 겻흐로 와셔, 안져서 자셰이 보다가, 권씨와 더브러, 통셩ᄒᆞ고, 졔 셩은 박가라 ᄒᆞ고, 어ᄃᆡ 살며, 무ᄉᆞᆫ 닐노 어ᄃᆡ

55 『한성신보』, 1896.6.16, 2면.

를 가너냐, ᄌᆞ세이 뭇더니, 셔울노 가는 말을 듯고, 홀디에 노ᄒᆞ야 왈 이놈이, 의병을 ᄒᆡ롭게 ᄒᆞ랴는, 놈이라고 달녀들어 결박ᄒᆞ야, 소나무에, ᄃᆞᆫᄃᆞᆫ이 붓드러ᄆᆡ고, 그 부인의게 ᄃᆞᆯ녀들어셔, 닙도 맛츄며 졋도 만지며, 쎠안고 둥글어, 겁박ᄒᆞ는 욕을, 뵈이랴 ᄒᆞ니, 그 경상이 참혹ᄒᆞ고, 분격ᄒᆞ더니, 이ᄯᆡ에 그, ᄀᆡ가 겻ᄒᆡ 잇다가 노ᄒᆞᆫ 모양으로, 이를 응그리고 달녀들어셔, 그 놈을 두어 번 물더니, 즉시 죽ᄂᆞᆫ지라, 엇지 샹쾌치 아니ᄒᆞ리요, 권씨가 이에 죽기ᄅᆞᆯ 면ᄒᆞ고, 그 ᄀᆡ와, 그 부인을 다리고, 셔울노 오더니, 그 부인은 ᄯᅩᄒᆞᆫ 밤에, 쟈결ᄒᆞ거ᄂᆞᆯ, 길가에 뭇고, ᄀᆡ만 다리고, 셔울노 와셔 두류ᄒᆞᆫ다더라[56]

장기렴씨張基濂氏라

츙쥬 졔쳔으로 비도 치러 갓던 대ᄃᆡ장 댱긔렴 씨ᄂᆞᆫ 병뎡을 죠쇽ᄒᆞ기를 엄히 ᄒᆞ야셔 일으ᄂᆞᆫ 곳마다 츄호를 불범ᄒᆞ고 챵ᄉᆡᆼ이 토탄에 드넌 것슬 ᄋᆡ긍이 너기ᄂᆞᆫ 뜻시 고시ᄒᆞ는 데써지라도 낫해나고 군ᄉᆞ 씨ᄂᆞᆫ 법률이 엄슉ᄒᆞ야 비도덜이 망풍도쥬ᄒᆞᆫ다더라 이럼으로 비도를 사루잡는 것시 잇셔도 다른 군사의 포학ᄒᆞ고 살뉵ᄒᆞ기를 됴하ᄒᆞ는 것과 ᄀᆞᆺ지 안코 반ᄃᆞ시 의리로 효유ᄒᆞ야 ᄒᆞ야금 귀화ᄒᆞ도록 ᄒᆞᆯ ᄉᆡ 비괴로 사루잡혀셔 왕화에 감복ᄒᆞ고 회과자신ᄒᆞ기를 신ᄐᆡ홍이ᄀᆞᆺ치 ᄒᆞᆫ 쟈ㅣ가 극히 만코 졔쳔 비도덜도 쫏겨셔 영동으로 가되 감히 원뎡치 못ᄒᆞ고 형세가 쟝ᄎᆞᆺ ᄒᆡ산ᄒᆞᆯ 디경의 일으ᄂᆞᆫ 것시 막비 댱긔렴 씨에 공젹이라 원근에 숑셩이 자자ᄒᆞ더라[57]

위의 기사들에서 의병은 주로 '떼를 지어 다니며 약탈과 살인을 일삼는 무리'라는 의미의 "비도"로 지칭되고 있을 뿐만 아니라 "의병"으로 표기되고 있을 때에도 사실상 그 행위는 무도한 비도의 그것과 다르지 않다는 비판적 인식이 전

56 『한성신보』, 1896.6.18, 1면.
57 『한성신보』, 1896.7.18, 1면.

제되어 있다. 또한 비도의 무도한 행위에 맞서 남편을 구하려는 부인이나 위기에 처한 주인을 구하려는 개, 그리고 효유曉諭와 귀화를 우선시하는 토벌대장의 형상을 통해 자신들이 의병임을 내세우는 집단이 이 기사 속의 주인공들에 비해 도덕적으로나 명분상에 있어 열등한 상대라는 점을 노골적으로 드러내고 있다. 탐학을 일삼는 관료의 봉건적 폭압에 맞서 저항하거나 혹은 외세의 국익 침탈에 항거하기 위해 봉기했던 의병은 『한성신보』의 기사 속에서는 단지 사회 질서를 교란하고 백성의 삶의 안위를 위협하는 폭도로 규정되고 있는 것이다.

이처럼 『한성신보』의 잡보란에서는 '일본과의 교류 협력, 그리고 일본의 지도를 받아 개화와 계몽의 근대로 진입함으로써 안정적 질서를 구축해 나가고 있는 조선에 있어 의병이라는 이름의 집단은 일반 백성의 삶을 위협하는, 제거되어야 할 폭력적이고 불온한 집단'이라는 인식을 읽어낼 수 있다. 이 같은 현실 인식과 시각이 조선인 독자들에게 보편적인 공감과 지지를 얻기는 어려웠을 것으로 판단되며, 후발 주자인 『독립신문』에 신문 시장 내 우위를 빼앗기게 만든 중요한 원인 중의 하나가 되었을 것이다.

그럼에도 불구하고 일본의 조선 진출을 정당화하는 매체로서의 정체성을 지니고 있는 『한성신보』가 국내 보도에 있어 이 같은 시각과 관점을 전환하는 것은 불가능에 가까운 일이라고 해도 과언이 아닐 것이다. 따라서 『한성신보』는 상대의 강점을 모방하는 방식으로 경쟁을 벌이기보다는 독자 확보를 위해 자신들이 추구하던 상업주의적 전략을 더욱 극대화하는 방향으로 나아갔던 것으로 보인다. 즉 보도 내용이 사실과 부합하는지의 여부는 크게 신경 쓰지 않으면서 독자의 흥미를 불러일으킬 만한 내용을 지닌 서사적 기사[58]를 증대시키는 방향

---

58 서사적 기사란 '이야기' 형식을 띤 사건 기사를 가리키며, 이러한 개념은 소설이라는 특정한 문예 양식으로 규정하거나 포섭할 수 없는 근대 초기의 다양한 서사들을 아우르며 설명하기에 적합하다고 본다. 서사적 기사의 개념은 최기숙이 제시한 바 있다(최기숙, 「이념의 근대와 분열 / 착종되는 근대 여성의 정체성과 담론」, 『여성문학연구』 31, 한국여성문학학회, 2014, 77~117

으로 나아갔다고 할 수 있다. 『독립신문』이 창간된 1896년 4월 이후의 『한성신보』 잡보란은 이 점을 분명하게 보여준다.

횡성신동橫城神童이라

강원도 횡성군에 사는 니태둥 씨는 사족이라 그 부인이 슈ᄐᆡᄒᆞᆫ 지 이십삭만에 ᄒᆡ산ᄒᆞ야 ᄋᆞᄃᆞᆯ을 나흐니 긔골이 쥰슈ᄒᆞ고 풍치가 동탕ᄒᆞ야 사오세붓허 총명이 특이ᄒᆞ더니 십여세 되ᄆᆡ 또ᄒᆞᆫ 농녁이 츌즁ᄒᆞ야 총과 칼을 가지고 산냥ᄒᆞ면 짐싱을 놋치지 아니ᄒᆞ는지라 그 부모가 이루 금ᄒᆞᆯ 슈 업고 엇던 ᄯᆡ는 ᄆᆡᆫ손으로 호랑이를 잡거ᄂᆞᆯ 그 근쳐 사ᄅᆞᆷ덜이 놀ᄂᆡ더니 그 ᄋᆞᄒᆡ가 지각이 졈졈 나ᄆᆡ 집에 잇셔셔ᄂᆞᆫ 글을 일거 공부가 일취월장ᄒᆞ니 세샹 사ᄅᆞᆷ이 신동이라 일컷ᄂᆞᆫ지라 그 부모가 두려워셔 그 ᄋᆞᄃᆞᆯ을 달이고 간 곳슬 모루게 숨엇스니 이ᄂᆞᆫ 다름이 아니라 됴션의 옛 풍속인즉 벼ᄉᆞᆯ은 셰록으로 나리고 인ᄌᆡᄂᆞᆫ 쓸 ᄃᆡ가 업셔셔 왕왕이 지력이 잇ᄂᆞᆫ 쟈이 나면 셰샹의 투긔를 밧어셔 승명을 보존치 못ᄒᆞᄂᆞᆫ 연고일너라[59]

천사복우효자天賜福于孝子 l 라

경샹도 대구大丘 김동익金東益이라 ᄒᆞᆫ 효자孝子가 잇셔 올ᄒᆡ 나히 십오세요 부모와 조부를 뫼시고 집이 ᄀᆞᆫ난ᄒᆞᆫᄃᆡ 극친히 효셩을 최상最上ᄒᆞᆫ 쾌락快樂으로 알고 앗침에 일직 나가셔 버러 어든 돈으로 쌀을 사 와셔 세 분의게 공양홈을 부지런히 ᄒᆞ야 지내더니 ᄒᆞ로 조부가 병들고 위ᄐᆡ히 되시건마ᄂᆞᆫ 의원을 청ᄒᆞ야 의료醫療ᄒᆞᄂᆞᆫ 돈이 업스므로 밤이면 물가에 나가셔 고기 잡고 앗침에 버리로 가ᄂᆞᆫ 길에 그 고기를 ᄑᆞ라 약을 사 와셔 ᄉᆞ려 먹인 지 아흘ᄅᆡ만에 밤에 자다가 ᄭᅮᆷᄭᅮ니 귀신 ᄒᆞᆫ 분이 나오시고 ᄒᆞ시ᄂᆞᆫ 말숨이 이 집 서북西北으로 가면 ᄒᆞᆫ 바위가 잇스니 그 바위 동쪽을 파 보라시

쪽 참고).

59 『한성신보』, 1896.6.10, 1면.

는딕 꿈을 씨여보니 꿈인 듯도 ᄒᆞ고 경실ᄒᆞᆫ 일인 듯도 ᄒᆞ야 너무 이상ᄒᆞ므로 새벽에 니러나셔 곳 가셔 파 보니 과연 돈이 엽젼으로 삼십냥을 무더 잇셧스므로 킈여와셔 곳 그 돈으로 의원을 청ᄒᆞ야 치료시겟더니 몃칠 안 되고 병이 쾌유快癒ᄒᆞ셧다 ᄒᆞ니 하ᄂᆞᆯ님이 그 효자孝子를 불상이 녀기시고 그 복재福財를 혜여惠與ᄒᆞ시든 거시라고 소문이 대단ᄒᆞᆫ다더라[60]

효자지감신孝子之感神이라

황히도 히쥬부 가천방茄川坊 삼과졍 사는 젼감역에 강응쥬姜應周 씨는 나히 일흔 둘인딕 장병이 들어셔 삼사년을 일어나지 못ᄒᆞ는딕 다만 외ᄋᆞ들을 두엇스니 일홈이 틱희泰熙라 경향으로 단이며 명의와 양약을 구ᄒᆞ야 지셩으로 밧들어도 죵시 효험이 업고 졈ᄉᆞ 침즁ᄒᆞ더니 지나간 삼월에 엇던 로인 ᄒᆞ나히 와셔 병셰를 ᄌᆞ세이 뭇고 틱희더러 일너 ᄀᆞᆯᄋᆞ딕 그 병환은 샤ᄅᆞᆷ고기ᄅᆞᆯ 웃어 써야 회츈ᄒᆞ시리라 ᄒᆞ거ᄂᆞᆯ 틱희가 이 말을 듯고 그 쳐와 더브러 인육을 얻을 경륜을 ᄒᆞ여도 계칙이 업는지라 듀야로 근심ᄒᆞ더라 틱희가 ᄋᆞ들을 일곱을 두엇는딕 닷셧직 ᄋᆞ들에 두셩이란 아희가 공부ᄒᆞ기로 위ᄒᆞ야 구월산 빅년암白蓮庵에 들어가셔 샹거는 불과 삼십리로딕 여러 ᄃᆞᆯ을 돌아오지 안커ᄂᆞᆯ 틱희가 그 ᄋᆞ들들을 보고쟈 ᄒᆞ야 빅년암으로 들어가더니 그 ᄋᆞ들이 마쥬 나려오는지라 저의 부친의게 졀ᄒᆞ고 저의 조부 병셰를 물은 후에 저의 부친을 ᄯᆞ러셔 나려올ᄉᆡ 홀디에 너머지거ᄂᆞᆯ 틱희가 놀ᄂᆡ셔 붓드니 ᄋᆞ들은 간 딕 업고 팔 ᄒᆞ나만 손에 잇는지라 틱희가 심히 의심나고 놀나오나 그 인육을 으더셔 친환에 씰 닐이 깃버셔 그 팔을 가지고 도라와셔 그 부친을 드렷더니 과연 즉시 쾌ᄎᆞᄒᆞ고 슈일 후에 그 ᄋᆞ들 두셩이가 도라왓는딕 두 팔이 다 셩이 잇고 향일에 즁노의 만ᄂᆞ든 닐을 아지 못ᄒᆞ는지라 심히 의심되ᄂᆞ ᄯᅩ 그 깃분 마음을 익의지 못ᄒᆞ더라 이는 엇지ᄒᆞᆫ 닐인고 혹이 ᄀᆞᆯᄋᆞ딕 그ᄯᅢ ᄋᆞ들노 보이던 것시 ᄋᆞ들이 아니요 샤ᄅᆞᆷ의 팔노 알

60 『한성신보』, 1896.7.2, 2면.

엿던 거시 사름의 팔이 아니라 반드시 구월산 산삼이 텨희에 효심으로 감동ᄒᆞ야 눈에 어리여 보닌 것시니 왕상의 잉어라도 이와 ᄀᆞᆺ지 못ᄒᆞ리라 ᄒᆞ더라[61]

위의 기사들은 실제 지명과 인명이 제시되어 있긴 하지만 사실상 기사記事라기보다는 전기적傳奇的인 내용을 지닌 설화說話에 가까운 양상을 보이고 있다. 전형적인 구비 설화 중 하나인 소년장수혹은 아기장수 설화의 내용을 거의 그대로 가져온다거나, 귀신하늘이 현몽하여 지시한 곳을 파보니 돈이 나왔다든가 구월산 산삼이 아들의 효심에 감동하여 인간으로 변신한다는 등의 모티프들은 모두 전래 설화의 전기적 요소를 그대로 차용한 것이라고 볼 수밖에 없다.

비현실적인 내용에 실제 지명과 인명을 결합시킴으로써 명백한 허구임에도 불구하고 마치 실제 사실인 것처럼 보이게 만들려는 시도를 하고 있는 이 같은 기사들이 잡보란에 등장함과 동시에 그 게재 빈도가 증가한 것은 『한성신보』가 일본 근대 초기 소신문의 상업주의적 저널리즘을 추수追隨하고 있었다는 점을 여실히 보여준다. 한국인에게 가장 친숙한 서사적 주제 중의 하나라고 할 수 있는 영웅담 또는 효 설화가 기사의 주요 제재로 선택된 것은 결국 이러한 소재들이 당대의 조선인을 독자로 끌어들이기에 가장 적합한 흥미성을 지니고 있다는 신문사 집필진의 판단이 반영된 결과라고 할 수 있다.

일본인 발행 신문인 『한성신보』는 적어도 국내 보도에 있어서 만큼은 다양한 취재원과 뉴스원을 두고 있는 『독립신문』의 보도 역량을 따라잡을 수는 없었을 것이고, 그러한 차이로 인해 독자 확보를 위한 전략으로 시사적 사안에 대한 비판적 보도를 통해 독자를 견인하는 방식보다는 오락성과 흥미성을 갖춘 서사적 기사들로 잡보란을 채우는 것이 불가피한 선택이었을 가능성이 높다. 실제로 『독립신문』과 경쟁을 벌이던 시기에 『한성신보』의 잡보란을 살펴보면 이 같은

61 『한성신보』, 1896.7.20, 1면.

경향이 더욱 강화되면서 보다 자극적이고 선정적인 내용의 기사로 지면을 채우는 센세이셔널리즘선정주의적 경향이 두드러지고 있음을 확연하게 알 수 있다.

천감지성天感至誠

순천군의 ᄒᆞᆫ 박씨 노인이 잇스니 남녀간 자식이 업ᄂᆞᆫ 지수라 ᄇᆡᆨ리 박게 사ᄂᆞᆫ 친구 ᄒᆞᆫ 분의 성은 니씨오 자녀 무수ᄒᆞᆫ지라 맛참 니씨가 박씨의 집의 왓더니 박씨가 크게 깃부게 녀기고 죵용히 말ᄒᆞ여 왈

은근이 할 말이 잇ᄂᆞᆫᄃᆡ 그ᄃᆡᄂᆞᆫ 텽죵할소냐

ᄒᆞ고 누누이 듀뎌ᄒᆞ다가 가로되

그ᄃᆡᄂᆞᆫ 무슴 ᄌᆡ조로 남녀 동침만 ᄒᆞ면 자식을 나토 나ᄂᆞᆫ 엇지ᄒᆞ여서 젼후쳐의 쳡이 여렷시로되 나키ᄂᆞᆫ 고사ᄒᆞ고 당초의 셩ᄐᆡ도 못ᄒᆞ니 ᄂᆡ 나히 칠십의 죵사를 ᄭᅳᆫ을지라 그ᄃᆡ와 나ᄂᆞᆫ 형뎨지졍이니 다름이 업스니 무슴 허물이 잇스리오 우리 삼인만 아랏지 뉘가 알니오 ᄂᆡ의 후쳐가 졀머시니 족히 셩ᄐᆡ할지라 바라건ᄃᆡ 하로밤만 동침ᄒᆞ야 만닐 ᄌᆞ식을 나흐면 엇지 다힝치 아니ᄒᆞ리오

ᄒᆞ고 무수히 졸으나 니씨가 죵시 허락지 아니ᄒᆞ다가 필경 견ᄃᆡ지 못ᄒᆞ여셔 허락ᄒᆞ니 박씨가 ᄃᆡ희ᄒᆞ여 그 부인과 의논ᄒᆞ고 밤이 깁흔 후에 니씨를 부인의 침방으로 드려보ᄂᆡ엿더니 부인과 니씨가 서로 벽을 안고 밤을 지ᄂᆡᆯ식 니씨가 글 ᄒᆞᆫ 귀를 읇흐니 가ᄅᆞᄃᆡ

수유작인술이나 난긔심상텬이라

ᄒᆞ니 그 글 ᄯᅳㅅ신즉 비록 사ᄅᆞᆷ 믿드ᄂᆞᆫ 술법은 잇스나 ᄆᆞ음 우히 하날을 소기기 어렵도다 ᄒᆞ난 말이라 날이 ᄉᆡ도록 그 글만 읇다가 나오니 박씨ᄂᆞᆫ 일이 잘된 줄 알고 기ᄃᆡ리더니 그 달부터 그 부인이 ᄐᆡ긔 잇서 아ᄃᆞᆯ을 나흐니 박씨ᄂᆞᆫ 졍녕히 친구의 자식인 줄 알되 부인은 그 ᄭᅵᆨ쩌지 가쟝의게 말ᄒᆞ지 못ᄒᆞ엿더니 그 ᄋᆞ희 잔등에 글 ᄒᆞᆫ 귀가 잇다고 박씨가 돌탄ᄒᆞ거ᄂᆞᆯ 부인 왈

그 글을 읇흐면 알 도리가 잇다

ᄒᆞ더니 과연 그ᄯᅢ 듯던 글이라 그제야 실상을 말ᄒᆞ니 박씨가 크게 경탄 왈

셰샹의 그런 경ᄃᆡᄒᆞᆫ 사ᄅᆞᆷ이 어ᄃᆡ 잇스리오 하늘이 그 사ᄅᆞᆷ의 지셩으로 우리게 자식을 졈지ᄒᆞᆷ이로다

ᄒᆞ더라[62]

감오시은자感悟施恩者

과쳔果川 읍ᄂᆡ 남진ᄉᆞ라는 사ᄅᆞᆷ이 장시場市가의 살어셔 돈 변니 쥬는 거스로 ᄉᆡᆼᄋᆡ를 ᄉᆞᆷ아셔 ᄆᆡ양 장날이 되면 일직이 그 가동으로 ᄒᆞ야금 그 니조를 바다 드리더니 시민의 최복동이란 ᄌᆞ이 잇셔셔 그 돈을 만이 지고 ᄉᆡᆼᄋᆡ는 졈졈 쇠삭ᄒᆞ여 항상 긔약을 어긔여셔 군ᄉᆡᆨᄒᆞ더니 하로는 쟝날 이른 ᄯᅢ의 남진ᄉᆞ가 그 가동으로 ᄒᆞ야금 최가의 집에 가 그 돈을 거두어오라 ᄒᆞ엿더니 밋 그 가동이 도라와셔 입을 가리고 우스며 말을 ᄂᆡ지 못ᄒᆞ거ᄂᆞᆯ 남진ᄉᆞ가 괴이ᄒᆞ게 네겨셔 쟈셔히 그 곡졀얼 무른즉 그 가동이 ᄃᆡ답ᄒᆞ여 갈ᄋᆞᄃᆡ

소인이 그 집의 가 보온즉 너모 일직 간 고로 아직 그 문을 열지 아니ᄒᆞ엿기의 그 집 창 압희 가셔 쟝쳣 최가를 부르랴고 할 지음의 희롱ᄒᆞ고 웃는 소ᄅᆡ가 들니넌 듯ᄒᆞ기의 창하의셔 잠층ᄒᆞ온즉

그 녀편네 말이 '조흐냐' ᄒᆞᆫ니

ᄉᆞ나희 말이 '조흔지 모르겟노라' ᄒᆞ거ᄂᆞᆯ

그 녀편네가 말ᄒᆞ야 갈ᄋᆞᄃᆡ '남녀간의 운우지졍이라 ᄒᆞ는 것슨 인ᄉᆡᆼ의 졔일 조흔 닐이요 그ᄃᆡ가 지금 바야흐로 소년의 이렇케 홍이 깁흘 ᄯᅢ의 조흔 쥴 모른다는 년고는 웃지함이뇨' ᄒᆞᆫᄃᆡ

ᄉᆞ나히 말이 '웃지 조흔 걸 모를 리치 잇스리요만은 오날은 곳 쟝날이라 남진ᄉᆞ

62 『한성신보』, 1896.8.5, 2면.

듸의셔 미구의 사름을 보닉여셔 돈을 직촉흘 터이니그 돈 싱각을 ᄒᆞ여셔 근심이 되는 고로 이런 락을 조흔지 모로겟노라'

ᄒᆞ기의 소인이 면괴ᄒᆞ여셔 그 돈 말을 못ᄒᆞ고 그져 와셔 감히 그런 말숨을 못ᄒᆞ엿노라

ᄒᆞ거늘 남진사가 그 말을 듯고 탄식ᄒᆞ여 갈ᄋᆞ듸

가히 궂칠지어다 비록 나의 싱ᄋᆡ나 남의 화긔를 상ᄒᆞ게 ᄒᆞ는 것시 웃지 닉본심이리요 옛 사름이 갈ᄋᆞ듸 '부ᄌᆞ가 되ᄌᆞ면 어진 노릇슨 못흔다' 함이 일노써 일음이라

ᄒᆞ고 빗슬 탕척ᄒᆞ엿스니 한 사름 ᄭᅡ달그로 여러 사름이 은혜를 닙엇스니 남진ᄉᆞ 갓흔 사름은 족히 가리 일으되 호션ᄒᆞ는 사름이라 할지로다[63]

원악대민元惡大憨

황히도 풍천 거ᄒᆞ난 김모 흔 사람이 잇스니 노릐의 다만 흔 ᄯᆞᆯ을 두어나가 시집을 삼십니허 되난 듸로 보닛더니 김모가 소 ᄒᆞ나을 팔아 소갑 빅양을 지고 도라올 길의 그 ᄯᆞᆯ의 집을 차자 드러가니 ᄯᆞᆯ의 닉외가 문밧게 나와 반겁게 마자 드리거날 김모가 드러가믜 젼역밥을 닉거날 젼역을 먹고 곤흠을 이긔지 못ᄒᆞ여 즉시 자다가 밤오아 이릐믜 그 ᄯᆞᆯ 닉외가 불을 들고 김모 자난 방의 드러가보니 참 곤니 자거날 이에 식도를 가져다가 목을 질너 급피 그 신테을 가져다가 그 담 뒤 숩풀 속 돌밋히 뭇고 그 돈을 취ᄒᆞ여시믜 그ᄯᅢ 참견흔 ᄉᆞ람인즉 네 살 먹은 아ᄒᆡ ᄒᆞ나섄이라

그 후의 그 김모의 쳐이 그 늘근 난편니 소을 팔너 간 지가 여러 날 되야도 오지 아니ᄒᆞ거날 그 쳐가 어인 일인지 몰나 차져 나셔 그 ᄯᆞᆯ의 집으로 가셔 김모가 소 팔너 가더니 오지 아니ᄒᆞ난 곡졀을 무루니 그 ᄯᆞᆯ 닉외가 창황ᄒᆞ여 듸답 못ᄒᆞ난 가온듸 겻희 그 네 살 먹은 아ᄒᆡ가 안졋다가 말ᄒᆞ여 갈아듸

져의 외조부가 지금 동산 밋히 담 알릐 잇다

---

63 『한성신보』, 1896.8.17, 2면.

ᄒᆞ니 그 노괴가 즉시 동손으로 가셔 담밋츨 파본즉 과연 신톄가 잇난ᄃᆡ 목을 질넛거날 그 노괴 그 신톄을 붓들고 ᄃᆡ셩통곡ᄒᆞ며 ᄒᆞ난 말이

텬지의 이런 변이 어ᄃᆡ 잇시며 이런 강상이 어ᄃᆡ 잇스리오

ᄒᆞ고 급피 관가의 고ᄒᆞ니 관가의셔 그 계집과 사나의를 자바다가 허리를 버이고 그 사셰 아ᄒᆡ난 원방으로 보ᄂᆡᆺ다 ᄒᆞ니 만고의 읏지 이갓튼 일 잇시리오 듯난 ᄉᆞ람들도 그 분함을 이긔지 못ᄒᆞ더라[64]

이 기사들에서 사건의 공간적 배경으로 실제 지명이 제시되고는 있지만, 등장인물들은 모두 익명으로 처리되어 있다는 점에서 바로 앞에서 예로 들었던 기사들과는 차이가 있다. 즉 앞의 기사들에 비해 기사의 내용을 사실처럼 보이게 하는 장치가 상대적으로 약화되어 있는 것이다. 또한 윤리와 도덕을 중시했던 당대 조선의 현실을 고려할 때 대단히 이례적이고 특수한 사례로 간주될 만한 인물들과 사건이 등장한다. 자식을 얻기 위해 친구에게 아내와의 동침을 요청하는 남편과 마지못해 합방은 하지만 동침하지 않고 신의를 지킨 친구 덕에 결국 친자를 얻게 된 부부, 채무 걱정에 부부 관계의 즐거움도 느끼지 못하는 남편과 이들의 실정을 알게 된 채권자가 그들의 빚을 탕감해 준 사건, 돈 때문에 딸과 사위가 아버지이자 장인을 잔인하게 살해했지만 부부의 자녀이자 피해자의 외손녀인 어린 여아가 진실을 폭로함으로써 처벌받게 된다는 이야기가 바로 그러하다.

이러한 기사들은 여전히 유교적 규범이 강력하게 인민의 삶을 규율하고 있던 조선의 현실에서 실제로 발생했다고 보기는 어려운 내용[65]일 뿐만 아니라 설령

64 『한성신보』, 1896.9.22, 1면.

65 자식을 얻기 위해 아내의 정절이 훼손되는 상황을 스스로 조성하는 남편의 형상, 돈 때문에 존속을 살해하는 딸과 사위의 형상이 이에 해당한다.

사실이라 하더라도 풍속 비판이나 사회 고발을 목적으로 작성되었다기보다는 독자의 흥미를 불러일으키기 위해 극적인 형태로 서사화된 기사에 더 가깝다고 볼 수 있다. 이 같은 기사들은 어디에서 비롯된 것이었을까? 좀 더 적극적으로 추론해 보자면 마지막 기사에서 존속 살인을 저지른 부부에게 허리를 베는 형벌을 가했다는 진술이 나오는데, 요참腰斬 혹은 부질鈇鑕이라고 불리는 이 형벌은 근대 초기의 조선에서는 실제로 행해진 바 없다는 점에서 허구일 가능성이 높을 뿐만 아니라 일본 신문의 기사 혹은 단형 서사를 번안飜案하여 게재한 것일 가능성 또한 배제할 수 없다. 즉 실제 사실이나 조선의 전래 설화로부터 취재取材한 것이 아닌 일본 신문에서 보도되었던 기사의 내용을 번안하거나 일본의 전래적 단형 서사로부터 유래된 내용을 번안한 것일 가능성이 높다고 할 수 있는 것이다.

이처럼 『독립신문』과 경쟁을 벌이던 시기의 『한성신보』 잡보란에는 독자의 흥미를 자극하는 다양하면서도 선정성이 강한 기사들이 높은 비중을 차지하는 경향을 보이고 있다. 이와 같은 『한성신보』 잡보란의 지면 구성 방식은 『독립신문』의 보도 역량과 조선인 독자들의 정치적 관심을 충족시키는 측면에서 한계를 지니고 있었기 때문에 불가피하게 선택된 것이기도 하지만, 다른 한편으로는 독자들에게 신문으로부터 얻을 수 있는 효용이 새로운 소식이나 지식·정보를 얻거나 시사時事에 대한 여론을 알 수 있게 해주는 것뿐만 아니라 허구적 서사물을 통해 오락을 제공받는 것이기도 하다는 점을 새롭게 각인시켰다고도 할 수 있다.

말하자면 『한성신보』 잡보란은 근대 초기에 최초의 '문학장文學場'을 형성한 매체이자 지면이기도 하였다. 저자가 이전의 논문에서 언급한 바 있듯이 『한성신보』 잡보란에 실린 기사들 중 일부는 심지어 다른 신문의 소설란에 실리기까지 했는데,[66] 기존 연구에서 『제국신문』의 초기 연재소설로 알려져 있는 「평양

외셩 짜에」,[67] 「경상남도 문경군에」,[68] 「정기급인」,[69] 「살신성인」[70] 등과 같은 작품들이 사실은 『제국신문』에 게재되기 10여 년 전 『한성신보』 잡보란에 각각 「계이취거액금計以取巨額金」,[71] 「창녀지보은기모娼女之報恩奇謀」,[72] 「덕필유린德必有鄰」,[73] 「기곽생복습사紀郭生復習事」[74]라는 제목으로 게재된 기사였던 것이다. 후대의 일이기는 하지만 『한성신보』 잡보란이 열어젖힌 '문학장으로서의 신문'이라는 개념은 훗날 이인직의 『혈의루』로부터 시작되어 이광수의 『무정』으로 이어지는 근대 초기 신문연재소설의 등장을 가능하게 만든 기반이기도 하였다.

그렇다면 『독립신문』을 포함한 한국인 발행 신문들은 『한성신보』의 이 같은 독자 확보 전략에 맞서 어떻게 대응하였을까? 『한성신보』 잡보란의 방식처럼 허구적이고 선정성이 넘치는 서사물을 게재하지는 않았지만 적어도 『한성신보』 잡보란에서 보인 일정한 서사적 구성을 갖춘 기사의 스타일, 즉 문체는 그 내용과는 별개로 한국인 발행 신문들의 기사 작성 방식에도 적지 않은 영향을 미친 것으로 판단된다. 『독립신문』이 창간된 지 약 6개월이 지난 후에 비로소 등장하기 시작하는, 서사화되고 장형화된 다음의 기사들은 한눈에 보아도 발행 초기의 기사와는 그 스타일이 다르다는 것을 알 수 있다.

---

66 졸고, 「근대초기신문의 전래 서사 수용 및 변전 양상 연구－『한성신보』와 『제국신문』의 공통 게재 서사물을 중심으로」, 『현대문학의 연구』 51, 한국문학연구학회, 2013, 229~278쪽 참고.

67 『제국신문』, 1906.9.19~21, 3면 소설란.

68 『제국신문』, 1906.9.22~10.6, 3면 소설란.

69 『제국신문』, 1906.10.9, 3면 소설란.

70 『제국신문』, 1906.10.22~11.3, 3면 소설란.

71 『한성신보』, 1896.7.18, 2면.

72 『한성신보』, 1896.8.7~11, 2면.

73 『한성신보』, 1896.11.10, 2면.

74 『한성신보』, 1896.11.12, 2면.

○ 양화도 김가라 ᄒᆞᄂᆞᆫ 사ᄅᆞᆷ이 형세가 넉넉ᄒᆞᆫᄃᆡ 아들 형뎨 ᄯᆞᆯ 서히 잇더니 큰 아ᄃᆞᆯ은 쇼싱도 업시 일즉히 ᄂᆡ외 다 쥭고 둘ᄌᆡ 아들은 아ᄃᆞᆯ ᄒᆞ나 낫코 쥭엇ᄂᆞᆫ지라 김가 부부가 다만 그 ᄯᆞᆯ 셋만 ᄉᆞ랑ᄒᆞ고 둘ᄌᆡ 과부된 메ᄂᆞ리를 ᄶᅩᆺ차내엿더니 그 메ᄂᆞ리가 그 싀부모 쥭엇단 쇼식을 듯고 싀가에 드러와 아ᄃᆞᆯ을 머리를 풀니니 동리 사ᄅᆞᆷ들의 공론도 맛당히 올흔 일이라 ᄒᆞ고 그 ᄌᆡ물을 이 ᄋᆞ희가 맛하야 올타고 ᄒᆞ거ᄂᆞᆯ 김가의 외손 신가가 와셔 말ᄒᆞ기를 내의 외죠부모가 내게 맛긴 거시라 ᄒᆞ고 주지 안키로 김가의 둘ᄌᆡ 메ᄂᆞ리가 그 분흠을 이기지 못ᄒᆞ야 시흥관에 졍ᄒᆞ야 동즁 령쇼림을 맛겨 그 ᄌᆡ물을 신가와 김가의 둘ᄌᆡ 메ᄂᆞ리와 ᄀᆞᆺ치 난호여 가지란 졔ᄉᆞ를 엇어다 부친즉 강가라 ᄒᆞᄂᆞᆫ 놈이 이 일은 슌검이 쳐결ᄒᆞᆫ다 ᄒᆞ고 내의 친고 슌검 다니ᄂᆞᆫ 유진ᄐᆡ가 잇스니 쳥ᄒᆞ여 쳐결케 ᄒᆞ겟다 ᄒᆞ고 불너주니 흉ᄒᆞᆫ 유진ᄐᆡ란 놈이 김가의 둘ᄌᆡ 메ᄂᆞ리를 ᄭᅬ여셔 한셩ᄌᆡ판쇼와 고등ᄌᆡ판쇼에 졍ᄒᆞ라고 ᄒᆞ야 졔ᄉᆞ를 엇은 후에 유진ᄐᆡ가 ᄒᆞᄂᆞᆫ 말이 내가 춍순을 다리고 나가겟다 ᄒᆞ고 춍슌 교군 셰 팔십냥을 토식ᄒᆞ고 문안셔 양화도ᄭᆞ지 가도록 거리 거리 쥬막 쥬막 슐과 밥을 김가의 둘ᄌᆡ 메ᄂᆞ리의게 토식ᄒᆞ여 먹고 양화도 가셔ᄂᆞᆫ 김가의 외손 신가를 잡ᄂᆞᆫ 쳬ᄒᆞ고 신가의게로 도로 붓허셔 김가의 둘ᄌᆡ 메ᄂᆞ리 쇼지를 ᄲᆡ앗고 거즛 신가를 잡아가지고 들어왓ᄂᆞᆫᄃᆡ 유가가 ᄌᆡ판을 ᄒᆞ여 주ᄂᆞᆫ 쳬ᄒᆞ엿ᄂᆞᆫ지 ᄌᆡ판이 시연타 말도 업더라 슌검이 둘이 갓다니 ᄒᆞ나ᄂᆞᆫ 누구며 엇던 춍순이 나가셔 이민을 보호ᄒᆞ기ᄂᆞᆫ ᄉᆡ로에 숑ᄉᆞᄒᆞᄂᆞᆫ 계집의게 교군 셰 팔십냥과 쥬식가를 무슈히 토식ᄒᆞ엿다니 경무ᄉᆞ 리죵건씨ᄂᆞᆫ 이런 일을 도져히 ᄉᆞᆯ펴 죄 잇ᄂᆞᆫ 슌검과 춍순을 잡아셔 그 토식ᄒᆞᆫ 돈도 차자 주려니와 그 놈을 ᄌᆡ판쇼로 넘김이 죠흘 듯ᄒᆞ더라[75]

○ 셔울 슈구문 안 쳥용교 근쳐에셔 반찬가가 ᄒᆞᄂᆞᆫ 졍명셔의 집과 민셩환의 집과 담 ᄒᆞ나를 격ᄒᆞ야 사ᄂᆞᆫᄃᆡ 이달 팔일 아츰에 민가가 졍가의 젼에 와셔 호도를 사 가

75 『독립신문』, 1896.10.1, 2면.

지고 문 밧긔 나갓ᄂᆞᆫᄃᆡ 그날 밤에 경가가 담을 넘어 민가의 집에 드러간즉 민가의 쳐와 쟝모가 쵸불을 도도고 잠을 아니 자ᄂᆞᆫ 고로 경가가 방문 밧긔 서셔 음셩을 변ᄒᆞ야 쇼ᄅᆡ를 질너 말ᄒᆞ야 ᄀᆞᆯᄋᆞᄃᆡ 너히 집에 싸허 둔 돈을 곳 나를 내여 달나 ᄒᆞᆫ즉 그 계집 모녀가 믄듯 방문을 열며 도적이야 불으ᄂᆞᆫ 고로 경가가 몸을 피코져 ᄒᆞ다가 도로혀 그 계집 모녀의게 잡히인 바 되야 경가가 살녀 달나ᄒᆞᆫ즉 그 계집 모녀가 더욱 ᄭᅢ드ᄂᆞᆫ지라 경가가 임의 얼골을 뵈엿ᄉᆞᆫ즉 일이 반다시 탈노되겟ᄂᆞᆫ 고로 경가가 듸ᄃᆡ여 도마 우희 잇ᄂᆞᆫ 식칼을 집어 몬져 늘근 계집을 씩은즉 두 계집이 서로 당젹ᄒᆞ거ᄂᆞᆯ 경가가 두 계집을 모다 칼노 어지러히 찔은즉 두 계집이 다 고기쟝이 되야 방안에 걱구러진즉 경가가 민가의 집 방에 드러가셔 돈과 의복과 긔명 등물을 도적ᄒᆞ야 보ᄌᆞ에 싸셔 가지고 졔 집으로 도라갈ᄯᅢ에 날이 발ᄀᆞᆺᄂᆞᆫ지라 경가가 인ᄒᆞ야 져ᄌᆞ를 열엇ᄂᆞᆫᄃᆡ 니웃집 최쇼사가 들은즉 누가 민가의 집 대문 밧긔 와셔 간쟝을 팔나ᄒᆞ며 문을 두다리되 민가의 집에셔 ᄃᆡ답이 죵시 업거ᄂᆞᆯ 최쇼사가 괴히 넉여 민가의 집 대문을 열고 바로 드러가다가 즉시 도로 나오며 놀내여 ᄀᆞᆯᄋᆞᄃᆡ 이 집에 변이 잇다 말ᄒᆞᆫ즉 ᄆᆞᄎᆞᆷ 남셔 슌검과 ᄒᆡᆼ인들이 지나다 보고 민가의 집에 모다 드러가더니 ᄒᆡᆼ흉ᄒᆞ엿다ᄂᆞᆫ 말이 ᄌᆞᄌᆞᄒᆞ거ᄂᆞᆯ 경명셔 놈도 시츰이 쎄고 구경 군인 쳬ᄒᆞ고 민가의 집에 드러갓다가 졀인으로 잡히여 경무쳥으로 갓ᄂᆞᆫᄃᆡ 경무쳥 신문게에셔 그 ᄒᆡᆼ흉ᄒᆞᆫ 정젹을 염탐ᄒᆞᆫ즉 경가놈의 집 담으로 사ᄅᆞᆷ이 ᄅᆡ왕ᄒᆞᆫ 흔적이 분명ᄒᆞ거ᄂᆞᆯ 점점 슈샹히 넉여 경명셔의 집안을 슈험ᄒᆞᆫ즉 민셩환의 집에셔 돈과 의복과 긔명 등물을 도적ᄒᆞ여 가져온 거시 다시 더 의심이 업ᄂᆞᆫ 고로 경무쳥에셔 경가놈의게 구쵸를 받은즉 경가놈이 낫낫치 ᄌᆞ복ᄒᆞ엿다더라[76]

첫 번째 기사는 전언의 형식이 아닌 집필진의 직접 보도 방식을 통해 당시의 경찰청장에 해당하는 경무사 이종건에게 토색을 하는 순검과 총순을 고발하는

76 『독립신문』, 1897.2.13, 3면.

내용인 동시에 이들이 비리를 저지르는 계기가 된 사건인 상속 재산을 둘러싼 자부子婦와 친녀親女 사이의 갈등이 상세히 서술되어 있다. 두 번째 기사의 경우도 기본적으로는 강도 살인 사건에 대한 보도를 내용으로 하고 있는데, 이웃 간에 왜 이 같은 끔찍한 범행이 저질러졌는지 그 전말을 상세히 제시함으로써 사건 발생의 인과 관계에 대한 독자들의 궁금증을 충족시키는 데 분량이 집중되고 있다. 실제의 지명과 인명이 제시되고 있다는 점에서 실사實事에 대한 보도임이 확실시되는 이 기사들은 모두 사건의 개요만 단순하게 전달하고 있는 것이 아니라 사건이 전개되던 당시의 상황이 시간 순서에 따라 상세히 묘사되고 있는데, 이로써 기사를 접하는 독자들로 하여금 사건에 대한 인과적 이해와 구체적 정보를 획득할 수 있게 할 뿐만 아니라 사건에 대한 생생한 시각적 이미지까지도 전달하는 효과를 거두고 있다고 해도 과언이 아니다.

요컨대 『독립신문』은 『한성신보』 잡보란의 허구적이고 선정적인 서사물에서 내용이나 제재가 아닌 스타일만을 수용하여 실제 사건 사고를 보도하는 데에 접목시킴으로써 당대의 조선 사회의 현실을 더욱 생동감 있으면서도 구체적으로 묘사하는 매체로서의 면모를 지니게 되었다고 할 수 있다. 이 같은 『독립신문』 잡보란의 사실주의적 저널리즘은 당대 조선 독자들에게 '지금 여기의 현실'에 대한 심도 있는 인식을 제공함과 동시에 각성을 불러일으켰고, 그 결과 오락성과 흥미에 치중했던 『한성신보』 잡보란과는 또 다른 형태의 대중성을 확보할 수 있었던 것으로 판단된다. 이에 따라 잡보란은 외부 세계에 대한 정보와 근대적 학지를 제공하는 수단을 넘어 점차 당대의 다양한 현실적 양상을 반영하고 독자들에게 현실에 대한 비판적 인식의 환기를 가능하게 하는 지면으로서의 위상을 확보해 나간 것으로 볼 수 있다.

이상과 같은 두 신문의 잡보란에 대한 고찰을 통해 우리는 각 신문이 조선의 현실을 어떻게 그렸는지에 대해 일정한 시사점을 얻을 수 있다. 먼저 『한성신보』 잡보란의 기사 속에서 형상화된 조선의 모습은 '문명의 세례를 받지 못한 채 미몽과 야만에 의해 지배당하는 세계'로 요약된다. 애초에 독자 확보를 위한 전략의 일환이자 오락적 읽을거리로서 선택되었고, 그 내용 또한 실제 조선 사회 안에서 발생한 사건 사고가 아닐 가능성이 매우 높음에도 불구하고 『한성신보』 잡보란의 기사들은 신문이라는 매체의 지면을 통해 게재되었기 때문에 모든 독자가 전적으로 이 기사들을 오락적 읽을거리로서만 인식했다고 보기는 어렵다. 오히려 적지 않은 독자들에게 기사의 내용이 마치 실제로 조선에서 일어난 일들인 것처럼 인식하게 만드는 효과를 발생시켰을 가능성이 크다. 다시 말해 가상이 현실을 대체하는 작용이 발생하였을 개연성이 다분한 것이다. 『한성신보』 잡보란의 기사들은 '윤리와 강상綱常이 준수되지 않고, 탐욕과 폭력에 의한 인명의 살상이 거리낌 없이 자행되는 세계로서의 조선'이라는 이미지를 끊임없이 환기하고 있었고, 이러한 기사를 읽는 독자들로 하여금 단순한 오락적 서사물의 소비를 넘어 당대의 현실이 그러하다는 인식을 형성하였을 가능성이 있는 것이다.

그러나 『독립신문』의 잡보란은 『한성신보』가 환기하는 현실의 모습과는 다른 형태의 현실을 환기하고 있었다. 『독립신문』 잡보란의 기사 속에서 형상화된 조선의 모습은 '문명개화를 향한 도정을 시작하였으나 이의 온전한 구현이 이루어지지 못해 혼란상을 표출하고 있는, 과도기적 양상을 노정하고 있는 세계'라고 할 수 있다. 언뜻 보면 『한성신보』의 잡보란에서 그려진 부정적인 현실의 환기 양상과 유사하게 여겨질 수도 있지만 문제점을 지닌 현실에 대한 비판을 통해 조선 사회가 나아가야 할 바람직한 방향이 무엇인가에 대한 지향점을 내포하고 있다는 점에서 분명한 차이가 있다고 할 수 있다. 『독립신문』 잡보란은 지배 계급인 양반이나 고위 관료들에 의해 주도되고 있는 현실이 아닌 일반 백성들이 직면하고 있는 문제와 상황들을 주된 보도의 대상으로 삼았고, 가상이나 허구가 아닌 동시대의 실제 현실을 지면에 담음으로써 이에 대한 독자들의 비판적인 인식을 불러일으켰다고 할 수 있다. 비록 지배 계급과 첨예한 대립각을 세우며 민중의 권익을 대변하는 태도를 철저하게 보여주지는 못했지만 잘못된 현실을 타개하기 위해 어떤 노력이 펼쳐져야 하는가에 대한 대안적 사고를 기사 안에 담아냄으로써 독자들로 하여금 개명된 세계의 구현을 향한 열망 또한 불러일으켰다고 할 것이다.

나아가 『독립신문』에 의해 촉진되었던 이 같은 일련의 연쇄적 상호작용은 신문의 잡보란이 현실의 다양하고 총체적인 국면을 더욱 폭넓게 반영할 수 있는 가능성을 열었다고 할 수 있다. 실제로 『독립신문』의 뒤를 이어 창간된 『매일신문』과 『제국신문』, 그리고 기독교계에서 발간한 『그리스도신문』과 『조선(대한)그리스도인회보』와 같은 다양한 한글 신문들은 『독립신문』이 개척한 사실주의적 저널리즘과 유사한 길을 걸어가면서도 독자층의 차이로 인해 일정한 차별성을 보여주었다고 할 수 있고, 국한문 신문이었던 『황성신문』의 경우는 표기 수단의 근본적인 차이와 이에 따른 독자층의 차이로 인해 한글 신문들과는 구별되는 자신만의 특수성을 구현해 나갔던 것으로 보인다. 이와 함께 전반적으로 한국인 발행 신문들은 『한성신보』와 달리 기본적으로 실사 보도의 경향과 함께 중인 이하의 평민층으로 대표되는 당대 민중의 생활과 밀착된 사건 사고를 보도의 주요 소재로 삼음으로써 당대의 현실을 다양한 측면에서 총체적으로 드러내 주는 사료적 가치를 지니게 되었다고 할 수 있다.

그러면 『한성신보』와 『독립신문』의 양자 경쟁 체제에서 『매일신문』, 『제국신문』, 『그리스도신문』, 『조선(대한)그리스도인회보』, 그리고 『황성신문』 등의 등장으로 형성된 첫 번째 다자 경쟁 체제의 시기에서 각 신문은 잡보를 통해 당대 조선 사회의 모습을 어떻게 묘사하였는지에 대해 살펴보도록 하겠다.

2. 1897.2~1899.4

『조선(대한)그리스도인회보』·『그리스도신문』·『매일신문(협성회회보)』·『제국신문』의 비교 고찰

1) 『조선(대한)그리스도인회보』와 『그리스도신문』 하위 계층의 고충과 미신의 피해 고발

『한성신보』와 『독립신문』에 이어 발행된 신문은 1897년 2월 2일 감리교 선교사인 아펜젤러Henry Gerhart Appenzeller가 발행한 『조선(대한)그리스도인회보』와 같은 해 4월 1일 장로교 선교사인 언더우드Horace Grant Underwood가 발행한 『그리스도신문』이다. 두 신문 모두 주간으로 발행된 순한글 신문으로서 기독교 선교사들이 교인들을 주요 독자로 상정하여 발행하였기 때문에 지면에는 기독교 교리 해설이나 교회 및 교인 소식이 주로 게재되었다. 따라서 초기에는 잡보란 자체가 없거나, 있다 하더라도 여타의 신문들에 비해 분량이 많지는 않았다. 이는 종교계열의 신문이라는 특수성 때문에 일반적인 민간 신문과 달리 취재와 보도를 전담하는 기자, 즉 탐보원이 별도로 있는 것이 아니었다는 사실과도 관련이 있을 것이다. 그럼에도 불구하고 이 두 신문의 잡보란 또한 당대의 사회 현실에 대한 다양한 보도 기사를 게재함으로써 여타의 신문들과 구별되는 내용적 차별성을 지니게 되었음을 알 수 있다.

『그리스도신문』은 창간호부터 잡보란을 두어 기사를 게재하였고, 『조선(대한)그리스도인회보』는 1898년 1월 12월부터 잡보란에 해당하는 지면을 "닉보내보"로 명명하여 기사를 싣기 시작했는데, 초기 기독교인들이 속해 있던 신분이 양반보다는 평민이 압도적으로 많았기 때문에 잡보 기사에는 일반 백성들의 민생과 밀접하게 연관된 소식과 사건이 주로 게재되는 경향을 보였다.

○ 요식이 쏠갑시 별안간 더 고등ᄒᆞ야 싀골에 슐과 엿슬 금ᄒᆞᄂᆞᆫ 곳이 더러 잇ᄂᆞᆫ

ᄃᆡ ᄊᆞᆯ갑 고등ᄒᆞᆫ 거시 혹은 말ᄒᆞ되 텰도와 금광에 역군이 여러 천 명씩이 되ᄂᆞᆫ 고로 곡식이 모도 그리고 ᄉᆡᆨ지ᄂᆞᆫ ᄉᆡᄃᆞᆰ이라고 ᄒᆞ고 혹은 말ᄒᆞ되 은ᄌᆞ 박은 은젼을 졸디에 금ᄒᆞᄂᆞᆫ ᄉᆡᄃᆞᆰ이라고 ᄒᆞ니 그 말을 다 밋을수 업스나 우리 ᄉᆡᆼ각에ᄂᆞᆫ 대뎌 작년 년ᄉᆞ가 참흉인ᄃᆡ 봄을 당ᄒᆞ매 녯곡실에 졈졈 ᄉᆡ닭인듯 ᄒᆞ더라[77]

○ 근일에 곡가가 고등ᄒᆞᆫ 거ᄉᆞᆫ 여러 가지 곡졀이 잇시니 첫ᄌᆡ는 작년이 흉년이요 둘ᄌᆡᄂᆞᆫ 작년 가을브터 지금ᄭᆞ지 일긔가 감으러 강물이 쳔탄이 된 고로 슈상의 곡식은 ᄇᆡ가걸녀 수운ᄒᆞ여 오기 어렵고 슈하의 곡식은 외국 사ᄅᆞᆷ의게 방매 ᄒᆞᄂᆞᆫ 고로 셔울노 오지 못ᄒᆞᆷ이요 셋ᄌᆡ는 년젼브터 외도 각군 탁지부 샹납을 쥐리ᄒᆞᄂᆞᆫ 사ᄅᆞᆷ들이 외획ᄒᆞ여 무곡 ᄒᆞ엿ᄂᆞᆫᄃᆡ 지금 오강에 싸둔 곡식이 여러 십만 셕이나 곡가 고등ᄒᆞ기를 기다려 작젼을 아니ᄒᆞᆷ이라더라[78]

요ᄉᆞ이 드ᄅᆞᆫ즉 경향간 ᄇᆡᆨ셩들이 대단히 소요ᄒᆞ며 호원ᄒᆞᄂᆞᆫ 소ᄅᆡ가 잇다 ᄒᆞ니 이거ᄉᆞᆫ 곡가가 고등ᄒᆞ야 빈한ᄒᆞᆫ 사ᄅᆞᆷ들이 살 수 업ᄂᆞᆫ 연고라 말ᄒᆞ기ᄅᆞᆯ 젼년이 좀 부족ᄒᆞ다 ᄒᆞ나 곡식갑시 이ᄀᆞᆺ치 되어 쌀 ᄒᆞᆫ 되에 열 량 삼ᄉᆞ젼에 니ᄅᆞ기ᄂᆞᆫ ᄯᅳᆺ밧기라 엇지 살기ᄅᆞᆯ ᄇᆞ라리오 이거ᄉᆞᆫ 곡식이 업서셔 이러ᄒᆞᆫ 거시 아니라 대한에셔 나ᄂᆞᆫ 곡식으로 대한 ᄇᆡᆨ셩만 먹으면 여간 흉년이 들지라도 긔황이 업시 살 터히엿마ᄂᆞᆫ 탐권 모리지ᄇᆡ가 막즁 공납을 외획으로 가지고 무곡도 ᄒᆞ며 관쟝들도 공젼을 나용ᄒᆞ야 무곡들을 ᄒᆞ야 외국 사ᄅᆞᆷ의게 돈을 만히 밧고 팔며 나라 무곡이라 칭ᄒᆞ고 ᄉᆞ샹 매ᄆᆡᄂᆞᆫ 못ᄒᆞ게 ᄒᆞᆫ즉 싀골 쟝시에도 쌀이 잘 아니 나며 셔울노ᄂᆞᆫ 지금 곡식 ᄒᆞᆫ 셤이 올나올 수가 업ᄉᆞ며 여간 샹고들이 곡식 셤이나 져축ᄒᆞ엿다 ᄒᆞ야도 곡식이 뒤가 업ᄂᆞᆫ 거ᄉᆞᆯ 알고 츌매ᄅᆞᆯ 아니ᄒᆞᆫ즉 부쟈나 살지 빈한ᄒᆞᆫ 사ᄅᆞᆷ이야 엇지 죽기ᄅᆞᆯ 면ᄒᆞ리오 리만 탐ᄒᆞ야 내 나라 사ᄅᆞᆷ은 월시진 쳑ᄒᆞ고 타국 사ᄅᆞᆷ은 제 형뎨ᄀᆞᆺ치 도아주어 외국 사ᄅᆞᆷ의

77 『조선(대한)그리스도인회보』, 1898.3.16, 5면.
78 『조선(대한)그리스도인회보』, 1898.4.6, 5면.

곡간에는 무곡흔 거시 진진흐니 이런 한심흔 일이 어듸 잇스리오 드른즉 오강에 곡식 쟝스들이 젼년에 무곡흐여 둔 것만 흐여도 쟝안 인명이 삼스년을 먹어도 죡흐겟다 말들을 흐며 또 젼년에 쌀 흔 되에 석량즈음 주고 사셔 불과 스오삭에 빅가를 더 밧으니 이는 제 흔 몸만 싱각흐고 젼국 동포 형뎨는 구학에셔 죽게 흐니 내 나라 인심이 이러흐거든 흐믈며 타국 사름의 무곡흐는 거시야 엇지 말을 흐리오 불샹흐다 대한 인민들이야 누구를 밋고 누구를 브라고 살리오[79]

위의 기사들은 1898년 3~4월을 전후한 시기에 발생한 곡가穀價의 이상 급등 현상에 대해 다루고 있다. 『한성신보』와 『독립신문』도 이 현상을 보도하지 않은 것은 아니지만 『조선(대한)그리스도인회보』와 『그리스도신문』에 비하면 기사의 게재 건수가 적고 단순한 사실 보도 외에 원인 분석 등과 같은 심층보도가 이루어지지 않는다는 점에서 상대적으로 관심도가 높지 않았던 것으로 판단된다.

그러나 기독교계의 두 신문은 곡가의 이상 급등을 초래한 다양한 원인 분석과 함께 이것이 민생에 미치는 악영향을 강조하면서 정부에 대책 마련을 촉구하는 내용의 기사를 반복적으로 게재하였다. 『조선(대한)그리스도인회보』와 『그리스도신문』이 곡가 문제를 잡보의 주요 보도 대상으로 삼았던 것은 두 신문의 주요 독자층이자 경제적 여력이 충분하지 못한 평민 계급에게 이 문제가 너무도 중요하고 절실한 사안이라는 신문사 집필진의 판단이 있었기 때문일 것이다. 비록 그 외의 다른 정치적, 사회적 사안에 대해서는 『한성신보』와 『독립신문』만큼 보도 범위나 내용이 풍부하지는 못했지만 이 두 신문이 당대의 일반 백성들에게 심대한 영향을 미치는 사안으로 곡가 문제를 공론화한 것은 두 신문만의 차별성인 동시에 이 두 신문의 잡보란이 지닌 의

79 『그리스도신문』, 1898.4.7, 3면.

의 또한 적지 않음을 시사한다고 할 수 있다. 이 같은 두 신문의 특징을 잘 보여줌과 동시에 동일 시기에 발행되었던 여타의 민간 신문에서는 발견하기 어려운 내용의 기사를 조금 더 살펴보도록 하자.

죠션 나라 사ᄅᆞᆷ들이 격지 못ᄒᆞᆯ 란리를 격근 후로ᄂᆞᆫ 정신을 다 일허셔 두미를 아지 못ᄒᆞ고 실혼ᄒᆞᆫ 사ᄅᆞᆷ과 ᄀᆞᆺ치 침식이 불평ᄒᆞ게 지내ᄂᆞᆫᄃᆡ 근쟈에 드른즉 무도ᄒᆞᆫ 청국 사ᄅᆞᆷ들이 제 나라헤셔 엇어먹고 살 수 업ᄂᆞᆫ 쟈들이 죠션에 물가 흔ᄒᆞᆫ 거ᄉᆞᆯ 취ᄒᆞ야 만히 나와셔 아모 ᄉᆡᆼ애도 아니며 죠션 사ᄅᆞᆷ의 어리셕은 쟈들을 유인ᄒᆞ야 아편을 먹이고 ᄌᆡ물을 ᄲᅢ아시니 ᄌᆡ물만 손ᄒᆞᆯ ᄲᅮᆫ 아니라 사ᄅᆞᆷ의 ᄆᆞᆰ은 정신을 흐리게 ᄒᆞ야 ᄌᆡ물도 앗기지 아니ᄒᆞᆯ ᄲᅮᆫ더러 아편을 먹은 후로ᄂᆞᆫ 세상일도 엇지 되ᄂᆞᆫ 거ᄉᆞᆯ 모로고 부모 친쳑과 쳐ᄌᆞ도 ᄉᆡᆼ각지 아니ᄒᆞ고 제 몸만 편ᄒᆞ기를 쥬쟝ᄒᆞ다가 ᄌᆡ물이 업서 아편을 사 먹을 수 업ᄉᆞ면 쳐ᄌᆞ를 팔아먹다가 ᄒᆞᆯ 수 업ᄉᆞ면 아편 먹ᄂᆞᆫ 사ᄅᆞᆷ의 집 문젼에셔 죽ᄂᆞᆫ 이러ᄒᆞᆫ 못된 독약을 먹여 죠션 사ᄅᆞᆷ들을 탕패ᄒᆞ게 ᄒᆞᆫ다 ᄒᆞᄂᆞᆫ 말이 만히 들니니 이러ᄒᆞᆫ 무도ᄒᆞ고 금슈ᄀᆞᆺᄒᆞᆫ 류ᄂᆞᆫ 급히 제 나라로 쫏ᄎᆞ보내고 죠션 ᄇᆡᆨ셩을 정부에셔 구ᄒᆞᄂᆞᆫ 거시 올커ᄂᆞᆯ 엇지 이 일을 ᄉᆞᆯ피지 아니ᄒᆞᄂᆞᆫ지 모로겟더라 (…중략…) 청국 사ᄅᆞᆷ의 ᄯᅳᆺ은 우리 죠션도 청국과 ᄀᆞᆺ치 야만의 일을 ᄒᆞ야 망ᄒᆞ게 ᄒᆞᆷ이니 우리 ᄉᆡᆼ각에ᄂᆞᆫ 일병 잡ᄂᆞᆫ 대로 즁형을 힝ᄒᆞ야 ᄒᆞᆫ 사ᄅᆞᆷ도 일치 말면 됴흘 듯ᄒᆞ더라[80]

남대문안 샹동 시병원 압헤셔 대한 ᄋᆞ히 ᄒᆞᄂᆞ이 ᄇᆡ와 능금을 버러노코 ᄑᆞᄂᆞᆫᄃᆡ 엽헤셔 물건 ᄑᆞᄂᆞᆫ 청국 ᄋᆞ히가 엇던 대한 ᄋᆞ히로 더브로 히롱ᄒᆞ다가 서로 작란ᄒᆞᄂᆞᆫ 바람에 그 실과가 밀녀 더러은 ᄀᆡ쳔 속에 들어가 ᄇᆞ리게 되매 ᄀᆞᆺ치 작란ᄒᆞ던 ᄋᆞ히 ᄒᆞ나ᄂᆞᆫ 다라난지라 실과쥬인 ᄋᆞ히가 청인ᄃᆞ려 실과갑슬 무러달나 ᄒᆞᆫ즉 청인이 무러주지 아니ᄒᆞ고 가 도로혀 욕셜을 ᄒᆞ거ᄂᆞᆯ 좌우에 구경ᄒᆞ던 사ᄅᆞᆷ들이 경계를 ᄇᆞᆰ히 말ᄒᆞ야 청인이 갑슬 물허야 올흔 줄노 결단ᄒᆞᆯᄉᆡ 일본 사ᄅᆞᆷ ᄒᆞ나이 돌츌ᄒᆞ야 대한 사ᄅᆞᆷ

80 『그리스도신문』, 1897.8.12, 3면.

이 쳥인의게 말을 불공이 ᄒᆞᆫ다고 대한 사ᄅᆞᆷ ᄒᆞ나를 ᄲᅣᆷ을 치며 곤욕ᄒᆞ니 쳥국은 지금 교육이 업신즉 쳥국 샹민의 경계 업ᄂᆞᆫ 거슬 족히 칙망할 거시 업거니와 일본은 셰계샹에 ᄀᆡ명ᄒᆞᆫ 나라이라 칭ᄒᆞᄂᆞᆫᄃᆡ 일본 사ᄅᆞᆷ이 무단히 남의 나라 사ᄅᆞᆷ을 ᄯᅵ리니 ᄀᆡ명ᄒᆞᆫ 나라 사ᄅᆞᆷ도 그러ᄒᆞᆫ지[81]

경셩셔 인쳔항ᄭᆞ지 텰도ᄅᆞᆯ 노화 샹민의 유익ᄲᅮᆫ 아니라 각국 사ᄅᆞᆷ의게도 편리ᄒᆞᆫ 일노 아ᄂᆞᆫ대 드ᄅᆞᆫ즉 텰도회샤 쥬인이 대한 사ᄅᆞᆷ을 식여 일은 ᄒᆞ고 모군가며 십쟝삭을 주지 아니ᄒᆞ매 이 사ᄅᆞᆷ들이 삭가를 밧으랴고 일을 ᄒᆞ엿지 외국 사ᄅᆞᆷ을 위ᄒᆞ야 도와준 거ᄉᆞᆫ 아니어ᄂᆞᆯ 엇지ᄒᆞ야 죽도록 일ᄒᆞᆫ 일군의 삭을 수쳔량식이나 주지 아니ᄒᆞ고 도로혀 일삭 달나ᄂᆞᆫ 사ᄅᆞᆷ을 ᄯᅡ려주니 이ᄀᆞᆺᄒᆞᆫ 무법ᄒᆞᆫ 사ᄅᆞᆷ들의 힝위ᄂᆞᆫ 보지 못ᄒᆞ엿도다 문명ᄒᆞᆫ 나라 사ᄅᆞᆷ들이 이럿케 힝위ᄅᆞᆯ ᄒᆞᆯ 디경이면 누가 ᄀᆡ화국을 ᄃᆡ졉ᄒᆞ며 ᄯᅩᄒᆞᆫ 큰 일을 도모ᄒᆞᄂᆞᆫ 사ᄅᆞᆷ들이 이럿케 힝세ᄒᆞᆯ 디경이면 큰 일도 온젼치 못ᄒᆞᆯ 리치라 엇지ᄒᆞ야 외국 사ᄅᆞᆷ이 ᄂᆞᆷ의 나라의 와셔 경위 업시 무법ᄒᆞᆫ 일을 ᄒᆞᄃᆡ ᄌᆞ긔의 ᄆᆞᄋᆞᆷ대로 ᄒᆞ리오 ᄯᅡᄅᆞᆯ 빌린 것도 황송ᄒᆞᆷ을 아지 아니ᄒᆞ고 법을 어긔ᄂᆞᆫ지 ᄎᆞᆷ으로 ᄀᆡ탄ᄒᆞᆫ 일이더라[82]

인용된 기사들은 모두 외국인과 한국인 사이에서 생긴 문제를 다루고 있는데, 청국중국과 일본은 물론 두 신문을 발행한 선교사들의 모국인 미국까지도 포함하여 외국인들이 부당한 행위로 한국인에게 피해를 끼칠 경우 예외 없이 비판의 대상으로 삼았다는 점에서 주목할 가치가 있다. 첫 번째 기사는 한국인에게 아편을 판매하는 중국인들의 행태를 비판하고 있고, 두 번째 기사는 재물 손괴에 책임이 있으면서도 이를 무시하고 오히려 욕설을 하는 중국인과 '한국인이 어찌 청인에게 말을 불공하게 하느냐'며 오히려 이 중국인의 역성을 드는 일

81 『조선(대한)그리스도인회보』, 1898.9.7, 5면.
82 『그리스도신문』, 1898.10.27, 3면.

본인을 모두 '대한 사람'에게 무도한 외국인이라는 관점에서 비판하고 있다. 마지막으로 세 번째 기사에 등장하는 '철도회사 주인외국 사람'은 1896년 경인 철도 부설권을 따낸 미국인 모스Morse, J. R.를 가리킨다. 모스는 1897년 3월 22일 공사를 시작하였지만 이후 본국으로부터의 자금 조달에 실패하여 어려움을 겪던 중 1898년 12월 17일 170만 2천 원엔을 받고 일본인 소유의 경인철도인수조합에 부설권을 양도하였던 것이다.[83] 1898년 10월 27일에 게재된 이 기사는 바로 일본인에게 매도하기 직전 자금난을 겪고 있었던 모스의 상황에 대한 묘사이자 한국인에 대한 임금 체불 행태를 비판하는 내용인 것이다.

당연한 일이겠지만 일본인 발행 신문인 『한성신보』에서는 일본인이 한국인에게 피해를 입은 사건을 보도하는 경우는 많았어도 한국인이 일본인에게 피해를 입은 사건은 거의 보도되지 않았다. 『독립신문』의 경우도 한국인에게 부당한 피해를 입히는 중국인이나 일본인에 대한 기사는 있지만, 미국 국적자였던 서재필과 역시 영어를 유창하게 구사했던 윤치호 등 미국에 우호적인 인사들에 의해 발행되었기 때문인지는 몰라도 모스를 포함한 미국인이 한국인에게 피해를 끼치는 행위를 보도하는 경우는 전혀 발견되지 않는다. 이러한 점에서 한국인이 외국인에게 받은 부당한 대우나 피해를 가감 없이 보도했던 『조선(대한)그리스도인회보』와 『그리스도신문』의 언론으로서의 가치는 높이 평가할 만하다고 생각한다.

요컨대 두 신문의 잡보란은 당대의 기독교인을 구성하고 있던 하위 계층의 현실적 문제와 밀접한 관련이 있는 사안에 대해 중점적으로 보도하고 있었음을 알 수 있다. 경제적 여력이 부족한 백성들의 생계 영위에 직접적인 영향을 미치는 미곡 가격의 폭등 문제를 이슈화하는 한편 한국인이 외국인으로부터 받는

---

83 한국민족문화대백과사전의 '경인선' 항목 참고.
URL(https://100.daum.net/encyclopedia/view/14XXE0002748)

차별의 문제 또한 편향성 없이 균등하게 조명하였던 것이다. 물론 주간으로 발행되었고, 종교계 신문이라는 속성으로 인해 두 신문이 당대 사회의 구성원들에게 미친 파급력에는 상대적으로 한계가 더 많았을 수 있지만 민생 문제와 외국인에 의한 차별이라는 사회적 이슈를 독자들에게 인식시키는 데 있어 두 신문이 담당한 역할은 결코 작지 않다고 평가할 수 있을 것이다.

한편 두 신문에서는 종교계열의 신문이라는 특수성 때문에 나타나는 또 다른 특징이 있었는데, 당대의 조선에서 흔히 발견되었던 무녀巫女, 판수[84] 등으로 대표되는 미신에 대한 강력한 비판적 태도, 기독교인임을 빙자하며 오히려 비윤리적이고 비도덕적인 행위를 저지르는 개인에 대한 경계와 비판 등이 이에 해당한다. 다음의 기사들은 그 대표적인 사례라고 할 수 있다.

> ○ 판슈의 경 닑고 무녀의 굿ᄒᆞ고 긔도ᄒᆞᄂᆞᆫ 거ᄉᆞᆫ 곳 혹셰무민ᄒᆞ야 사ᄅᆞᆷ의 돈을 쌔앗ᄂᆞᆫ 거신즉 강도와 다ᄅᆞᆷ업ᄂᆞᆫ 고로 경무쳥에셔 인민을 위ᄒᆞ야 엄금ᄒᆞᆯ 터히라 근일에 경무 남셔에셔 판슈 셋시 경을 닑고 무녀가 긔도ᄒᆞ다가 남셔에 잡히여 경무쳥으로 보내엿다더라[85]

> ○ 이 ᄉᆞ이ᄂᆞᆫ 무녀의 요힝이 이젼과 ᄀᆞᆺ치 힝ᄒᆞ야 란만ᄒᆞᆯ 섄더러 지나다가 드ᄅᆞᆫ즉 새문밧 놋뎐골 정가의 집에셔 고리ᄅᆞᆯ 글그며 무당이 일을 ᄒᆞ니 지금은 경무쳥에셔 금치 아니ᄒᆞᄂᆞᆫ지 금ᄒᆞᄂᆞᆫ 가온ᄃᆡ 가만이 ᄒᆞ야 어리셕은 게집들을 속여 푼푼이 모ᄒᆞᆫ 돈량을 쎄앗시니 엇지 통한치 아니ᄒᆞ리오 이러ᄒᆞᆫ 거ᄉᆞᆫ 아모됴록 극진히 금ᄒᆞ야 어려온 인민의 힘을 드려 번 돈량을 온전케 ᄒᆞ기ᄅᆞᆯ ᄇᆞ라노라[86]

---

84 판수: 점치는 일을 업으로 삼는 맹인(盲人).
85 『그리스도신문』, 1897.4.29, 3면.
86 『그리스도신문』, 1898.7.28, 3면.

○ 시골 사는 사름 ᄒᆞ나이 우리 셩교를 밋겟다고 교칙도 더러 사갓는ᄃᆡ 셰전에 ᄒᆞᆫ번 올나 왓기에 셩경뜻슬 물은즉 ᄒᆞ나도 모로고 십계와 ᄉᆞ도신경도 외오지 못ᄒᆞ는 고로 우리 ᄆᆞᄋᆞᆷ에 그 사ᄅᆞᆷ이 무어슬 밋는지 의심ᄒᆞ엿더니 근일에 드른즉 그 사ᄅᆞᆷ이 시골 ᄃᆞ니며 ᄒᆡᆼᄑᆡ가 무쌍ᄒᆞ다니 그 사ᄅᆞᆷ이 셰례도 밧지 아니 ᄒᆞ엿신즉 교우라 칭ᄒᆞᆯ 수는 업거니와 그런 사름 ᄭᅡ닭에 우리 교회가 공연이 외인의게 비방을 듯더라[87]

○ 칭교 협잡) 젼라북도 고부 등디에셔 못된 잡류들이 소위 영학이라 혹 교인이라 칭ᄒᆞ고 무리을 지여 려항 우민과 부녀를 유혹ᄒᆞ야 ᄌᆡ물 탈취ᄒᆞ여 관령을 거역ᄒᆞᆫ다 ᄒᆞ니 이ᄀᆞᆺᄒᆞᆫ 란류는 일변 잡아 즁형을 ᄒᆞ야 후인을 증계ᄒᆞ고 지극히 올흔 교의 욕이 되게 마는 거시 올커늘 엇지ᄒᆞ야 ᄒᆡ읍 관쟝들이 법률을 쓰지 아니ᄒᆞ고 그러ᄒᆞᆫ 란류를 두리ᄂᆞ뇨 가령 교인이라 ᄒᆞ는 거슨 리치에 붉은 일만 ᄒᆡᆼᄒᆞᆷ이 가ᄒᆞ거든 국법에 범ᄒᆞᆫ 거슬 다ᄉᆞ리지 못ᄒᆞ면 그 ᄇᆡᆨ셩은 누가 다ᄉᆞ리오 이러ᄒᆞᆫ 놈들은 급히 잡아 법이 무셔온 것도 알게 ᄒᆞ고 교인의 ᄒᆡᆼ위를 분명이 분셕ᄒᆞ는 거시 법관의 직칙인 줄 아노라[88]

물론 기독교 신문의 입장에서 무녀와 판수를 믿는 것이 얼마나 헛된 일인지 강조하는 것은 포교의 강력한 걸림돌이자 일종의 경쟁 종교라 할 수 있는 무속에 대한 '낙인 찍기'를 통해 그 영향력을 제한하려는 의도가 반영되어 있다고 해도 지나친 말은 아닐 것이다. 이러한 보도를 통해 두 신문은 기독교만이 진정한 '신'을 섬기는 종교이며, 기독교를 신앙할 때 비로소 기복祈福과 현재의 삶의 고난 극복이 가능하다는 메시지를 강화하였고, 실제로 그 메시지는 다수의 조선인을 교인으로 만드는 데 성공했던 것으로 보인다.

87 『조선(대한)그리스도인회보』, 1898.4.27, 5면.
88 『그리스도신문』, 1898.12.8, 3면.

그러나 기독교의 성공적 포교는 서양 열강 국가들의 국력이라는 후광이 있었기 때문에 가능한 것이었고, 이 때문에 기독교의 교세와 후광에 기대어 위세를 과시하는 차원을 넘어 협잡과 범죄를 저지르는 자칭 '교인'들 또한 결코 드물지 않았던 것으로 추정된다. 두 신문은 지면을 활용해 이러한 사람들은 진정한 교인이 아닐뿐더러 사법적인 처벌을 받아야 한다는 견해를 강력히 피력하였는데, 이는 일부 교인들의 물의를 빚는 행동이 포교에 걸림돌이 될 수 있다는 인식에서 이를 제어하기 위한 적극적인 방어 행위의 일환으로 볼 수 있다. 말하자면 종교계에서 발행하는 신문은 일반적인 민간 신문과 달리 교단의 입장을 대변하고 교인들에 대한 메시지 관리를 통해 해당 종교의 위상을 강화하기 위한 수단으로 활용되었다고 할 수 있다. 이 점은 현대의 종교계 언론과도 크게 다르지 않다고 할 수 있다.

이 같은 종교 언론으로서의 한계에도 불구하고 『조선(대한)그리스도인회보』와 『그리스도신문』은 당대 일반 민중의 민생과 직결된 사회경제적 문제에 대한 높은 관심과 심층적인 보도를 수행하였다는 점, 조선 인민의 삶을 위협하거나 부당하게 횡포를 저지르는 외국인들의 행태를 고발하고 이의 시정을 요구하는 목소리를 적극적으로 표출하였다는 점에서 독자적인 의의를 인정받을 수 있다고 판단된다.

2) 『매일신문(협성회회보)』과 『제국신문』 지배 계층의 무능과 부정 고발

기독교계 신문의 등장 이후 1898년부터 한국인 발행 민간 신문이 3개 더 창간됨으로써 신문 간 다자 경쟁 체제는 더욱 본격적으로 형성되기 시작했다고 볼 수 있다. 먼저 『협성회회보』가 1898년 1월 1일 창간호부터 4월 2일 제14호까지 주간으로 발행된 후 4월 9일부터는 『매일신문』으로 개제改題하였는데, 이 신문은 이름 그대로 격일이 아닌 매일 발행된 우리나라 최초의 일간지이기도

하다. 같은 해 8월 10일에는 『제국신문』이 창간되었고, 한 달여 후인 9월 5일에는 최초의 국한문 신문인 『황성신문』이 잇따라 창간되었다.

『협성회회보』는 배재학당 구내에서 학생들이 번갈아 취재와 편집 및 교정을 보았고, 『매일신문』으로 개제된 뒤에는 사옥을 남대문 안, 전前 싸전쌀과 그 밖의 곡식을 파는 가게 도가로 정하고 훈동에 있던 이문사以文社의 활판을 옮겨다 발행하였다고 한다.[89] 『협성회회보』는 『한성신보』와 『독립신문』의 잡보란에 해당하는 지면을 "ㄴ|보내보"로 명명하여 기사를 게재하였고, 『매일신문』으로 제호를 변경한 후부터는 "잡보"로 명명하여 기사를 게재하였다.

『협성회회보』는 배재학당 학생들의 토론회로부터 출발하여 대중계몽을 목적으로 조직된 협성회의 기관지라는 특수성을 지니고 있었고, 이 같은 속성 때문이라고 단적으로 확언하기는 어렵지만 『협성회회보』의 잡보에는 독자 대중에게 교훈을 전달하는 것을 목적으로 하는 우의적寓意的인 내용의 기사, 대화체로 이루어진 단형 서사 형태의 기사 등 여타의 신문에서는 찾아보기 힘든 형태의 기사들이 적지 않게 게재되었던 것은 사실이다. 말하자면 『협성회회보』는 사건 사고의 보도보다는 독자를 계몽하기 위한 수단이자 콘텐츠로서 잡보란을 활용했다는 점에서 『한성신보』나 『독립신문』과는 달랐을 뿐만 아니라, 『협성회회보』와 마찬가지로 교훈을 주기 위한 우의적이면서도 서사적인 내용의 글을 신긴 했지만 이를 잡보란이 아닌 주로 논설란을 통해 게재하였던 기독교계 신문인 『조선(대한)그리스도인회보』나 『그리스도신문』과도 또 다른 특징을 보여준다고 할 수 있다.

---

89 한국민족문화대백과사전의 '매일신문' 항목 참고.
URL(https://100.daum.net/encyclopedia/view/14XXE0017985)

○ 빅지학당 뒤에 큰 동구나무가 잇는듸 그 나무에 까치가 보금자리를 짓고 수년을 릭왕ᄒᆞ며 ᄉᆡ기도 치고 풍우도 피ᄒᆞ더니 수일젼에 크고 보기 흉악ᄒᆞᆫ 독슈리가 그 나무에 나라와 안즈니 그 나무에 보금자리 지은 까치가 강약이 부동ᄒᆞ야 좃차내지 못ᄒᆞ고 다만 울기만 ᄒᆞ고 이리 물고 져리 물고 ᄋᆡ를 무수히 쓸 즈음에 까치와 가마귀와 솔기미가 ᄉᆞ방으로 날나와 까치는 그 독수리를 부리로 물고 날ᄀᆡ로 치는듸 가마귀는 안져 바ᄅᆞ 보기만 ᄒᆞ고 솔기미는 지나다가 건드리기만 ᄒᆞ고 참ᄉᆡ는 쟉짤거리기만 ᄒᆞ다가 필경 까치들이 일심으로 그 독수리를 쫏차보ᄂᆡ니 즘ᄉᆡᆼ도 일심이 되니 그러케 흉악ᄒᆞᆫ 독수리를 쫏더라[90]

○ 일이라 ᄒᆞᄂᆞᆫ 짐ᄉᆡᆼ은 근본 몸도 약ᄒᆞ고 발톱도 이ᄒᆞ지 못ᄒᆞ나 서로 몸을 의지ᄒᆞ여 다니ᄂᆞᆫ 터이라 만일 두 마리 즁에 ᄒᆞᆫ 마리라도 병이 나거드면 셩ᄒᆞᆫ 몸ᄉᆡᆨ지라도 운동을 못ᄒᆞᄂᆞᆫ 고로 셰샹 사ᄅᆞᆷ이 항샹 일에 틀릴 디경이면 낭픽라 ᄒᆞᄂᆞᆫ 말을 항다반 풍속에 말노만 듯고 알앗더니 월젼에 강원도 친구 ᄒᆞ나이 올나와 날다려 말ᄒᆞ기를 이쳔 등디에 범과 곰이 만어 육축을 물어갈 ᄲᅮᆫ 아니라 간간 사ᄅᆞᆷ을 ᄒᆡᄒᆞᄂᆞᆫ 폐단이 만은 고로 산협사ᄅᆞᆷ이 지탕ᄒᆞᆯ 수가 업더니 근ᄅᆡ에 일이쎄가 셩ᄒᆞ여 수쳔 마리가 일심으로 횡힝ᄒᆞ며 곰이나 범이 강악ᄒᆞᆫ 힘을 자셰ᄒᆞ고 무리ᄒᆞᆫ 힝위를 ᄒᆞ거드면 죽기로 써 졔어ᄒᆞᄆᆡ 범과 곰에 무리가 맛참ᄂᆡ 욕심을 일우지 못ᄒᆞ고 일이쎄의게 잡혀 죽ᄂᆞᆫ 폐도 잇고 타쳐로 피ᄒᆞ여 간 후로ᄂᆞᆫ 근쳐 사ᄅᆞᆷ들이 곰과 범에 ᄒᆡ를 밧지 안널ᄲᅮᆫ 더러 곰과 범의 강포ᄒᆞᆫ 압졔를 밧든 여러가지 짐ᄉᆡᆼ들도 ᄌᆞ유를 차지ᄒᆞ여 서로 샹ᄒᆡᄒᆞᄂᆞᆫ 폐단이 업시 안보ᄒᆞᆫ다 ᄒᆞ니 일이가 ᄒᆞᆫ 몸은 당초에 거러 단이지도 못ᄒᆞ거니와 열이나 스믈만 되여도 곰이나 범의게 ᄒᆡ를 바드련만은 여러 만 마리가 합심이 되여 죽기로 써 막으ᄆᆡ 곰과 범에 힘으로도 엇지ᄒᆞᆯ수 업셔 도로혀 일이에 ᄒᆡ를 밧엇다 ᄒᆞ니 올은 일노 일심이 되거드면 무셔운 것이 업ᄂᆞᆫ 줄 알너라[91]

---

90 『협성회회보』, 1898.1.15, 3면.

보금자리를 침해하는 독수리와 까마귀와 솔개에 "일심一心"으로 맞서는 까치, 그리고 역시 곰과 호랑이의 강포한 압제에 역시 일심으로 맞서는 이리는 모두 외세의 압제라는 상황 속에서 조선 백성이 취해야 할 태도가 무엇인지를 드러내기 위한 비유라고 할 수 있다. 물론 우승열패라는 사회진화론적 전제가 깔려 있기는 하지만 약소국이 강대국에 맞설 수 있는 유일한 무기는 결국 '하나 된 마음일심'으로 단결하는 것이라는 메시지를 강조하고 있는 것이다. 핵심 어휘의 동일성과 유사한 상황 설정이라는 공통점을 고려할 때 아마도 같은 기자가 썼을 것으로 추정되는 이 두 편의 기사는 『협성회회보』가 잡보란을 어떤 방식으로 활용하고 있는지를 분명하게 보여준다. 근대 초기 신문에서 잡보란은 단순한 사건 사고의 보도에 한정되는 지면이 아니었던 것이다. 독자에 대한 계몽을 목적으로 하는 내용의 글들 또한 잡보란이라는 지면을 통해 게재되는 것이 당시에는 자연스러우면서도 일반적인 현상이었다고 할 수 있다.

비록 직접적인 비판이 아닌 우의적인 방식이기는 하지만 조선에 진출해 있는 외국을 국익 침탈 세력으로 규정하는 『협성회회보』의 시각은 당대의 신문 중 가장 반외세적인 경향을 보여준다고 할 수 있다. 뿐만 아니라 이 신문은 신문명의 수용을 통한 사회 혁신에는 관심이 없고 그저 옛것을 고수하면서 완고의 태도를 버리지 않는 기득권층에 대한 비판적 인식 또한 가장 첨예하게 드러내고 있다.

> ○ 가마귀ᄂᆞᆫ ᄉᆞ철이오 졔비ᄂᆞᆫ ᄒᆞᆫ쳘이라 가마귀가 말ᄒᆞ기를 겨을이면 산쳔이 모도 희여지고 강물이 얼어 육디가 된다 ᄒᆞᆫ즉 졔비 ᄃᆡ답이 산이라 ᄒᆞᄂᆞᆫ 것은 ᄒᆞᆼ샹 푸른 것이오 물은 흐르는 것이라 엇지 산이 희고 물이 륙디 될 리치가 잇스리오 ᄒᆞ며 죵시 뎌 본 ᄃᆡ로만 우기니 엇지 우습지 안으리오 우리나라 유식ᄒᆞᆫ 이들은 ᄌᆞ긔 ᄉᆡᆼ장ᄒᆞᆫ 곳에셔 듯고 본 것만 가지고 고집이나 아니ᄒᆞ면 답답지나 덜ᄒᆞᆯ너라[92]

---

91 『협성회회보』, 1898.4.2, 3면.

○ 봄 졔비가 화려ᄒᆞᆫ 집 쳠하ᄭᅳᆺ헤 깃을 드리고 구구샹락 지내더니 ᄒᆞ로ᄂᆞᆫ 홀연이 그 집에 불이 붓거ᄂᆞᆯ 졔비들은 불을 피ᄒᆞᆯ ᄉᆡᆼ각도 아니ᄒᆞ고 ᄉᆞᆯ 걱졍도 업시 남남ᄒᆞᆫ 소ᄅᆡ로 츈풍만 희롱ᄒᆞ고 화가 몸에 밋칠 줄을 모로니 보ᄂᆞᆫ 쟈 ᄆᆡ우 답답히 넉이더라[93]

○ 남촌 사ᄂᆞᆫ 최여몽이라 ᄒᆞᄂᆞᆫ 사ᄅᆞᆷ이 죽엇다가 다시 살아나셔 말ᄒᆞ기를 내가 죽엇슬 ᄯᅢ에 샹모가 고이ᄒᆞᆫ 이삼인이 와셔 명부에셔 부른다 ᄒᆞ기에 그 사ᄅᆞᆷ들을 ᄯᅡ라 ᄒᆞᆫ 곳에 이ᄅᆞ니 뎐각이 웅장ᄒᆞ고 단쳥이 휘황ᄒᆞᆫᄃᆡ 그 ᄉᆞ쟈 즁 ᄒᆞ나이 드러가 거ᄅᆡᄒᆞ더니 이윽고 드러 오라ᄒᆞ야 드러가니 뎐상에 ᄒᆞᆫ 왕ᄌᆞ 모양 ᄀᆞᆺ한 이가 무슴 ᄎᆡᆨ을 펴보며 말ᄒᆞ기를 너ᄂᆞᆫ 아즉 명부에 드러올 한이 못 되엿슨즉 도로 나가라 ᄒᆞ기에 나오다가 ᄒᆞᆫ 곳에 이ᄅᆞ니 엇던 피골만 남은 로인 수십여 인이 안잣ᄂᆞᆫᄃᆡ 의관이 고박ᄒᆞ고 위의가 엄연ᄒᆞᆫ지라 압흐로 나아가 공손이 무ᄅᆞ되 로인은 다 뉘시며 엇지 이곳에 와 계시며 ᄯᅩ 엇지ᄒᆞ와 형용이 져러ᄐᆞ시 초최ᄒᆞ오시니가 ᄒᆞ니 그 로인들의 ᄃᆡ답이 나ᄂᆞᆫ 송우암이오 나ᄂᆞᆫ 윤명ᄌᆡ요 나ᄂᆞᆫ 허미슈요 나ᄂᆞᆫ 니아계요 나ᄂᆞᆫ 김샤계요 나ᄂᆞᆫ 니률곡이오 나ᄂᆞᆫ 민로봉이오 나ᄂᆞᆫ 셔약봉이오 나ᄂᆞᆫ 니월샤요 나ᄂᆞᆫ 윤오음이오 나ᄂᆞᆫ 됴포져라 ᄒᆞ시ᄂᆞᆫᄃᆡ 기외 로인 몃분은 다 긔렴치 못ᄒᆞ거니와 그 여러 로인들이 말ᄉᆞᆷᄒᆞ시기를 우리 ᄌᆞ손들이 몃ᄇᆡᆨ 년을 나려오며 우리들의 일홈만 팔아 놀고 먹는 고로 우리가 근심ᄒᆞ야 이러케 피골만 남앗스니 네가 나가거든 우리의 ᄌᆞ손들을 보ᄂᆞᆫᄃᆡ로 이런 말이나 ᄒᆞ고 우리를 더 걱졍이나 식히지 말고 이 남은 형상이나 부지ᄒᆞ게 ᄒᆞ여 달나고 부탁을 신신이 ᄒᆞ시기에 하직ᄒᆞ고 몸을 도리케 ᄭᆡ니 죽은 지가 임의 삼일이 지ᄂᆡ엿다 ᄒᆞ더라[94]

92 『협성회회보』, 1898.2.5, 3면.
93 『협성회회보』, 1898.2.12, 3면.
94 『협성회회보』, 1898.3.26, 3면.

역시 같은 기자에 의해 집필된 것으로 추정되는 첫 번째와 두 번째 기사의 '제비'는 완고할 뿐만 아니라 위기가 도래하고 있음에도 불구하고 안일함에 빠져 별다른 대응을 하지 못하는 무능한 식자識者 계층을 비유하고 있다. 식견이 좁고 박두한 재난조차 인지할 줄 모르는 이들에 대한 기자의 심정은 '답답함'이라는 단어로 압축되어 있다. 그리고 세 번째 기사에서도 알 수 있듯이 신학문 교육기관인 배재학당 학도 출신으로 구성된 『협성회회보』의 젊은 필진들의 시선에 비친 식자 계층이란 수백 년 동안 성현의 가르침을 제대로 배우려는 노력을 하기는커녕 구학문에만 안주하면서 그들의 이름만 팔아온 '가짜 지식인'인 것이다. 이 같은 비판적인 인식은 구체제에 안주하면서 시대의 변화를 선도하지 못하고 무능과 안일에 빠져 있는 기득권층에 대한 『협성회회보』 필진의 반감과 부정적 태도를 보여줌과 동시에 구세대 대 신세대, 혹은 기성세대 대 청년세대로 대표되는 세대 갈등이 신문이라는 매체를 통해 표면화된 것으로도 이해할 수 있다고 본다.

이처럼 『협성회회보』는 외세에 대한 비판적 인식뿐만 아니라 구체제와 기성세대에 대한 부정적 시각 또한 선명하게 드러냄으로써 동시대에 발행되었던 다른 신문들과는 차별화된, 새로운 사상의 세례를 받은 청년세대에 의해 주도적으로 발행되는 신문으로서의 면모를 보여주고 있다. 이러한 점에서 비록 3개월이라는 짧은 기간 동안 총 14호만 발행되었지만 『협성회회보』는 한국 근대 초기 신문의 역사에서 최초의 진보 언론으로서의 맹아적 면모를 보여주었다고 해도 과언은 아닐 것이다. 『협성회회보』의 반외세적인 경향과 기득권층에 의해 지배되는 구체제에 대한 비판적 태도는 『매일신문』에도 그대로 계승되었을 뿐만 아니라 잡보란의 기사들은 더욱 장형화되고 서사에 가깝게 집필됨으로써 당대의 시대상을 풍부한 구체성 속에서 재현하고 있다는 점에서 주목할 만하다.

○ 우리나라 사룸 ᄒᆞ나히 진고ᄀᆡ 일본 사룸의 젼에셔 사긔 ᄒᆞᆫ ᄀᆡ를 사려고 갑슬 무른즉 일곱 양이라 거ᄂᆞᆯ 우리나라 사룸이 넉량 닷돈 밧으라 ᄒᆞᆫ즉 아니 판다 ᄒᆞ여 다른 사긔젼으로 가려 ᄒᆞ니 일본사룸 말이 웨 남의 물건을 만져보고 안니 사가ᄂᆞ냐 ᄒᆞ고 붓잡은즉 갑셰 틀녀 못 사겟다 ᄒᆞ니 일본사룸이 몽둥이로 의관을 부스매 위력에 못 이긔여 도망ᄒᆞ엿다니 우리 대한사룸이 임오년 이후로 외국 사룸과 무수히 달년ᄒᆞ엿스니 그만ᄒᆞ면 ᄌᆞ긔 권리를 좀 차즈려 ᄒᆞᆯ 터인ᄃᆡ 당당히 올흔 일에 무례ᄒᆞᆫ 욕을 볼 지경이면 외국 사룸이라고 겁만 내지 말고 영ᄉᆞ관으로 ᄭᅳᆯ고 가셔 변ᄇᆡᆨᄒᆞᆯ 거시지 한말도 못ᄒᆞ고 도망을 ᄒᆞ엿스니 그런 사룸은 졔 몸 리ᄒᆡ도 모를 ᄲᅮᆫ더러 독립국 ᄇᆡᆨ셩이 되여 나라의 수치 되는 줄도 모로는가 일본사룸으로 말ᄒᆞ여도 문명국에 샹민이 되여 ᄂᆞᆷ의 나라에 와셔 장ᄉᆞ를 ᄒᆞ거든 몰경계ᄒᆞᆫ 것슬 말어야 ᄌᆞ긔 나라 명례도 손상치 안이코 상업에도 방ᄒᆡ롭지 아니ᄒᆞᆯ 터인ᄃᆡ 무리ᄒᆞᆫ 청인의 억매 흥셩홈을 본바드려 ᄒᆞ니 참 알 슈 업는 일일너라[95]

○ 일본 쟝례회에셔 작년에 우리나라 각 학교 ᄉᆡᆼ도들의 글시를 모도와 상고ᄒᆞ야 표장ᄒᆞᆯ 차로 가져갓더니 근일에 각 학교에 표장지를 난화주려 ᄒᆞᄂᆞᆫᄃᆡ 그 표장지 ᄭᅳᆺ헤 대한이라고 아니 쓰고 죠션국이라고만 죠고마케 섯스며 저의 나라 일홈은 대일본국이라고 대ᄌᆞ로 쓴 고로 졔학교 학원들이 협의ᄒᆞ기를 이런 문법은 량국 교졔상에 업스니 학부에 편지ᄒᆞ고 외부로 보ᄂᆡ여 일본으로 도로 좃차보낸다더라[96]

○ 진고ᄀᆡ 왜장터에셔 일본 사룸들이 원숭이와 잡슐을 부리ᄂᆞᆫᄃᆡ 대한 사룸들이 만히 가셔 돈을 ᄂᆡ며 구경ᄒᆞᄂᆞᆫ 지 구름 ᄀᆞᆺ흔지라 일본 사룸이 공허지ᄃᆡ에 휘장을 치고 어름물과 과자를 파ᄂᆞᆫ 압헤셔 대한사룸 ᄒᆞ나이 담ᄇᆡ 모판을 놋코 팔ᄆᆡ 그 일인이

95 『매일신문』, 1898.4.11, 3면.
96 『매일신문』, 1898.5.23, 3면.

나와셔 ᄂᆞᆷ의 장ᄉᆞᄒᆞᄂᆞᆫ 터 압헤셔 담ᄇᆡ를 놋코 판다고 모판을 뒤집어 노흔즉 담ᄇᆡ 장ᄉᆞ가 달녀드러 일인을 붓잡고 ᄒᆞᄂᆞᆫ 말이 공허지디에셔 물건 파ᄂᆞᆫ 것을 네가 엇지 시비ᄒᆞ며 ᄂᆞᆷ의 물건을 못쓰게 만드러 노앗다고 ᄲᅣᆷ을 ᄶᅡ린즉 다른 일인들이 달녀드러 ᄶᅡ리려 ᄒᆞᄆᆡ 그 사ᄅᆞᆷ이 눈을 부릅ᄯᅳ고 분을 ᄂᆡ여 말ᄒᆞ되 이 ᄶᅡ혼 너희의게 됴계 뎡ᄒᆞ여 쥰 것도 아니오 당당ᄒᆞᆫ 우리나라 대황뎨 폐하긔셔 통활ᄒᆞ시ᄂᆞᆫ 대한 모든 인민의 ᄯᅡ히어ᄂᆞᆯ 너희가 도로혀 쥬인을 나가라 ᄒᆞᆷ은 무ᄉᆞᆷ 말인지 알 슈 업스니 누구던지 나셔면 영ᄉᆞ관으로 가셔 ᄌᆡ판ᄒᆞᄌᆞ ᄒᆞᄆᆡ 그 일본 사ᄅᆞᆷ들이 이윽히 ᄉᆡᆼ각ᄒᆞ다가 말이 원천강 올흐니가 다 도라셔고 다시ᄂᆞᆫ ᄃᆡ답도 아니ᄒᆞ더라니 우리나라 사ᄅᆞᆷ이 됴계가 무엇인지 알지도 못ᄒᆞ다가 지금은 담ᄇᆡ쟝ᄉᆞᄭᆞ지라도 됴계를 분간ᄒᆞ며 나라ᄯᆞ흘 ᄂᆞᆷ의게 일치 안으려 ᄒᆞ니 이ᄂᆞᆫ 졈차로 민국이 흥왕ᄒᆞᆯ 근본이더라[97]

○ 대한 사ᄅᆞᆷ 삼ᄇᆡᆨ칠십 명이 구쥬 셕탄광에 고용ᄒᆞ더니 일본 사ᄅᆞᆷ 소봉 복산 형졔가 셕탄광 쥬인으로 더부러 약속ᄒᆞ기를 이 삼ᄇᆡᆨ칠십 명은 대한 정부에셔도 아지 못ᄒᆞ니 죽도록 ᄎᆡ굴 력ᄉᆞ를 식이드ᄅᆡ도 아모 일이 업다 ᄒᆞ고 ᄉᆞ면으로 엄방ᄒᆞ야 혹 도망치도 못ᄒᆞ게 ᄒᆞ며 고용ᄒᆞᆫ 지 팔구삭이나 되엿스되 돈 일푼도 주지 아니ᄒᆞ고 도로혀 부ᄎᆡ가 잇다 ᄒᆞ야 구타ᄒᆞᆷ이 돈견보다 심ᄒᆞ기로 그 고용ᄒᆞ던 인원들이 죽기로 도망ᄒᆞ야 동경으로 오다가 혹 잡히여 가고 혹 즁로에셔 주려 죽ᄂᆞᆫ 이도 잇스며 혹 병드러 죽을 디경이 되ᄂᆞᆫ 이도 잇더니 명텬이 감우ᄒᆞ샤 대한 사ᄅᆞᆷ 김명원 씨가 일본 동경ᄭᆞ지 갓다가 회국ᄒᆞᄂᆞᆫ 길에 마관항에셔 류ᄒᆞ다가 그 급ᄒᆞᆫ ᄉᆞ샹을 듯고 급히 문ᄉᆞ항으로 가셔 그 죽게 된 인원을 져져히 구원ᄒᆞ야 문ᄉᆞ항에 모집ᄒᆞ고 병든 이ᄂᆞᆫ 약을 써 구원ᄒᆞ야 십여 명은 인쳔항ᄭᆞ지 회환ᄒᆞ엿스나 오히려 장긔현에 잇셔 죽게 된 인원이 이십여 명이오 대촌항에 ᄯᅩ 십칠 명이 잇ᄂᆞᆫ지라 김씨가 그 ᄉᆞ상으로 동경에 잇ᄂᆞᆫ 리공ᄉᆞ의게 편지ᄒᆞ여도 걱정 만 ᄒᆞ고 답쟝도 업스며 ᄯᅩ 일본 외부ᄉᆡᆼ에 뎡쇼ᄒᆞ

97 『매일신문』, 1898.6.2, 3면.

여도 보고 드를 싸람이라 김씨가 구휼홀 ᄆᆞ음은 도뎌ᄒᆞ나 식비와 션비가 업셔 수다훈 인원을 다 보호ᄒᆞ야 회국홀 수가 업기로 그 죽게 된 인원들이 다만 대한 정부 쳐분만 기ᄃᆞ린다 ᄒᆞ엿스니 우리는 동포 ᄉᆞ랑ᄒᆞ는 마음에 엇지 측은치 아니ᄒᆞ리오 일본은 ᄀᆡ명훈 나라로 교린ᄒᆞ는 ᄉᆞ이에 그 고용ᄒᆞ는 사ᄅᆞᆷ들을 엇지 그러케 만모히 ᄃᆡ졉ᄒᆞ며 우리나라 경부에셔도 당초에 그 사ᄅᆞᆷ들의게 일본 가라는 공문은 업셧스나 져러케 죽게 되엿다는 사ᄅᆞᆷ들을 엇지 모론는 쳬ᄒᆞ고 구급ᄒᆞ시는 도리가 업시리오 마는 우리 동포로 ᄂᆞᆷ의 나라에 가셔 그러훈 만모를 밧으며 그러훈 곤경을 당ᄒᆞ엿다 ᄒᆞ니 듯기에 엇지 놀납지 아니ᄒᆞ리오 이후로는 무론 어ᄂᆞ 분이 어ᄂᆞ 나라에 가셔 무삼 ᄉᆡᆼᄋᆡ가 잇던지 아모죠록 삼가 죠심ᄒᆞ야 다시는 이런 슈치와 만모를 밧지 아니홀 일일너라[98]

이 기사들은 외국, 그중에서도 특히 일본인에 의해 당대의 한국인들이 겪었던 피해 상황을 생생하게 전달하고 있다. 이 중 첫 번째 기사에서 물건을 사지 않는다고 폭력을 휘두르는 상인과 세 번째 기사에서 자신의 장사에 방해가 된다는 이유로 행패를 부리는 또 다른 상인의 모습은 한국 내에서 한국인을 상대로 부정적인 행동을 하는 일본인의 대표적인 표상인 동시에 다른 신문들에서도 유사한 사례를 어렵지 않게 찾아볼 수 있는 유형의 기사라 할 수 있다. 이에 비해 표장지標章紙에 자신들의 국호는 크게 쓰면서도 대한제국의 국호를 제대로 쓰지 않고 '조선'이라고 작게 쓴 사실을 고발하고 있는 두 번째 기사와 사실상의 사기 고용을 통해 혹독한 부당 착취를 일삼은 일본인들의 행위를 폭로하고 있는 네 번째 기사의 경우는 동일 시기의 다른 신문들에서는 찾아볼 수 없으며, 『매일신문』에서만 기사화된 것이다.

이 같은 기사들을 통해 『매일신문』의 기자들은 '문명국'이자 '개명한 나라'인

98 『매일신문』, 1898.8.11, 3면.

일본이 당당한 독립국인 대한제국의 신민臣民들에게 부당한 대우를 하는 이유가 무엇인지 정면으로 비판하고 있다. 나아가 독자 대중에게 그러한 부당한 대우나 처사를 결코 용인하지 말고 국가 간의 교린交隣의 도리에 맞는 예우를 일본 정부 혹은 일본인에게 요구할 것을 주문하고 있다.『협성회회보』의 반외세적인 경향을 그대로 계승하고 있는『매일신문』의 보도 태도는 특히 한국 정부 및 한국 국민과 가장 교류가 많은 만큼 상호 간에 갈등과 충돌 역시 적지 않았던 일본 정부와 일본인들의 잘못된 처사와 행위들을 고발하는 기사를 많이 실었고, 이 같은 일본의 태도에 대한 비판적 입장을 견지함으로써 기존에 발행되고 있었던『한성신보』,『독립신문』,『조선(대한)그리스도인회보』,『그리스도신문』등과 확실하게 차별화된 신문으로서의 면모를 보였다고 평가할 수 있다.

또한『매일신문』은 외세에 대한 비판을 담고 있는 기사뿐만 아니라 한국사회 내부의 기득권층을 비판하는 내용의 기사도 적극적으로 게재하였음을 알 수 있는데, 그 형식이 대화체로 이루어져 있다는 점에서 주목할 만하다.

○ 어늬 고을원 ᄒᆞ나히 일젼에 갈녀 올나와 ᄒᆞᆫ 친구를 ᄃᆡᄒᆞ여 졍다히 슈작ᄒᆞ는 말이

ᄂᆡ가 갓든 고을은 원노릇 ᄒᆞᆯ 슈 업데 소위 ᄀᆡ화라고 ᄒᆞᆫ 후로 원 ᄂᆡ려간 ᄉᆞᄅᆞᆷ들이 ᄇᆡᆨ셩들을 교만ᄒᆞ게만 만드럿데그려

웨 ᄌᆞᄅᆡ도 그 고을 민심이 슌박ᄒᆞ여 원노릇ᄒᆞ기러 됴타고 ᄒᆞ더니 그 동안에 엇더키 그리 변ᄒᆞ엿던가

아 젼에는 원의 말이라면 무셔워ᄒᆞ던 ᄇᆡᆨ셩들이 지금은 관장의 말을 우습게 녁여 령갑을 셰울 슈가 잇셔야 원노릇슬 ᄒᆡ먹지

하 그동안에 그곳 ᄇᆡᆨ셩들이 그럭히 완만ᄒᆞ여졋든가

허 완민인들 그런 완민들이 어듸가 잇겟나 령을 ᄒᆞᆫ번 ᄂᆡ여가지고 시힝케 ᄒᆞ려다 못ᄒᆞ여 ᄂᆡ가 짓쳐 못 견듸고 말앗네

에 못싱긴 것도 만치 원으로 안져셔 빅셩의게 령을 셰려다가 못ᄒᆞ엿단 말인가 그릐 무삼령을 셰려다가 못 셰우고 망신만 당ᄒᆞ엿단 말인가

허허 월봉만 가지고 거긔셔 지낼 슈 잇든가 그럭키에 자네드러 말일셰만은 싱각다못허여 츈민들의게 호포와 결젼 밧ᄂᆞᆫ 데 좀 더 물니려 드럿드니 이 무지ᄒᆞᆫ 것들이 들고 이러나셔 법률 밧겟 일이니 아니 물겟다고 야단을 치데그려 그릐셔 ᄒᆞᆯ 수 업기에 쏘박 쏘박 월봉만 먹고 잇다 갈녀 올나온즉 싀원ᄒᆞ에

어 그러면 원으로 가셔 별노히 잼이 업섯갯네그려 참 그러면 원 ᄂᆡ려가기를 됴타고 ᄒᆞᆯ 사름이 누가 잇겟나

ᄒᆞ엿다기로 우리ᄂᆞᆫ 듯ᄂᆞᆫ ᄃᆡ로 올니노라[99]

○ 아죠 찰 슈구당에셔 늘근 졈잔은 로인 ᄒᆞᆫ 분과 ᄀᆡ화에 ᄉᆡ로 맛드린 졀믄 친구 ᄒᆞ나와 맛나셔 슈작ᄒᆞᄂᆞᆫ 말이라

(그ᄉᆡ 긔운 엇덥시오)

(어 나는 잘 잇네마는 어린 놈이 역질을 아니 ᄒᆞ엿ᄂᆞᆫᄃᆡ 요ᄉᆡ 동네 마마가 드럿다니 엇지ᄒᆞ면 됴흘넌지 속이 답답허에)

(아 그러케 염녀 될 거시 무어시오닛가 놈이라고 다 역질 식힐나구요)

(하 나는 역질이라면 긔가 나네 어린 거슬 다섯 ᄌᆡ 역질에 일허 바리고 이것 ᄒᆞ나 남엇네)

(뎌런 참혹ᄒᆞᆫ 일이 어ᄃᆡ 잇소 그 ᄉᆡ로 난 우두법이 뎨일 됴습데다그려 웨 우두 아니 식히시오)

(허허 우두가 됴키ᄂᆞᆫ ᄒᆞ다데마는 나ᄂᆞᆫ 그거슨 아니 ᄒᆞ겟네)

(왜요 마마에 죽을 어린 ᄋᆞ희를 우두 너셔 살녀도 슬여요 웨 아니 ᄒᆞ신단 말이오 나ᄂᆞᆫ 그런 소리 드르면 화가 납데다)

---

99 『매일신문』, 1898.6.13, 3면.

(허 졔 명이 마마에 죽을 터이면 우두를 너셔 살니기로셔니 얼마 산다던가 다 졔 명에 달녓너니 우리나라 사름은 타국 사름과 달나셔 죽드릭도 마마를 식혀야 ᄒᆞ너니)

(무어시오 ᄒᆞ 답답ᄒᆞᆫ지고 당신 말솜ᄀᆞᆺ치 ᄉᆡᆼ사가 명에 달녓스면 병드러도 의원이나 약은 다 쓸ᄃᆡ업겟지오)

(어 그러니 아니 쓸 슈 잇나)

(왜 써요 다 명에 잇서 든 병을 약 써셔 곳치기로니 몃철 살겟소)

(그는 그러치마는 그릭도 죠샹젹븟허 나려오ᄂᆞᆫ 약이야 아니 쓸 슈 잇나)

(올치 알아듯겟소 당신 죠샹이 증역ᄒᆞ엿스면 당신도 징역ᄒᆞ고 당신 ᄋᆞ돌 손ᄌᆞ 다 청바지져고리 입힐 터이지오)[100]

○ 일젼에 어ᄂᆞ 친구 두 분이 서로 ᄃᆡᄒᆞ야 말ᄒᆞ기를

그ᄃᆡ가 근일에 무엇 을 ᄒᆞᄂᆞ뇨

ᄒᆞᆫ 친구가 ᄃᆡ답ᄒᆞ되

내 요ᄉᆞ이에 통감을 보노라

ᄒᆞ니

그러면 그 통감이 어ᄂᆞ 나라 글이뇨

즁국 력ᄃᆡ를 긔록ᄒᆞᆫ 글이니랴

그러면 그ᄃᆡ가 평일에 외국 글이나 외국법을 다 못 쓸 것이라 ᄒᆞ더니 웨 청국 글을 보ᄂᆞ냐 외국 것을 다 못 쓸 것이라 ᄒᆞᆯ진ᄃᆡ 우리나라의 수쳔년 시힝ᄒᆞ던 긔ᄌᆞ의 팔됴교를 다 바리며 한문도 우리나라 사름이 지은 배 아이니 다 바리며 의관이나 법률을 다 우리 사름이 지은 배 아이니 다 바리랴 우리나라에 범빅 졔도가 다 외국 사름의 소견으로 지은 바인즉 그ᄃᆡ의 외국 일을 스려ᄒᆞᄂᆞᆫ ᄆᆞᄋᆞᆷ으로 우리나라에 시힝ᄒᆞ던 일을 다 바릴 디경이면 그ᄃᆡ의 ᄆᆞᄋᆞᆷ이 우리나라가 업도록 ᄒᆞᄂᆞᆫ 일이니 그ᄃᆡ가

100 『매일신문』, 1898.7.1, 3면.

다시 싱각ᄒᆞ기를 내가 대한 사름으로 웨 청국 ᄉᆞ적을 보는고 ᄒᆞ며 ᄌᆞ연히 ᄆᆞ음이 열니여 어ᄂᆞ 나라 법이던지 가히 쓸 만ᄒᆞ거든 쓸 줄노 싱각을 ᄒᆞ리니 쳥컨ᄃᆡ 다시 싱각ᄒᆞ라

ᄒᆞᆫᄃᆡ 그 친구가 그졔야 ᄭᆞᆷ을 ᄭᆡ인 듯ᄒᆞ야 방금 외국 셔칙을 만히 본다더라[101]

첫 번째 기사에서는 명목 없는 과세 등을 통해 백성을 착취하려 했지만 이 같은 행위가 법률에 위배됨을 들어 백성들이 저항하자 오히려 이들을 완민頑民이라고 비난하는 한 지방관의 모습이 제시되고 있고, 두 번째 기사에서는 이미 역질疫疾로 자녀를 다섯이나 잃었음에도 병을 앓고 있는 또 다른 자녀에게 종두법을 시행하기 꺼리는 완고한 수구당의 모습이 제시되고 있다. 대화체로 제시되고 있는 이러한 인물들의 형상은 이미 보도 기사의 형식과는 거리가 멀고, 전형적인 풍자 기법을 통해 기득권층과 구세대의 부정적인 면모를 부각시킴으로써 독자로 하여금 이들에 대해 비판적인 인식을 갖도록 유도한다. 마지막으로 세 번째 기사는 풍자 기법이 사용된 것은 아니지만 역시 대화체 형식을 통해 중국에 대한 사대주의에 젖어 있는 완고의 인물을 각성시키는 교훈적 메시지를 제시하고 있다. 개화의 당위성을 역설하고 미몽에서 벗어나지 못하고 있는 구세대를 비판하는 방식으로 '고발'이라는 직설적 방식이 아닌 '풍자'와 '우의'라는 우회적 방식을 선택함으로써 잡보란 내부에서 문학성에 기반한 독자와의 소통이 이루어지는 양상을 보이기 시작한 것이다. 이 같은 기사들은 그 형식적 친숙성과 오락성으로 인해 독자들로부터 더욱 흥미의 대상이 되었음은 분명해 보인다. 『매일신문』이 사건을 보도하는 데 있어서도 서사물의 형식에 육박하는 형태로 기사를 작성하는 경향을 가장 강하게 보인 신문 중의 하나가 된 것은 이 같은 형식의 기사들에 대한 독자의 호응이 높았기 때문이라는 추정이 가능하

101 『매일신문』, 1898.8.16, 3면.

다. 다음의 기사들은 '사건의 서사화'라고 할 만한, 기사문의 문학적 텍스트로의 접근 양상을 완연하게 보여주고 있다.

○ 남대문밧 은방 시정 아모가 그 안ᄒᆡ로 금슬이 화합지 못ᄒᆞᄆᆡ 미ᄉᆡᆨ을 광구ᄒᆞ여 첩 ᄒᆞ나흘 엇은즉 아리ᄯᆞ온 ᄐᆡ도가 사ᄅᆞᆷ에 졍신을 미혹ᄒᆞ게 ᄒᆞᄂᆞᆫ지라 그 첩으로 ᄒᆞᆫ 집에 동거ᄒᆞᄆᆡ 일동일졍을 그 첩의 지휘ᄃᆡ로만 ᄒᆞ니 더구나 졍 업든 본실이야 그 졍경이 엇더ᄒᆞ리오 어언간 슈년을 지ᄂᆡᄆᆡ 집안에 통동ᄒᆞᆫ 권리는 다 첩의게로 도라갓스되 첩의 간교ᄒᆞᆫ ᄆᆞ음은 오히려 차지 못ᄒᆞ야 ᄒᆞᆼ샹 그 졍실을 모ᄒᆡᄒᆞᆯ ᄆᆞ음을 두더니 십여일 젼에 아모가 밥 먹을 ᄯᅢ에 그 첩이 은근히 말ᄒᆞ되 악가 본실이 밥 담을 ᄯᅢ에 무숨 독약을 타ᄂᆞᆫ 긔미를 보앗스니 먹지 말나 ᄒᆞᆫᄃᆡ 아모가 그 말을 고지 듯고 본실을 불너 연유를 셜파ᄒᆞ며 눈압헤 보이지 말나 ᄒᆞᆫᄃᆡ 본실이 ᄃᆡ답ᄒᆞ되 이 밥에 진실노 독약을 탓슬 디경이면 사ᄅᆞᆷ이 먹고 죽을지니 ᄂᆡ가 몬져 먹는다 ᄒᆞ고 ᄒᆞᆫ 그릇 밥을 다 먹으되 죽기는 고사ᄒᆞ고 병도 아니 나ᄂᆞᆫ지라 그 첩이 무료ᄒᆞ야 ᄒᆞᄂᆞᆫ 말이 이러ᄒᆞᆫ 괴악ᄒᆞᆫ 놈의 집에셔는 살 슈 업다 ᄒᆞ고 동리집으로 다라나ᄆᆡ 아모가 간쟝이 바아지ᄂᆞᆫ 듯ᄒᆞ여 첩 잇ᄂᆞᆫ 곳에 ᄯᅡ라가 ᄋᆡ걸ᄒᆞᄆᆡ 첩이 말ᄒᆞ기를 본실을 ᄂᆡ여ᄶᅩ차야 들어가지 그러치 안으면 ᄆᆡᆼ셰코 갓치 사지 아니ᄒᆞ리라 ᄒᆞᄆᆞ로 아모가 방금에 그 본실을 무고히 박ᄃᆡᄒᆞ여 ᄂᆡ여 ᄶᅩᄎᆞ려 ᄒᆞᄂᆞᆫ 즁이라 ᄒᆞ니 이러ᄒᆞᆫ 놈은 법사에 잡어 다ᄉᆞ려 풍화를 온젼케 ᄒᆞᆯ 일이더라[102]

○ 일젼에 돈도감 다리게 사ᄂᆞᆫ 젼 시어 신룡균이라ᄂᆞᆫ 량반이 자긔집 ᄂᆡ칙에셔 뒤를 보ᄂᆞᆫᄃᆡ 엇더ᄒᆞᆫ 아ᄒᆡ가 ᄀᆡ쳔의 돌를 드리쳐 더러온 물이 옷세 무드ᄆᆡ 신시어가 격노ᄒᆞ야 쇼ᄅᆡ를 지르고 나와본즉 아모도 업고 맛ᄎᆞᆷ 공동쇼학교 학원 ᄒᆞ나히 ᄎᆡᆨ을 ᄭᅴ고 지나ᄂᆞᆫ지라 좃차가 붓들고 돌질ᄒᆞ엿다고 ᄎᆡᆨ을 가진 ᄎᆡ 두 팔을 삭기로 결박ᄒᆞ고

102 『매일신문』, 1898.4.27, 3면.

장작갑이로 무슈 란타ᄒᆞ야 유혈이 낭자ᄒᆞ기에 이르ᄆᆡ 지나던 사ᄅᆞᆷ들이 만히 모혀 그 경광을 보고 분흠을 이기지 못ᄒᆞ야 신씨를 붓잡아 구타ᄒᆞ려 ᄒᆞᄆᆡ 신씨가 도망ᄒᆞ여 집으로 드러 가ᄂᆞᆫ지라 그 사ᄅᆞᆷ들이 죵시 셜치ᄒᆞ려고 밧비 잡아ᄂᆡ려 ᄒᆞᆯ 즈음에 그 동리 쇼장순검 김용화 김진환 두 씨가 쇼요ᄒᆞᆫ 거동을 보고 급히 와 무슈히 말ᄒᆞ기를 범죄ᄒᆞᆫ 사ᄅᆞᆷ을 법으로 중치ᄒᆞᄂᆞᆫ 것이 맛당ᄒᆞᆫ 일이어ᄂᆞᆯ 이러틋 무리히 ᄒᆞᆷ은 올치 안타 ᄒᆞ여도 그 샤ᄅᆞᆷ들이 죵시 듯지 아니ᄒᆞᄆᆡ 그 광경이 장ᄎᆞᆺ 무ᄉᆞᆷ 지경의 이를지 모를지라 급히 신씨를 잡아ᄂᆡ여 그 학원을 결박진 ᄎᆡ 안동ᄒᆞ야 셔셔로 가고 ᄒᆞᄆᆡ 셔장 리죵하씨가 ᄉᆞ의를 ᄎᆡ문ᄒᆞᄆᆡ 신씨가 죄를 ᄌᆞ복ᄒᆞᄂᆞᆫ 고로 그 학원은 돌녀 보ᄂᆡ고 신씨ᄂᆞᆫ 셔셔에 가두어 두고 본쳥의 보고ᄒᆞ려 ᄒᆞᄂᆞᆫ 차에 경무ᄉᆞ의 분부로 신씨ᄂᆞᆫ 놋코 두 순검은 본쳥으로 올나라 ᄒᆞᄆᆡ 셔장이 즉시 드러가 경무ᄉᆞ를 보고 신씨의 무리히 힝픽ᄒᆞᆷ과 두 순검들의 ᄇᆞᆰ히 항공ᄒᆞᆫ ᄉᆞ연을 낫낫치 발명ᄒᆞ여도 맛ᄎᆞᆷᄂᆡ 말ᄒᆞ기를 이 순검들이 시어ᄭᆞ지 지낸 량반을 죄ᄂᆞᆫ 여하ᄒᆞ던지 길노 ᄭᅳᆯ고 왓스니 그 죄를 용셔치 못ᄒᆞ리라 ᄒᆞ고 즉시 파면ᄒᆞ여 ᄌᆡ판쇼로 넘겻다 ᄒᆞ니 대져 시어 지낸 량반님은 아모 힝픽를 ᄒᆞ던지 순검이 잡지 못ᄒᆞᆫ다ᄂᆞᆫ 장졍을 요사이 ᄉᆡ로 만드러ᄂᆞᆫ지 참 알 슈 업ᄂᆞᆫ 일이더라[103]

○ 남셔 명동 사ᄂᆞᆫ 김쇼ᄉᆞ라 ᄒᆞᄂᆞᆫ 이가 ᄯᆞᆯ ᄒᆞ나를 두엇ᄂᆞᆫᄃᆡ 그 아ᄅᆞᆷ다온 ᄐᆡ도ᄂᆞᆫ ᄒᆡ당화가 아ᄎᆞᆷ 이슬을 먹음은 듯 월궁 ᄒᆞᆼ아가 반 분틔를 ᄃᆞᄉᆞ린 듯 ᄒᆞ더니 년젼에 뎐동 사ᄂᆞᆫ 리대즁이라 ᄒᆞᄂᆞᆫ 사ᄅᆞᆷ이 말 ᄒᆞ기를 슈원 오졍면 삼졍리 사ᄂᆞᆫ 구씨라 ᄒᆞᄂᆞᆫ 신랑이 잇ᄂᆞᆫᄃᆡ 그 문별인즉 안동 홍판셔의 외ᄉᆞ촌이오 그 ᄌᆡ산인즉 ᄆᆡ우 부요ᄒᆞ고 그 인픔인즉 가위 당셰 호걸이라 셔로 ᄇᆡ필을 뎡ᄒᆞᆷ이 엇더ᄒᆞ뇨 ᄒᆞᆫᄃᆡ 김쇼ᄉᆞ가 즉시 허락ᄒᆞ고 그 ᄯᆞᆯ이며 가산 집물을 거나리고 슈원으로 나려간즉 그 신랑이라 ᄒᆞᄂᆞᆫ 사ᄅᆞᆷ은 구씨가 아니라 졍가요 그 위인도 듯든 말과 대단히 틀린지라 김쇼ᄉᆞ가 분ᄒᆞᆷ을

103 『매일신문』, 1898.5.19, 3면.

> 익이지 못ᄒᆞ야 그 ᄯᆞᆯ을 다리고 도로 셔울노 올나왓ᄂᆞᆫᄃᆡ 그 간에 정가의게 건몰된 돈이 슈쳔금이 되ᄂᆞᆫ지라 김쇼ᄉᆞ가 ᄯᆞᆯ을 위ᄒᆞ야 여러 번 ᄌᆡ판ᄒᆞᄂᆞᆫ 즁 아쥬 찻지 못ᄒᆞᆫ 돈이 오히려 오쳔여 량이라 김쇼ᄉᆞ가 억울ᄒᆞᆫ ᄆᆞᄋᆞᆷ을 이기지 못ᄒᆞ야 ᄯᅩ 졍소ᄒᆞ려 ᄒᆞᆫ다 ᄒᆞ니 정가의 계집을 속여 ᄌᆡ물 탈취ᄒᆞᆫ 죄ᄂᆞᆫ 비루도 ᄒᆞ거니와 그런 못 ᄉᆡᆼ긴 사ᄅᆞᆷ은 법ᄉᆞ에셔 응당 엄치ᄒᆞ야 밧아줄 듯ᄒᆞ다고들 ᄒᆞ더라[104]

첫 번째 기사는 사실상 사가私家에서 일어난 처첩 간의 갈등을 소재로 하고 있어 보도 기사로 보기에는 무리가 있을 뿐만 아니라 첩의 무고誣告에 '독약 탄 밥'을 스스로 삼키는 본처의 대응을 보여줌으로써 독자에게 마치 기존의 서사문학적 전통 속에서 폭넓은 인기를 누려온 쟁총형爭寵型 가정소설 속의 한 장면을 읽는 듯한 느낌을 불러일으키기에 충분하다. 두 번째 기사의 경우는 전직 시어侍御 출신의 양반 신용균과 경찰서장 이종하 등 실존 인물이 등장하는 것으로 보아 실제로 벌어진 사건을 기사화한 것으로 추정되는데, 여기에서는 양반의 행패와 무단 행위에 대한 비판도 비판이지만 전직 고위 관료였다는 이유로 신용균을 비호하는 경무사의 행태를 고발함으로써 공권력의 불공평한 집행에 대한 비판이 역시 서사적 구성을 통해 제시되고 있다. 마지막으로 세 번째 기사 또한 결혼 빙자 사기 피해를 당한 여성의 딱한 사정을 전달하고 있는데, 비록 기사의 분량 자체는 그리 많다고 할 수 없지만 첫 번째 기사와 유사하게 단형 서사물로 보아도 손색없는 서사적 완결성을 갖추고 있다고 할 수 있다. 요컨대 위의 기사들은 분량 자체는 그리 길지 않더라도 인물 간의 갈등 관계 속에서 벌어지는 사건의 전개 과정과 내용을 요약적으로 제시함으로써 한 편의 짧은 서사를 읽는 듯한 느낌을 준다고 해도 과언이 아니다.

이처럼 『매일신문』의 잡보란은 여타의 신문들에서 찾아보기 힘든 대화체 또

104 『매일신문』, 1898.7.28, 3면.

는 서사물에 가까운 형태를 보여주는 다채로운 형식적 시도 속에서 일본(인)의 한국인에 대한 부당 행위 고발, 무능하고 안일한 관료 집단 및 기득권층의 비리에 대한 풍자와 비판, 이 외에도 당대 사회의 다양한 사건들에 대한 구체적이면서도 생동감 있는 묘사를 제공함으로써 단순한 보도 매체 및 지면으로서의 기능을 넘어서 사회의 전반적인 단면을 풍부하게 조명하고 모사模寫하는 사료적史料的 텍스트이자 그 자체로 흥미와 오락을 제공하는 문예적文藝的 텍스트로서의 성격을 동시에 지니게 되었다고 할 수 있다. 잡보란의 기사문에 대한 이 같은 형식적 시도가 지속됨으로써 다음과 같은 기사가 등장할 수 있었다고 볼 수 있는데, 이 기사는 거의 한 편의 단편소설에 가까운 서사적 구성과 분량을 보여주고 있다고 해도 과언이 아닐 것이다.

○ 남문밧 약현 사던 리부인이 일즉 과거ᄒᆞ야 남녀간 자식이 업스ᄆᆡ 밧침 슐을 ᄒᆞ여 가셰가 불빈ᄒᆞ게 지ᄂᆡ더니 을유년 오월에 엇던 장옷 쓴 계집이 드러와 슐를 사먹고 살님ᄒᆞᄂᆞᆫ 졔도를 다 둘너보며 죵일 잇다 가더니 슈일마콤 와셔 식이지 안ᄂᆞᆫ 일도 ᄒᆞ여 쥬며 여러 번 다니ᄆᆡ ᄌᆞ연 면슉ᄒᆞᆫ ᄇᆡ 되여 일일은 그 계집이 사ᄅᆞᆷ으로 ᄒᆞ여곰 ᄒᆞᆫ 봉 글을 보ᄂᆡ여 리부인을 쳥ᄒᆞᄆᆡ 그 연고를 아지 못ᄒᆞ여 간즉 그 계집이 가장 병든 모양으로 허튼 머리에 식음을 젼폐ᄒᆞ엿다 ᄒᆞᄆᆡ 리부인이 그 병근을 무른즉 그 계집이 말ᄒᆞ되 일즉 팔자가 기험ᄒᆞ야 옥닌이라ᄂᆞᆫ 녀식 ᄒᆞ나만 두고 과부가 되ᄆᆡ 먹고 살 계칙이 업슴으로 팔자를 곳치려 ᄒᆞ던 ᄎᆞ에 월젼에 비몽사몽간에 엇던 션관이 ᄒᆞᆫ 노인을 다리고 와 말ᄒᆞ기를 네가 일즉 과부 된 거슨 옥황상뎨가 뎡ᄒᆞᆫ ᄇᆡ니 ᄀᆡ과ᄒᆞ려 ᄒᆞᆷ은 텬슈를 거스름이라 이 노인이 널노 더부러 평ᄉᆡᆼ 연분이 잇스니 ᄀᆞᆺ치 지ᄂᆡ면 영귀히 되리라 ᄒᆞ고 간 ᄃᆡ 업기로 그 길노 셔여 다시 잠을 이루지 못ᄒᆞ고 익일붓허 마ᄋᆞᆷ이 산란ᄒᆞ여 장옷슬 쓰고 두루 다니더니 ᄃᆡᆨ을 차져가 존안을 보ᄆᆡ 몽즁에 뵈ᄋᆞᆸ던 노인이 분명ᄒᆞ기로 마ᄋᆞᆷ에 흠모ᄒᆞ야 여러 번 댁에 다니나 그 말을 참아 ᄒᆞᆯ 슈 업셔 지금

것 이르민 심병이 되엿ᄉᆞ오니 더럽다 마르시고 살녀쥬쇼셔 ᄒᆞᄆᆡ 리부인이 웃고 말ᄒᆞ기를 내가 남ᄌᆞ일 것 ᄀᆞᆺᄒᆞ면 괴이치 안커니와 다 ᄀᆞᆺᄒᆞᆫ 녀ᄌᆞ로 그 쥬의를 아지 못ᄒᆞ겟스나 날노 ᄒᆞ여 죽겟다ᄂᆞᆫᄃᆡ 엇지 그져 잇스리오 ᄀᆞᆺ치 가자 ᄒᆞ여 다려다가 슈삭을 지ᄂᆡ다가 리부인이 젼라도 보셩 뎐토 잇ᄂᆞᆫ ᄃᆡ로 낙향ᄒᆞ려 ᄒᆞᄆᆡ 그 계집이 말ᄒᆞ기를 내가 기간 모흔 돈 이ᄇᆡᆨ 량을 드리ᄂᆞᆫ 것이ᄆᆡ 치힝ᄒᆞ여 나려가시고 자리를 뎡ᄒᆞᆫ 후에 긔별ᄒᆞᄂᆞᆫ ᄃᆡ로 나려가마 ᄒᆞᄆᆡ 리부인이 고지 듯고 집문셔와 하졍 셰간을 모도 맛기고 그 동안 만일 집을 사ᄂᆞᆫ 이가 잇거던 팔아가지고 오라 부탁ᄒᆞᆫ 후 보셩으로 써나 나려간 후 그 계집이 죵시 나려오지 아니ᄒᆞᄆᆡ 괴이히 넉이든 ᄎᆞ ᄉᆡ골이 쇼란ᄒᆞᆷ으로 겨오 십오삭만에 경셩으로 올나와 집을 차져 드러간즉 엇던 사나희가 여러히 잇스ᄆᆡ 그 계집다려 무른즉 졔 오라비가 건넌방에 드럿다 ᄒᆞ며 기간 못 나려간 ᄉᆞ단을 핑계ᄒᆞ거ᄂᆞᆯ 리부인이 크게 ᄭᅮ짓고 말ᄒᆞ기를 과부의 집을 맛하 잇시면 네나 잇슬 것이지 모로ᄂᆞᆫ 사나희를 들게 ᄒᆞᆷ은 무슴 일이냐 아모커나 네 돈을 구쳐ᄒᆞ여 줄 거시니 집이나 뷔여노라 ᄒᆞᄆᆡ 그 계집이 ᄋᆡ걸ᄒᆞ기를 오ᄅᆡ비ᄂᆞᆫ ᄂᆡ여보ᄂᆡ겟스니 ᄀᆞᆺ치 사자고 ᄒᆞᆫ즉 맛촘ᄂᆡ 듯지 안코 리부인은 다른 ᄃᆡ로 가 잇스며 엽젼 이ᄇᆡᆨ금을 변통ᄒᆞᆯ 길이 업셔 여러 ᄒᆡ를 미루어오며 무르지를 못ᄒᆞ엿ᄂᆞᆫᄃᆡ 작년ᄭᆞ지도 그 계집이 말ᄒᆞ기를 다 늘그신 터이니 내 집 네 집 ᄒᆞᆯ 것 업시 돈도 갑흐실 ᄉᆡᆼ각 말고 ᄀᆞᆺ치 살자고 ᄒᆞᄂᆞᆫ 말은 증참이 분명ᄒᆞᆫᄃᆡ 월젼에 리부인이 집을 물너 달나 ᄒᆞᆫ즉 당쵸에 팔고 무슴 억지를 쓴다고 휘욕이 ᄐᆡ심ᄒᆞ더라 ᄒᆞ니 그 집 일결과 옥년어미의 간활ᄒᆞᆫ 흉계ᄂᆞᆫ 동즁사ᄅᆞᆷ이 다 아ᄂᆞᆫ 빅라 간ᄉᆞᄒᆞ게 몽ᄉᆞ를 빙자ᄒᆞ고 사ᄅᆞᆷ의 마ᄋᆞᆷ을 현혹ᄒᆞ게 ᄒᆞ야 그 늘근이의 ᄌᆡ물을 ᄲᅢ아사 먹으려다가 그 늘근이가 ᄉᆡ골가셔 젹픽ᄒᆞ고 오ᄆᆡ 여망이 업스니ᄭᆞ 지금은 팔지 아니ᄒᆞᆫ 집을 샷다고 ᄯᅦ를 쓴즉 리부인이 지금 나히 칠십이 남은 노인인ᄃᆡ 의지ᄒᆞᆯ 곳이 업셔 그 집이나 차져 팔아쓰랴고 일간 ᄌᆡ판쇼에 호쇼ᄒᆞᆫ다 ᄒᆞ기로 우리ᄂᆞᆫ 이 일에 증거를 분명히 알기로 편지ᄒᆞᆫ다고 그 동리 사ᄅᆞᆷ이 젹어 보ᄂᆡ엿기에 긔ᄌᆡᄒᆞ거니와 참 이 말과 ᄀᆞᆺ흘진ᄃᆡ 셰상에 별 간흉ᄒᆞᆫ 도젹년도 만흔가 보더라[105]

○ 약현 사ᄂᆞᆫ 옥닌어미라 ᄒᆞᄂᆞᆫ 계집이 간교ᄒᆞᆫ ᄭᅬ로 요샤ᄒᆞᆫ 몽ᄉᆞ를 빙자ᄒᆞ고 리쇼ᄉᆞ의 집을 사지 안은 것을 삿다고 억지 쓴단 말은 임의 긔ᄌᆡᄒᆞ엿거니와 지금 ᄌᆞ세히 탐지ᄒᆞᆫ즉 리쇼ᄉᆞ가 발셔 한셩ᄌᆡ판쇼로 정ᄒᆞ야 옥닌의 모를 잡으러 갓더니 옥닌의 모가 피ᄒᆞ야 아니 나셔고 은근히 쇽으로 다니며 모모ᄒᆞᆫ 셰가의게 쳥쵹ᄒᆞ고 ᄯᅩ 동리 사ᄅᆞᆷ들다려 말ᄒᆞ야 ᄌᆡ판ᄒᆞᆯ ᄯᅢ에 집을 산 줄노 말ᄒᆞ여 달나고 약쇽ᄒᆞ엿다ᄂᆞᆫᄃᆡ 편삼괴슈로 유명ᄒᆞ던 남놈쇠의 아ᄃᆞᆯ 형제와 류감찰ᄌᆞ가 옥닌의 모와 기즁 최친ᄒᆞ야 긴ᄒᆞᆫ 증거로 나셧다 ᄒᆞ며 ᄌᆞ작일에 ᄌᆡ판쇼에셔 옥닌어미를 잡아갓ᄂᆞᆫᄃᆡ 증거로 쳥구ᄒᆞ야 다리고 간 사ᄅᆞᆷ이 십여 명이라 그즁에도 약쇽이 덜 되엿ᄂᆞᆫ지 엇던 ᄌᆞ이 말ᄒᆞ기를 우리가 그 집 사ᄂᆞᆫ 것을 보지도 못ᄒᆞ고 공연히 ᄂᆞᆷ의 말만 듯고 보앗다고 ᄒᆞ다가 만일 이 일을 ᄏᆡ여물를 디경이면 엇지 ᄃᆡ답ᄒᆞ며 돈 ᄒᆞᆫ 푼 아니 ᄉᆡᆼ기ᄂᆞᆫ 일에 무슴 죄칙이나 업슬가 ᄒᆞ고 말ᄒᆞ더라니 참 듯ᄂᆞᆫ 사ᄅᆞᆷ으로 ᄒᆞ여곰 ᄒᆞᆫ번 우슬만ᄒᆞᆫ 일이더라 옥닌의 모ᄂᆞᆫ 약현셔 젼량 취리ᄒᆞᄂᆞᆫ 권이 잇셔 약현 사ᄅᆞᆷ은 다 부동이 된 모양이라 ᄒᆞ더라[106]

교언영색과 감언이설로 남의 집을 빼앗는 '옥닌 어미'의 사기 행각과 순박하다 못해 다소 어리석어 보일 정도로 타인을 지나치게 쉽게 믿는 이소사李召史의 모습이 대비를 이루는 이 기사는 1,400여 자가 넘는 분량으로 이루어져 있으며 한눈에 봐도 단순한 사건 사고를 보도하는 기사라기보다는 한 편의 단형 서사의 형태에 가까운 모습을 보여주고 있다. 그러나 위에서 인용한 것처럼 6일 후에 게재된 후속 기사를 고려할 때 이 기사는 창작물이 아니라 엄연히 실제로 있었던 사건을 기사화한 것으로 보는 것이 더 타당할 것이다. 달리 말하자면 잡보란이라는 복합적 성격의 지면을 통해 보도 저널리즘과 대중화된 문예물이라는

105 『매일신문』, 1898.5.19, 3면.
106 『매일신문』, 1898.5.25, 3면.

상이한 장르의 텍스트들이 '크로스오버'를 하고 있는 양상이 나타난 것이라고도 볼 수 있다. 이처럼 『매일신문』 잡보 기사 중 상당수가 서사물에 육박하는 구성 및 서술 방식을 취함으로써 신문의 잡보란이 정보와 오락을 동시에 취할 수 있는 지면이라는 인식을 당대의 독자들에게 심어주었을 가능성이 매우 크다. 그리고 멀게는 『한성신보』로부터 시작되어 『매일신문』에서 적극적으로 시도되었던 잡보란의 문학적 텍스트화 양상은 이후에 등장했던 다른 신문들에게도 적지 않은 영향을 미침과 동시에 잡보란의 복합지면적 성격을 증대시키는 요인으로 작용했다고 할 수 있을 것이다.

요컨대 『매일신문(협성회회보)』 잡보란을 통해 그려진 당대 조선 사회는 '주로 일본으로 대표되는 침략적 제국주의 세력과 조정 내의 부패 관료 세력이 대내외적으로 일반 민중의 삶을 위협하는 현실'로 요약된다. 그리고 그 현실은 기본적으로는 사실주의적 저널리즘에 기반하여 폭로와 고발의 방식으로 묘사되는 한편, 때로는 우의와 풍자의 방식으로, 때로는 풍부한 구체성을 갖춘 서사의 방식으로 그려졌음을 알 수 있다. 나아가 선발 주자인 『독립신문』이나 종교계 신문인 『조선(대한)그리스도인회보』, 『그리스도신문』에 비해 더욱 반외세적이고 반봉건적인 입장으로 당대의 현실을 보도하고 형상화함으로써 당대의 매체 중 사회적 의제에 대해 가장 급진적인 지향을 드러내는 진보 언론으로서의 위상을 지니게 되었다고 평가할 만하다. 그 결과 『매일신문(협성회회보)』은 신문이 잘못된 체제의 부조리와 모순을 고발하고 권력자들의 직권 남용과 횡포를 비판함으로써 기득권층에 대한 저항 의식을 환기하는 언론이자 사회적 공기公器로서 기능할 수 있다는 점을 당대의 독자 대중에게 가장 강력하게 인식시킨 매체로서 평가받을 수 있다고 생각한다. 그리고 이 같은 기능을 잡보란에 다양한 형식과 내용의 기사를 게재하는 방식으로 실현한 매체라는 점에서 『매일신문(협성회회보)』은 충분히 주목할 만한 가치가 있다고 할 수 있다.

그러나 안타깝게도 『매일신문』은 편집진 간의 내분과 재정 문제로 인해 불과 1년여 후인 1899년 4월 9일에 폐간되고 말았다. 이후 『매일신문』의 잡보란과 유사한 형태로 한글 잡보 기사를 통해 당대 사회에 대한 비판적인 시각과 목소리를 담아낸 대표적인 신문은 『제국신문』이라고 할 수 있다. 먼저 외국인의 횡포를 고발하고 있는 다음 기사를 살펴보도록 하자.

> ○ 그저ᄭᅴ 오후에 엇던 친구가 회동 벽문으로 지나가ᄂᆞᆫᄃᆡ 일인 존샹장ᄐᆡ랑의 뎐당집 안에 ᄒᆞᆫ 대한 병뎡이 군복ᄒᆞ고 요강 ᄒᆞ나를 들고 안젓ᄂᆞᆫᄃᆡ 일인 ᄒᆞ나히 무슈히 따리고 욕ᄒᆞᄂᆞᆫ지라 그 병뎡의 말이 이리 ᄒᆞᆯ 거시 아니라 경계가 두렷ᄒᆞ니 말을 드르라 ᄒᆞᆫ즉 일인이 듯기 실타고 발노 차며 손으로 따리다가 심지어 뎔미를 쳐셔 ᄂᆡ 좃ᄂᆞᆫ지라 이거슬 보ᄆᆡ 분ᄒᆞᆷ을 이긔지 못ᄒᆞ야 그 병뎡다려 연유ᄅᆞᆯ 물은즉 그 일인놈이 쬬쳐 나와셔 병뎡을ᄯᆡ려좃고 그 친구는 밀치며 길에셔 말ᄒᆞ지 말나고 욕을 ᄒᆞ거ᄂᆞᆯ 그 친구가 더욱 분ᄒᆞ여 아모리 ᄉᆡᆼ각헌들 원슈에 천ᄒᆞ고 불상ᄒᆞᆫ 대한 사ᄅᆞᆷ이 되엿슨즉 호소ᄒᆞᆯ 곳이 업ᄂᆞᆫ지라 그러나 ᄎᆞᆷ아 그져 잇기ᄂᆞᆫ 원통ᄒᆞ야 그 졍다온 일본 경찰소에 가셔 말ᄒᆞᄃᆡ ᄂᆞᆷ의 나라 병뎡이 막즁헌 군복을 입고 뎐당 차지러 간 사ᄅᆞᆷ을 경계ᄂᆞᆫ 듯기 실타 ᄒᆞ고 무리히 구타ᄒᆞᄂᆞᆫ 것과 졔 집 문압흔 즉 큰길이라 길에셔 병뎡다려 그 곡졀을 뭇는다고 졈잔은 사ᄅᆞᆷ을 욕보임은 필경 졔의 죄상이 들어날ᄉᆡ ᄒᆞ야 이ᄀᆞᆺ흔 야만의 ᄒᆡᆼ의ᄅᆞᆯ ᄒᆞ는 거시니 이는 량국 교졔에 대단히 ᄒᆡ로은 일일 ᄲᅮᆫ더러 죄범이 ᄯᅩᄒᆞᆫ 젹지 아니한지라 이런 놈을 다ᄉᆞ려 후일 다시 이런 악습이 업셔지게 ᄒᆞ여 달나 ᄒᆞᆫ즉 그 사ᄅᆞᆷ들은 본ᄅᆡ 죠션인죵과 ᄉᆡᆼ각이 ᄀᆞᆺ지 아니ᄒᆞᆫ 고로 ᄂᆞᆷ의 나라 ᄇᆡᆨ셩을 인연ᄒᆞ야 내 ᄇᆡᆨ셩을 다ᄉᆞ리ᄂᆞᆫ 거슨 올치 안케 녁이ᄂᆞᆫ지라 됴흔 말노 ᄉᆞ과ᄒᆞ며 위로ᄒᆞ야 ᄒᆞᄂᆞᆫ 말이 그만 도라가면 맛당히 증치ᄒᆞ여 주마 ᄒᆞᄂᆞᆫ지라 그 친구가 더ᄒᆞᆯ 길 업셔 분을 참고 도라가며 죠션에 타여난 것만 분ᄒᆞ다고 탄식ᄒᆞ고 가더라[107]

---

107 『제국신문』, 1898.8.16, 3면.

○ 일젼 슈교 압헤셔 일인이 대한 사ᄅᆞᆷ ᄒᆞ나흘 칼노 쳐셔 손이 샹ᄒᆞ엿단 말은 임의 등ᄌᆡ ᄒᆞ엿거니와 다시 드른즉 그날 져녁에 칼 마즌 사ᄅᆞᆷ과 길에셔 잡혀간 아ᄒᆡ ᄒᆞ나와 칼질ᄒᆞᆫ 일인은 일본경찰소에셔 ᄒᆞ나식 난호아 가두고 병뎡 ᄒᆞ나와 남슈 무골 사ᄅᆞᆷ ᄒᆞ나와 왕심이 ᄉᆞᄅᆞᆷ ᄒᆞ나히 분ᄒᆞᆫ ᄆᆞ음으로 말마ᄃᆡ나 ᄒᆞ다가 잡혀 드러가 갓쳐셔 무슈히 ᄆᆡ를 마져 유혈이 낭자ᄒᆞ고 그 잇흔날 외부 죠회가 가ᄆᆡ 대한 경무텽으로 보ᄂᆡ엿ᄂᆞᆫᄃᆡ 경무감독 김졍식씨가 불너 뭇고 분ᄒᆞᆫ ᄆᆞ음을 익의지 못ᄒᆞ야 그 ᄇᆡᆨ셩들을 위로ᄒᆞ여 일르며 말ᄒᆞ기를 우리나라 사ᄅᆞᆷ이 일인의게 이ᄀᆞᆺ치 욕봄은 젼국 관민이 일톄로 분히 넉이ᄂᆞᆫ ᄇᆡ나 이 디경을 당ᄒᆞᆷ은 ᄇᆡᆨ셩이 모도 어두운 ᄯᆡ문이라 이 일을 분히 넉이거던 나가셔 아모됴록 공부를 힘들 쓰라 ᄒᆞ며 누누히 ᄀᆡ유ᄒᆞ여 ᄂᆡ여 보냇다니 리감독은 동포를 ᄉᆞ랑ᄒᆞᄂᆞᆫ ᄆᆞ음이 도져ᄒᆞᆫ 쥴 가히 보려니와 로샹에셔 침을 ᄇᆡ앗텃다고 칼질ᄒᆞᆫ 죄는 고ᄉᆞᄒᆞ고 도로혀 ᄂᆞᆷ의 나라 군복ᄒᆞᆫ 병뎡과 무죄ᄒᆞᆫ ᄇᆡᆨ셩을 잡아다가 무슈히 란타ᄒᆞᆷ은 일본 경찰 관리가 대한을 ᄃᆡᄒᆞ야 크게 실례ᄒᆞᆷ일너라[108]

○ ᄌᆡ작일 밤 열ᄒᆞᆫ 시에 일본 샹민들이 남녀 병ᄒᆞ야 십여 명이 물건을 싯고 남대문으로 들어오ᄂᆞᆫᄃᆡ 순검들이 밋쳐 문을 열지 못ᄒᆞ야 좀 지톄가 된 고로 일인들이 들어오며 무슈이 시비ᄒᆞ더리ᄂᆞᆫᄃᆡ 대한 사ᄅᆞᆷ 몃치 나아가려 ᄒᆞᆫ즉 순검의 말이 외국 사ᄅᆞᆷ은 졍부 명령이 잇기로 드러오거니와 대한 사ᄅᆞᆷ은 드리라ᄂᆞᆫ 령칙은 업기로 츌입을 허락지 못ᄒᆞ노라고 ᄒᆞ며 ᄂᆡ여보ᄂᆡ지 안터라 ᄒᆞ니 내나라 ᄇᆡᆨ셩을 외국 ᄇᆡᆨ셩만치 못 ᄃᆡ접ᄒᆞᄂᆞᆫ 일은 셰계에 이 나라밧게 업ᄂᆞᆫ 바이라 셰샹에 부그럽고 분ᄒᆞᆫ 일이더라[109]

108 『제국신문』, 1898.9.2, 3면.
109 『제국신문』, 1898.9.4, 3면.

○ 일젼에 엇던 친구가 한강 졔관으로 봉샹시에셔 위픽을 모시고 한강 가셔 졔ᄉᆞ를 지ᄂᆡ고 드러오ᄂᆞᆫᄃᆡ 남대문을 당도ᄒᆞᆫ즉 문이 닷쳣ᄂᆞᆫ지라 쥬져ᄒᆞᆯ ᄌᆞ음에 엇던 외국 사ᄅᆞᆷ 몃몃시 다다라 문을 열나고 소ᄅᆡ을 지르ᄆᆡ 슌검들이 문을 열러 그 외국 사ᄅᆞᆷ들이 다 드러가ᄂᆞᆫᄃᆡ 그 졔관이 드러가랴 ᄒᆞᆫ즉 슌검들이 드러오지 못ᄒᆞ게 ᄒᆞ며 표신이 잇셔야 드린다 ᄒᆞ거ᄂᆞᆯ 졔관보다 더 소즁ᄒᆞᆫ 위픽를 모셧노라 ᄒᆞ되 죵시 듯지 아니ᄒᆞ더니 △식ᄒᆞᆫ 후에 문을 열고 표신이 나렷스니 드러오라 ᄒᆞ고 그제야 명쳡을 통긔ᄒᆞ여 달나 ᄒᆞᆫ지라 엇지ᄒᆞ야 타국 사ᄅᆞᆷ은 유공불급ᄒᆞ게 문을 여러쥬고 명텬이니 표신이니 문ᄂᆞᆫ 말이 업고 ᄂᆡ나라 사ᄅᆞᆷ은 평민의 ᄉᆞ힝도 아니오 위픽를 모시고 오ᄂᆞᆫ 공힝인ᄃᆡ 거문불납ᄒᆞ다가 졔관에 셩명도 뭇지 안코 엇더케 거ᄅᆡᄒᆞ야 표신을 무럿ᄂᆞᆫ지 드러온 후에 명쳡을 ᄂᆡ라ᄂᆞᆫ지 모로거니와 너무 졀분ᄒᆞ야 명쳡도 쥬지안코 왓노라 ᄒᆞ니 이젼에도 말ᄒᆞ엿거니와 외국 사ᄅᆞᆷ은 드리고 내나라 사ᄅᆞᆷ은 금단ᄒᆞᄂᆞᆫ ᄉᆡᆨ ᄃᆞᆰ은 ᄎᆞᆷ 알 슈 업더라[110]

위의 기사들에서 알 수 있듯이 창간 초기의 『제국신문』은 『매일신문』과 마찬가지로 일본인들의 조선인에 대한 무도와 행패에 대한 비판적 기사를 적지 않게 게재하였다. 나아가 『제국신문』은 외국인보다 자국민에게 더 엄격한 출입 통제를 가하는 순검경찰의 행태를 비판함으로써 차별적 대우가 지닌 부당성과 정부의 일관성 없는 행정상의 난맥을 드러내고 있는데, 이는 『제국신문』이 외국인들의 잘못된 행태도 문제일 뿐만 아니라 이를 초래하는 원인이 자국 정부의 국민에 대한 존중의 결여에 있다는 인식을 드러내는 것으로도 읽을 수 있다는 점에서 주목할 만하다. 다시 말해 반외세적인 시각과 함께 조선 정부가 전근대적 낙후성을 탈피하지 못하고 있는 모습에 대한 비판을 동시에 수행하고 있는 것이다. 이런 맥락에서 『제국신문』은 『독립신문』과 『협성회회보』, 그리고

110 『제국신문』, 1898.10.1, 3면.

『매일신문』으로 이어지는 순국문 신문의 잡보란이 보여주었던 사회 비판 기능의 수행이라는 속성을 유사한 형태로 공유하고 있는 양상을 보여준다고 할 수 있다. 순국문 신문의 독자층이 대체로 당대 조선 사회의 사회경제적 주류 집단이 아닌 중인 이하의 평민 계층과 여성, 노동자 계급으로 구성되어 있었기에 이들 신문은 정부의 무능에 의해 국익이 침탈되거나 대중의 인권이 제대로 존중받지 못하는 상황을 잡보 기사의 주요 소재로 삼는 경향이 두드러졌던 것이다.

또한 관료 집단 및 기득권층의 무능과 안일, 그리고 그들이 행하는 부정과 비리에 대한 풍자와 비판도 『매일신문』과 마찬가지로 『제국신문』 잡보란의 주요한 레퍼토리를 형성하고 있었다.

> ○ 근일에 고등ᄌᆡ판소 뎡리들이 ᄆᆡ우 한가ᄒᆞ야 소견ᄒᆞ기 위ᄒᆞ야 쟝긔두기를 셩풍이 ᄒᆞᄂᆞᆫᄃᆡ 그져 두기 자미 업서 과실을 오륙량 혹 칠팔량 어치식 사다 노코 흥이 나셔 승부를 다토ᄂᆞᆫᄃᆡ 하방 사ᄅᆞᆷ들이 원통ᄒᆞᆫ 일이 잇셔 슈ᄇᆡᆨ리 슈쳔리를 올나와셔 소지를 졍ᄒᆞ게드면 십여일 혹 슈십일이 지나도록 지령을 차즐 슈 업셔 ᄋᆡᆨ들을 쓰ᄂᆞᆫᄃᆡ 뎡리쳥에 가셔 소지 뎨ᄉᆞ 낫소 ᄒᆞ면 장긔두기에 다른 일은 졍신업셔 ᄃᆡ답ᄒᆞᄂᆞᆫ 말이 아직 뎨ᄉᆞ 아니 낫소 ᄒᆞ고 시약 심상ᄒᆞ다가 소지 뎡ᄒᆞᆫ 사ᄅᆞᆷ이 그럴 리가 잇ᄂᆞᆫ냐 ᄒᆞ고 소지툭을 쎠들어 본즉 지령이 나셔 뎡리쳥으로 나온 지 이구ᄒᆞᆫ지라 졔 손으로 차자오ᄂᆞᆫ 사ᄅᆞᆷ이 더러 잇다 ᄒᆞ니 고등ᄌᆡ판소 뎡리들은 나라월급을 소일거리로 주ᄂᆞᆫ 쥴노 아나 보더라[111]

이 기사에서 알 수 있는 것처럼 내기 장기 두기사행성 놀이에 빠져 자신들의 업무를 소홀히 하고 민원인들의 고충은 안중에도 없는 관료들의 모습은 『제국신문』의 잡보란에서 어렵지 않게 찾아볼 수 있다. 뿐만 아니라 『제국신문』은 유

111 『제국신문』, 1898.10.5, 3면.

사한 기사의 내용을 독자에게 전달하는 방식 또한 『매일신문』과 유사성을 공유하고 있었다.

○ 흔 관원이 장찻 원홀 사름을 공천홀 터인디 별노 가합흔 사름이 업셔 무슈히 싱각홀 차에 찰완고당 친구 흔 분이 들어 오는지라 마자 안져 담화홀식

(하 원질도 홀 만흔 사름 ᄒᆞ나흘 공천ᄒᆞ려니까 암만 싱각ᄒᆞ여도 썩 쉽지 안소그려)

(아 왜요 영감 빅씨가 요식 로경에 ᄒᆞ는 것 업시 계시니 무숨 계졔 잇거던 되게 ᄒᆞ야 로릭에 심심과력니나 ᄒᆞ시게 ᄒᆞ여 들이구려)

(허 지금은 그럿치 아텀네다 공도로 히요 공도)

(그러면 이왕 이력이 잇셔야 ᄒᆞ겟소그려)

암 일력도 잇스려니와 공평ᄒᆞ여야 쓰지오)

(오 그러면 아모가 됴소그려)

(그 엇던 사름인가요)

(허 참 훌늉ᄒᆞ지오 그런 사름 또 엇기 어렵지오 실상 말이지 셰상만 이러치 안으며 그 사름이 이썩식지 들어안져슬 사름이오 이번에 그 사름 쳔거ᄒᆞ시오)

(츰 영감 말숨 곳흐면 ᄒᆞ다 쌘이오 그러나 사름을 칭찬홀 젹에 엇더ᄒᆞ니 원 노릇슬 잘 홀 만ᄒᆞ다고 말을 히야 아니 흡네까)

(아 글셰 그 사름이야 더 말홀 것 잇소 영감도 알거니와 그 집안이 아모 죵손으로 유명흔 셰족인디 죠부가 십년 독샹으로 셰도를 ᄒᆞ엿고 그 으르신네가 판셔를 지닉고 빅씨가 참판이니 그만 ᄒᆞ면 원 말고 무엇슨 못ᄒᆞ겟소)

(하하 그 사름을 그다지 할경ᄒᆞ야 말숨ᄒᆞ시오 칭찬은 ᄒᆞ여노코 덕힝과 힝젹은 흔 가지도 말이 업시 부형과 죠샹만 드러닉니 실샹 그 사름은 보잘거시 업단 말이오 대관졀 그 친구의 위인은 엇더ᄒᆞ오)

(네 그 사름의 인품이오 실샹 그 위인은 보잘게 업지오 친구들이 별명을 반편이

라 홈넨다)[112]

○ 북촌 명ᄉᆞ ᄒᆞ나히 ᄉᆡᆼ계를 이워갈 슈 업셔 ᄆᆡ우 곤궁ᄒᆞ게 지ᄂᆡ던 ᄎᆞ에 무ᄉᆞᆷ 청촉ᄒᆞᄂᆞᆫ 것 ᄒᆞᆫ 자리를 어더 가지고 돈 일만량을 밧은 후에 즉시 친ᄒᆞᆫ ᄌᆡ상에게 가셔 ᄀᆡᆨ이 만흔 고로 쥬져ᄒᆞ다가 틈을 타셔 은근이 귀에 ᄃᆡ이고 말ᄒᆞ기를

(아모ᄀᆡ 일을 쥬션ᄒᆞ여 쥬시면 슈가 잇ᄉᆞᆸ네다)

(음 그ᄅᆡ 얼마나 되겟나)

즉시 쥬먹을 쥐엿다 펴며

(이것ᄉᆞᆫ 염녀 업ᄂᆞᆫ 거시 ᄉᆡᆼ의 집에 유치ᄒᆞ엿ᄉᆞ오니 일이 되거든 반은 쥬십넨다)

(아 그리ᄒᆞ게)

ᄒᆞ고 허락ᄒᆞᆫ 후 잇흘이 못되여 그 일이 되ᄆᆡ 즉시 돈 이쳔 오ᄇᆡᆨ량을 갓다 드린즉 ᄌᆡ상이 발연변ᄉᆡᆨᄒᆞ며 ᄒᆞᄂᆞᆫ 말이

(엇지ᄒᆞ여 이것만 가져오나)

(아 그ᄯᅢ에 오쳔량을 말ᄒᆞ엿고 반을 쥬시마 ᄒᆞ엿스니 이쳔 오ᄇᆡᆨ량밧게 더 됩네ᄭᆞ)

(아 이사ᄅᆞᆷ 그ᄯᅢ ᄌᆞ네가 쥬먹을 쥐엿다 폇슨즉 만량이 아닌가)

(하 대감ᄭᅴ셔는 당길 심만 계시올시다그려 쥬먹 쥐기는 오쳔량을 가르치노라고 쥐엿거니와 ᄒᆞᆫ번 쥐고는 그 일이 쥬션 되기ᄭᆞ지 몃날이던지 펴지 말여야 올ᄉᆞᆸᄂᆞ잇가)

(에 이 사ᄅᆞᆷ 그만두게 내가 쇽앗네 쇽엇셔)[113]

○ 엇던 로인 ᄒᆞᆫ 분이 갑오년 이후로 벼ᄉᆞᆯ 맛슬 못 보고 들어 안졋더니 ᄒᆞ로ᄂᆞᆫ 엇던 ᄉᆞ랑에셔 친구들이 안져 이악이를 ᄒᆞᆯ식 그 로인이 얼골에 깃분 빗슬 ᄯᅴ고 말ᄒᆞ기를

(근ᄅᆡ에 원질을 엇지 ᄒᆞᆫ단 말인고)

---

112 『제국신문』, 1898.8.17, 3면.

113 『제국신문』, 1898.8.27, 3면.

그러나 벼슬 다녀본 지가 하도 오리니 죠고마흔 골이라도 ㅎ나 된다니 얼마즘 깃분지 친구들이 듯고 크게 반가워 급히 물으되

(원을 ㅎ시게 되엿소)

그럴 듯 ㅎ다고들 홉데다)

(하 참 경스로은 일이오 언제나 된답데가)

(아마 이돌 금음긔 아니면 릭월 쵸싱즘 되리라 홉데다)

(허 그거 희환흔 일리로고 아 그러나 요싀 출입도 아니 ㅎ엿는딕 누가 쥬션을 ㅎ야 되엿소)

(아 어졔 우리 마누라가 물어 보앗더니 무당의 말이 그렵데다그려)[114]

위의 3편의 기사들은 앞에서 살펴보았던, 『매일신문』에 등장했던 대화체 형식의 기사와 유사한 형태를 보이고 있다. 그 내용을 살펴보면 가문만 좋을 뿐 정작 본인의 역량은 부재한 사람을 관료로 천거한다든가, 주선자의 농간에 속아 넘어가는 재상의 어리석은 모습이라든가, 원님을 하게 될 것이라는 무당의 예언을 듣고 기뻐하는 은퇴 관리의 모습을 제시하고 있는데, 이는 모두 전형적인 풍자 기법을 통해 기득권층을 풍자하고 그들의 부정적인 면모를 부각시키려는 의도가 전면에 드러나 있다. 사실과 허구의 경계가 불분명한 이 같은 내용을 담은 기사들이 잡보란에 게재된 것은 『제국신문』이 기득권층에 대한 비판을 수행하는 데 있어 사실에 기반한 고발, 즉 일반적인 보도 기사뿐만 아니라 풍자를 통한 우회적 방식을 모두 활용하였음을 보여준다.

지금까지 우리는 『한성신보』의 잡보란 개설 이래로 후발 주자로서 신문 시장에 등장한 『독립신문』, 『조선(대한)그리스도인회보』, 『그리스도신문』, 『매일신문(협성회회보)』, 『제국신문』 등 주로 중인 이하의 계급을 주요 독자로 삼은 순

114 『제국신문』, 1898.9.24, 3면.

국문 신문들이 초기의 잡보란을 통해 조선 사회의 현실을 어떻게 반영하고 드러내 보였는지 그 대략적인 양상을 살펴보았다. 이상의 고찰을 통해 알 수 있는 점은 다음과 같다.

먼저 1895년 9월『한성신보』배대판의 한국어 지면 발행과 잡보란의 개설은 조선에서 신문이라는 근대적 매체가 당대의 현실을 담아내고 사회 구성원들에게 지식과 정보, 그리고 시사적 현안에 대한 신문사의 입장과 메시지를 전파하는 기능을 담당할 수 있다는 점을 인식시키고 현시顯示하였다고 할 수 있다. 비록 일본인에 의해 발행되었고, 발간 목적이 일제의 조선 진출 정당화에 있었기 때문에 태생적으로 근본적인 한계를 지니고 있었던 것은 사실이지만『한성신보』는 잡보란을 통해 조선이 아닌 바깥 세계, 보다 구체적으로는 이상화된 현실로서의 서구와 이의 모범적인 모방 현실로 선전되었던 일본에 대한 인식을 가능하게 하는 다양한 지식과 정보를 조선인 독자들에게 제공하였다. 물론 외부 세계에 대한 지식과 정보를 제공하는 신문의 기능은 이미 이전 시기인 1880년대에『한성순보』와『한성주보』등 조선 정부에 의해 발행되었던 관보 성격의 매체에 의해서도 실험적으로 시도된 바 있었지만, 한국인 발행 신문들에 비해 압도적으로 풍부하였던 뉴스원news源의 활용을 통해 다양하면서도 심도 있는 기사를 독자들에게 제공함으로써 그 이전의 신문들과 비교할 때 외부 세계와 근대적 문물 및 제도에 대한 이해를 더욱 크게 증진시켰다고 할 수 있다.『한성신보』잡보란의 이러한 기사들이 당대 조선의 현실을 직접적으로 반영하고 있는 것은 아니지만 신문을 통한 정보 획득과 세계에 대한 인식 지평의 확대라는 사회적 작용을 보편화함으로써 구독자 및 당대의 인민들에게 자신의 현실에 대한 객관화와 성찰을 가능하게 만든 점은 인정되어야 한다고 생각한다.

또한 민간 발행 신문이었던『한성신보』는 여성과 중인 등 양반 관료가 아닌 하위 주체들의 일상적 삶 속에서 벌어지는 사건 사고를 적극적으로 기사의 소재로 삼았을 뿐만 아니라 이들을 기서寄書 작성의 주체로 소환함으로써 그들의 생생한 체험이 거주 지역을 달리 하는 다수의 독자에게 동시적으로 공유되는 경험을 본격적으로 확산시켰다는 점에서, 그리고 그러한 경험이 공유되는 가장 주된 지면으로 잡보란을 활용했다는 점에서 당대 한국인 독자들의 『한성신보』 잡보란 체험은 그 의의가 매우 크다고 본다. 나아가 『한성신보』는 한국인 발행 신문들에 비해 상대적으로 부족하였던 조선 사회 내부의 시사적 이슈에 대한 보도 역량의 부족을 상쇄하기 위한 일환이자 독자 확보의 전략으로 흥미 위주의 서사물 또는 서사적 기사에 주력하는 상업주의적 지면 구성 전략을 구사하였는데, 이는 기사의 소재 및 내용과는 별개로 후발 주자인 한국인 발행 신문들의 잡보란 지면 구성과 기사 형식의 형성에도 적지 않은 영향을 미쳤던 것으로 보인다. 다시 말해 『한성신보』를 통해 구현된 초기의 잡보란 체험은 비록 조선 사회 내부의 현실을 이해하고 비판적인 관점에서 조망하게 하는 데에는 별다른 기여를 하지 못했지만, 이는 이후에 등장한 한국인 발행 민간 신문들의 잡보란 구성에 있어 모방과 차별화의 양 측면 모두에 적지 않은 영향을 미쳤다는 점에서 그 전사前史로서 존중되어야 할 필요가 있다.

이에 비해 한국인이 발행하는 민간 신문들은 해외 체험과 근대적 학지의 전파에 있어서는 상대적으로 『한성신보』보다 활발하거나 풍부한 양상을 보여주지는 못했지만, 조선의 각지에서 벌어지고 있는 사건 사고에 대한 보도 기사를 집중적으로 게재함으로써 당대 현실의 문제점을 비판하고 정치와 사회 및 경제 면에서 조선 사회의 개선되어야 할 사안들에 대한 대중의 관심을 환기하는 데 커다란 역할을 담당하였다고 할 수 있다. 나아가 잡보란을 통해 축적된 다양한 기사들은 근대 초기 조선 사회의 총체적 면모를 조망할 수 있게 해주는 사료적 가치를 지니게 되었다고 할 수 있다.

첫 번째 후발 주자이자 『한성신보』의 경쟁 신문으로서 출발한 『독립신문』은 초기에는 신문사의 주장을 설파하는 논설의 비중이 크고 잡보란의 경우는 기사의 건수와 분량 모두 많지 않았지만 점차 보도 분량과 비중을 확대해 가면서 당대 조선 사회의 현실을 다양하게 묘사하고 독자들에게 전파하기 시작하였다. 『독립신문』 잡보란은 근대적 제도와 문물이 도입됨에 따라 시정개선과 시행착오가 혼재하였던 당대 사회의 면모를 다각적으로 그리고 있다. 구체제는 혁파되고 일소되어야 할 대상이라는 시각을 분명히 드러내면서도 새로운 근대적 삶의 양식들을 수용하는 과정에서 빚어지는 오해와 그에 따른 뜻하지 않은 피해, 그리고 이러한 혼란에 편승하여 사익을 도모하거나 편취하는 다양한 범죄의 양상들에 대한 비판적 보도 기사가 게재되었던 것이다. 특히 양반 사대부 계층이나 고위 관료 집단과 같은 사회 상층부의 동향보다는 중인 이하의 인민 대중에게서 발생하고 벌어지는 사건 사고에 대한 보도의 비중이 높았다는 점은 『독립신문』 이후에 등장한 신문들의 잡보란 지면 구성과 기사 작성 경향에도 거의 그대로 계승되었다고 할 수 있다.

『독립신문』 잡보란이 당대 조선 사회의 현실의 다양한 국면과 양상에 대한 보도를 확대해 감에 따라 근대적 제도와 문물의 도입에도 불구하고 일반 민중들의 삶이 획기적으로 개선되거나 개명開明의 수혜를 입지 못하는 괴리 현상에 대한 비판적 인식 또한 사회 전반에 걸쳐 증대되었던 것으로 보인다. 잡보란의 기사를 읽는 독자들은 자신 또는 타인이 지배 계급 또는 범죄자 집단에게 받은 피해와 억울함이 그저 순응할 수밖에 없는 운명이 아니라 있어서는 안 될 부당한 처사라는 사실을 더욱 강하게 인식할 수 있게 되고, 이 부당함을 개선하고 혁파하기 위한 개인적 노력뿐만이 아닌 사회와 공동체 차원에서의 노력이 필요하며 실제로 그러한 노력을 기울이는 타인과 집단들이 존재한다는 사실을 신문을 통해 알 수 있게 되었다. 그리고 이러한 인식은 비록 오늘날과 같은 수준의 속도는 아니지만 같은 신문을 읽는 독자층과 주변의 타인들에게 공유되고 확산되어 갔다고 할 수 있다.

이 같은 인식을 가장 예리하게 환기시키는 사안은 주로 일본으로 대표되는 외국 세력과 자국민을 차별하는 사건, 근대적 제도에 대한 이해가 부족한 일반 백성이 이를 악용하는 범죄자들에 의해 부당한 피해를 입는 사건, 그리고 자국민이 차별당하고 범죄에 노출되는 부조리한 상황이 횡행하고 있음에도 이를 해결하지 못하는 무능함과 동시에 오히려 시류에 편승하여 백성에 대한 탐학과 착취를 일삼았던 중앙 및 지방의 관료 집단의 행태 등이었다고 할 수 있다. 당대 현실의 이와 같은 문제점에 대해 『독립신문』은 상대적으로 적극적인 비판 저널리즘을 수행하지는 못한 것으로 판단되지만, 이후에 등장한 여타의 신문들은 『독립신문』과 보도 경향을 차별화하면서 이러한 사안들을 잡보란에 집중적으로 게재하고 보도하는 모습을 보여주었던 것으로 볼 수 있다.

『독립신문』에 이어 가장 먼저 등장한 『조선(대한)그리스도인회보』와 『그리스도신문』은 정부의 개입이나 간섭으로부터 비교적 자유로울 수 있었던 미국인 선교사 발행 종교계 신문이라는 특성으로 인해 일본인과 중국인들이 한국인에게 가한 위해뿐만 아니라 같은 미국인이라 할지라도 한국인에게 부당한 위해를 끼친 사안에 대해서는 일관되게 비판적인 보도를 하는 경향을 보여주었음을 알 수 있다. 이러한 두 신문의 기사들에 의해 환기되고 있는 현실은 '외국 세력에 의해 권익과 인권을 침해당하고 있는 위기의 조선과 인민'이라고 할 수 있다. 외국인에 의한 자국민 차별 및 그로 인한 피해를 부각시키는 이 같은 보도 경향은 이후 등장한 신문들의 잡보란에서도 주된 보도 대상이 되면서 조선 사회의 구성원들에게 중요한 사회적 이슈로 인식하게 만드는 결과를 가져왔다.

뒤이어 등장한 『매일신문』과 『협성회회보』 그리고 『제국신문』의 잡보란은 외국인에 의한 자국민 차별 문제뿐만 아니라 다양한 사회적 문제를 해결하는 데 있어 무능함을 드러내던 중앙 및 지방의 관료 집단에 대한 비판적 보도를 더욱 적극적으로 수행함으로써 앞서 발간되었던 신문들과 차별화된 양상을 보여 주었음을 알 수 있다. 이 신문들이 잡보란 속에서 그려내고 있는 조선의 현실은 '국민으로서 누려야 할 지위와 권익을 보장받지 못한 채 오히려 집권 세력에 의해 고통과 수난을 겪는 인민의 상황'으로 요약된다. 『독립신문』 이후에 등장한 신문들은 이와 같은 당대의 현실을 드러내는 데 있어 『한성신보』의 잡보란에서 시도되었던 다양한 기사 작성 방식을 차용함으로써 구체성과 대중성 또한 확보할 수 있었던 것으로 보인다. 백성이 받는 피해와 고통이 날마다 신문의 지면을 채우는 상황이 도래하자 자신이 받고 있는 피해와 억울함을 적극적으로 호소하고 알리고자 하는 독자층의 참여적 시도 또한 증대되었다고 할 수 있다. 각 신문에서 발견되는 수많은 기서와 투고들은 이 점을 방증하고 있다. 이러한 신문사와 독자 간의 상호작용을 통해 잡보란 속에서는 개화와 개명의 이념이 표방되는 가운데에서도 여전히 질곡의 상황을 벗어나지 못하고 있었던 기층 민중의 다양한 삶의 양태가 생생하게 담기게 되었다. 그러면 좀 더 본격적인 신문 시장의 경쟁 체제가 만들어진 시기에는 초기 신문 시장의 형성기에 나타났던 잡보란의 등장과 그에 따른 다양한 현실의 반영 양상이 어떻게 확대되고 증폭되었을까? 이러한 의문을 해결하기 위해 다음 장에서는 신문 시장의 분화와 언론 다양성의 증대 양상이 가장 두드러졌던 시기의 신문들의 잡보란에 대한 비교 고찰을 해 보도록 하겠다.

제3장

신문 시장 경쟁 심화기의 매체별 잡보란 비교

이 장에서는 『대한매일신보』의 창간이 이루어진 1904년 3월 이후와 확대판 『제국신문』의 발행이 이루어진 1907년 5월 이후의 시기를 중심으로 각 신문 간의 잡보란에 대한 비교 고찰을 해 보고자 한다. 본격적인 논의에 앞서 왜 이 시기를 중심으로 고찰을 진행하는지에 대한 설명이 필요할 것 같다.

우선 잡보란 비교 고찰의 대상 시기를 특정한 기간으로 한정하는 데에는 다음과 같은 현실적인 제약이 그 이유로 자리 잡고 있다. 앞 장에서 우리는 1895년 9월 『한성신보』 배대판의 발행과 1896년 4월 『독립신문』의 창간 이래 1897년 2월과 4월의 『조선(대한)그리스도인회보』와 『그리스도신문』의 창간, 그리고 1898년이 되자 『매일신문』, 『협성회회보』, 『제국신문』, 『황성신문』 등이 창간된 사실을 확인한 바 있다. 그러나 이상의 신문들이 발행된 기간 전체의 지면이 모두 현전하는 것은 아니기에 실제로 신문 간 비교 고찰을 행할 수 있는 기간과 대상 지면은 현실적으로 그리 많지 않다. 앞서 언급했듯이 『한성신보』 배대판은 1897년 2월까지는 비교적 온전하게 남아 전하지만 그 이후의 발행 지면은 거의 남아 있지 않은 관계로 『독립신문』과의 비교가 가능한 기간은 1년이 채 되지 않는다. 마찬가지로 1899년 4월과 12월에 각각 『매일신문』과 『독립신문』이 폐간되었기 때문에 모든 한국인 발행 순국문 신문 간의 비교가 가능한 기간은 1898~1899년 정도라고 할 수 있다. 실제 앞 장에서 신문 간 비교 고찰을 행한 대상 기간이 이 기간으로 한정될 수밖에 없었던 이유도 여기에 있다. 마지막으로 1900~1904년 7월 이전까지의 기간의 경우는 현재 발행분이 남아 전하는 신문이 『제국신문』과 『황성신문』 2종뿐이다. 따라서 다양한 신문 간의 비교가 가능한 기간은 실질적으로는 1904년 7월 『대한매일신보』의 창간 이후라고 할 수 있다. 이에 이 장에서는 동일 기간에 발행되었던 확대판 『제국신문』과 『대한매일신보』, 그리고 『경향신문』을 주된 비교 대상으로 삼되 두 신문의 등장에 일정한 자극과 계기를 제공한 매체로서의 위상을 지니고 있는 것으로 판단되는 『대한일보』의 잡보란에 대한 고찰에서부터 시작하여 당대의 현실에 대한 분석을 진행하고자 한다. 아울러 『대한일보』는 지금까지 학계에 잡보란의 전체적인 양상과 지면의 특징이 충분히 소개되지 않았었기에 이 책에서의 주요 고찰 대상으로 삼고자 한다.

1. 1904.3~1904.12 『대한일보』와 『대한매일신보』의 비교 고찰

1) 『대한일보』 친일적 정파성의 은폐와 기만적 현실 인식의 유포

『대한일보』는 1890년 인천에서 일문日文으로 발행되었던 『인천경성격주상보仁川京城隔週商報』에 뿌리를 두고 있다. 이 신문은 1892년 4월 15일 『조선신보朝鮮新報』로 개제改題되었다가 1904년에는 『대한일보』로 다시 지명紙名을 바꾼 것이다.[1] 발행 겸 편집인은 하기다니萩谷籌夫, 인쇄인은 사카모토坂本正作로서 모두 일본인이 신문 발간을 담당한 것으로 알려져 있다.[2] 때문에 흔히 『대한일보』의 기사가 모두 국한문으로 작성되었고 소설란에 실린 일부 작품 정도가 한글로 게재된 것으로 알려져 있지만 이는 사실과 다르다. 실제로는 1904년 3월 16일부터 12월 28일까지 9개월여에 걸쳐 잡보란에 지속적으로 한글 기사가 실렸고 그 건수와 분량 또한 결코 적지 않다.

『대한일보』는 지금까지 일부 연구자들에 의해 제한적으로 소개되어 왔는데 조사 결과 적지 않은 발행분이 남아 전하고 있음을 알 수 있었다. 1904년 3월 10일 자 창간호부터 8월 17일까지의 발행분과 1905년 12월 10~17일까지의 발행분은 고려대학교 도서관에 소장되어 있으며, 1904년 8월 24일부터 1905

---

1 한원영, 『한국 개화기 신문연재소설연구』, 일지사, 1990, 268쪽 참고.
2 이재선, 『한말의 신문소설』, 한국일보사, 1975, 58쪽 참고.

년 2월 2일까지의 발행분과 1905년 6월 13일부터 1906년 8월 29일까지의 발행분[3]은 한국연구원에 소장되어 있다. 다만 아쉽게도 1905년 2월 3일부터 6월 12일까지 5개월분의 지면은 전하지 않는다.

3월 10일 창간호 발행 후 4일간 휴간[4]하고 15일에 발행된 제2호까지는 『대한일보』의 모든 기사가 국한문으로 작성되었지만, 3월 16일 자 제3호부터 4면 잡보란에 「婦부人인斷단髮발」과 「리어약利於藥」이라는 제목의 한글 기사 두 편[5]이 최초로 게재되었고, 3월 17일부터는 3면으로 자리를 옮겨 이후 고정적으로 한글 잡보 기사가 실렸다.[6] 그러나 1904년 12월 28일 자 제232호까지 계속되었던 한글 잡보 기사의 게재는 1905년 1월 5일 자 제233호부터 중단되었고, 이후의 발행분에서는 국한문 기사만이 게재되었다. 해당 기간에 발행된 총 232호까지의 발행분 중 유실되거나 한글 기사가 게재되지 않았던 49개의 발행분을 제외한 183개의 발행분에 총 677건한 호당 평균 3.7건의 한글 잡보 기사가 게재되었음을 확인할 수 있었다. 이처럼 한글 잡보 기사가 1904년에 집중적으로 게재되었음에도 불구하고 기존의 연구에서는 주로 1905년 이후에 소설란에 실린 작품들만을 대상으로 논의가 이루어져 왔기 때문에 『대한일보』 소재 한글 잡보 기사 전체에 대한 고찰은 충분히 이루어지지 않았다고 할 수 있다.

좀 더 구체적으로 『대한일보』의 지면 구성과 한글 잡보 기사가 게재된 양상에 대해 살펴보도록 하자. 총 5단으로 인쇄된 『대한일보』는 1면 1~2단에 논설을 배치한 후 1면의 3~5단과 2면 전체, 그리고 기사가 많은 경우에는 3면 1~2

3 기간이 겹치는 1905년 12월 10~17일까지의 발행분은 두 기관 모두 소장하고 있다.

4 휴간 사유는 발행 준비가 충분히 되어 있지 않았기 때문인 것으로 보인다. 창간호 3면에 "本社特別廣告 我大韓日報는 豫告와 如히 本日에 始爲發刊하얏스나 更히 事務의 整理치 못함으로 來十四日ᄭᆞ지 休刊하고 十五日붓터 每日引續發刊할 터이니 愛讀 僉君子는 照諒하시옵"라고 기재되어 있다.

5 기사 제목은 한자와 한글이 병기되어 있지만 본문은 한글로만 작성되어 있다.

6 이후의 한글 기사들은 일부 예외를 제외하고 대부분의 제목-한자, 본문-한글의 형태로 게재되었다.

단에 이르기까지 국한문 잡보 기사를 게재했고 4면에는 광고를 게재하는 형태의 지면 구성이 대체로 일관되게 유지되었다. 한글 잡보 기사는 1일당 최소 1건에서 최대 10건 정도가 3면에만 게재되었는데, 그날그날의 기사 분량에 따라 적게는 3면의 한 단에서 많게는 네 단까지의 지면을 채우는 경우가 일반적이었다.

이 한글 잡보 기사는 국한문 기사와 달리 서사적 기사의 비중이 높다는 점에서 주목할 필요가 있다. 국한문 기사의 경우는 대개 100자 혹은 200자 내외의 단순 보도 기사가 대부분을 차지하고 있는 데 비해, 한글 잡보 기사는 연속 게재의 형식으로 장형화長型化한 것이 적지 않을 뿐 아니라 연속 게재 기사가 아니더라도 내용 자체를 서사적으로 구성하는 경우가 많았다. 이로 인해 보도 대상이 되는 사건 및 상황에 대한 구체적인 묘사와 다양한 맥락들에 대한 풍부한 서술이 이루어질 수 있게 되었다. 최초로 게재된 한글 잡보 기사인 「부인단발」과 「리어약」에서부터 이러한 특성은 분명하게 드러난다.

婦부人인斷단髮발

이ᄃᆞᆯ 쵸ᄉᆡᆼ에 ᄌᆞ하현 애지군 셔압립촌에 잇ᄂᆞᆫ 신션ᄉᆞ라 ᄒᆞᄂᆞᆫ 졀에 엇더ᄒᆞᆫ 즁 ᄒᆞ나히 와셔 그 마을 사ᄅᆞᆷ들을 모아가지고 이번 젼ᄌᆡᆼ에 관계되ᄂᆞᆫ 일을 연셜ᄒᆞ니 그ᄯᅢ에 모힌 사ᄅᆞᆷ들이 ᄉᆡᆼ각ᄒᆞ되 엇더튼지 뎍국을 쳐셔 이긴 후에 긋치믈 결단ᄒᆞᄂᆞᆫ 마음이 업셔ᄉᆞᄂᆞᆫ 불가ᄒᆞ니 우리들이 침이 적지마ᄂᆞᆫ 군국 독림 포교원이 되야 간 곳마다 군ᄉᆞ의 강ᄒᆞ게 되어가게 빌믈 연셜ᄒᆞ야 사족의 긔샹을 강ᄒᆞ게 되야가믈 도아주랴고 ᄒᆞᄂᆞᆫ 터이니 오신 여러분 남녀 손님도 그 ᄯᅳᆺ으로 아모쵸록 심 밋기ᄭᆞ지ᄂᆞᆫ ᄒᆞ야 보ᄌᆞᄂᆞᆫ ᄯᅳᆺ을 가ᄌᆞᆼ 렬심으로 말ᄒᆞᆷ을 듯고 모든 녀인들은 ᄶᅩ곰도 욱쟉이지 아니ᄒᆞ고 드른 후에 한곳에 모야 안져셔 의논을 열고 말ᄒᆞ기를 우리들은 잇셔도 효험이 업ᄂᆞᆫ 녀편ᄂᆡ의 몸인 고로 인제ᄂᆞᆫ 우리나라 군ᄉᆞ의 익 이길 것과 젼장에 간 군인들의 ᄒᆡᆼ복을 빌미 됴킷다 ᄒᆞ고 셔로 말ᄒᆞ며 젼ᄒᆞ야 녀인의 거문 머림털에게는 큰 코기리라도 다 라난다는 ᄉᆡᆼ각을 먹고 머리를 깍는 녀인이 적으을가 ᄒᆞ고 즉시 그날밤에 열네술 우 희로붓터 스믈 다셧술 아ᄅᆡ 쳐녀들과 예슌술 된 늘근 녀인ᄭᆞ지도 합 십오명이 모야 셔 나라를 위ᄒᆞ미라 ᄒᆞ고 머리털을 비여셔 편지 봉쇽에 너어셔 각기 나라를 위ᄒᆞ고 군인을 위ᄒᆞ야 머리털를 버혀 바리믈 써 셔당에 올이고 날마다 싸홈ᄒᆞ야 이김믈 빌 엇다 하니 이 말을 듯고 보는 사ᄅᆞᆷ은 다만 부인이 귀신을 밋음이라고 웃는 사ᄅᆞᆷ도 잇게스나 이거슬 보고 웃는 ᄌᆞ는 도리혀 다른 사ᄅᆞᆷ의 우슴을 면치 못하리로다[7]

리어약利於藥

츙쳥도 회덕이라 ᄒᆞ는 고을은 본ᄃᆡ 토옥ᄒᆞ고 사부가 만히 사는ᄃᆡ 그 즁에 더욱 부요ᄒᆞᆫ 동리가 잇기로 그 곳 량반들은 ᄌᆞ긔의 뎐답을 작인 맛겨 병작ᄒᆞ야 먹고 ᄒᆞᆯ 일이 업는 고로 ᄉᆞ랑 ᄒᆞ나흘 동ᄂᆡ즁 ᄒᆞᆫ복판에 지여두고 리약이 계를 모아 ᄆᆡ일 밤낫 업시 일동이 모여 쇼일ᄒᆞ는ᄃᆡ 엇더ᄒᆞᆫ 대감은 존위 되고 엇던 영감은 부존위 되며 엇 더ᄒᆞᆫ 로인은 남의 리약이 파임ᄂᆡ기를 잘ᄒᆞ고 엇더ᄒᆞᆫ ᄉᆡᆼ원임은 겹말을 잘 쓰고 엇더 ᄒᆞᆫ 셔방임은 핀준도 잘 쥬고 엇더ᄒᆞᆫ 도령임은 말깃도 잘 달고 엇더ᄒᆞᆫ ᄇᆡᆨ셩은 챵밧게 셔 녀듯기도 ᄒᆞ고 엇더ᄒᆞᆫ 과긱은 반ᄃᆡ도 ᄒᆞ야 이러케 셰월을 허송ᄒᆞ면셔 ᄒᆞ는 말이 우리는 ᄇᆡ부르고 등더우니 셰상에 다른 것 무엇ᄒᆞ리오 이ᄃᆡ로 한ᄇᆡᆨ년 살다가 쥭으 면 그만이지 누구든지 리약이 ᄒᆞ나 어셔 ᄒᆞ오 ᄒᆞᆫ 대감 ᄒᆞ는 말이 우리는 소년 등과 ᄒᆞ야 당하쥰직 다 지ᄂᆡ고 가션승탁ᄒᆞ얏스ᄂᆞ 쳥환즁에 대뎨학을 못지ᄂᆡ여셔 평ᄉᆡᆼ 한이로셰 한 사ᄅᆞᆷ ᄒᆞ는 말이 이 ᄃᆡ감은 판셔ᄭᆞ지 ᄒᆞ셧스니 졍승 ᄒᆞᆫ 계뎨만 남엇거니 와 우리는 쵸시 ᄒᆞᆫ 장 쵸ᄉᆞ ᄒᆞᆫ나 못ᄒᆞ야셔 쥭어도 눈을 감지 못ᄒᆞᆯ깃ᄉᆞ외다 여보 그 말 마오 우리 과거ᄒᆞ고 벼술 단일 ᄶᆡ에는 셰샹도 태평ᄒᆞ고 물가도 지헐ᄒᆞ더니 근년 당ᄒᆞ야는 타국이 와셔 통샹인지 무엇인지 ᄒᆞᆫ 후에는 쳥환은 고ᄉᆞᄒᆞ고 돌님 벼술 ᄒᆞ

7 「婦부人인斷단髮발」, 『대한일보』, 1904.3.16, 4면.

나 맛볼 슈도 업고 빅물은 고등ᄒᆞ야 량반은 다 못슬게 되얏스니 엇지ᄒᆞ면 조흘는지 그 외에 더욱 분ᄒᆞ고 졀통ᄒᆞᆫ 것은 타국인이 드러와셔 각쳐에 퍼저셔 살기도 ᄒᆞ고 광산이니 텰도이니 어채이니 삼입이니 (미완)[8]

먼저 「부인단발」은 일본 자하현滋賀縣 즉 시가켄의 신선사라는 절에 모인 여성들이 러일전쟁의 승리를 기원하며 단발을 했다는 내용을 담고 있으며, 전시 체제하에서 다양한 방식으로 이루어졌던 국민 동원 양상과 전승에 기여하기 위해 선전을 수행하는 종군 매체로서의 특성을 여실히 보여주고 있다. 이에 비해 「리어약」 제1회는 이러한 어용 및 종군 매체로서의 특성과는 사뭇 다른 화제와 내용을 담고 있는 기사라고 할 수 있다. 일본이 아닌 한국의 충청도 회덕 지방 어느 고을의 양반들이 이야기 계契를 만들어 각자 자신이 하고 싶은 말을 펼쳐 나가는 형태로 서두가 시작되며, 내용에서도 알 수 있듯이 구시대적 관점을 지닌 양반 계층들이 자신들의 신세를 한탄하고 세태를 비판하는 언술들이 제시되어 있다. 이 「리어약」은 이후 거의 매일 장기간에 결쳐 연속으로 게재되었는데,[9] 연재 초기의 도입부 내용과 달리 낱말의 뜻을 풀어내는 수수께끼 등 언어유희와 함께 다양한 소화笑話와 재담才談 등 흥미 위주의 짧은 이야기들을 게재하는 경우가 대부분이었다.

전자는 실제 있었던 일을 보도하는 기사일 가능성이 매우 높지만 후자의 경우는 사건을 보도하는 기사문과는 다소 거리가 있는 형식임을 알 수 있다. 창간 직후 가장 먼저 한글 잡보란에 게재된 이 2편의 기사는 이후 주로 친일적 정파성의 관점에서 당대의 사건 사고를 보도하는 기사와 독자의 흥미를 불러일으키기 위한 오락적 서사물이라고 하는 『대한일보』의 두 가지 대표적인 기사의 내

---

8 고금총화자(古今叢話子), 「리어약利於藥」, 『대한일보』, 1904.3.16, 4면.
9 조사 결과 1907년 10월 14일까지 총 123회에 걸쳐 연재되었음을 확인하였다.

용적 경향성을 대표하는 것이기도 하다. 이 같은 내용상의 차이점에도 불구하고 두 기사는 구체적인 시공간 속에서 등장인물의 담화 또는 행동에 의해 내용 사건이 전개되는 방식을 취하고 있다는 점에서 일종의 서사적 기사로 볼 수 있다. 이처럼 『대한일보』 소재 한글 잡보 기사들은 대체로 장형화 경향을 보임과 동시에 서사성을 구비하고 있는 경우가 적지 않다는 점에서 같은 지면에 실렸던, 국한문으로 작성된 기사와는 뚜렷하게 대비된다고 할 수 있다.

이러한 사실은 『대한일보』가 발행 초기부터 한글 해독층 독자의 확보를 위해 잡보란을 통해 주로 한글로 된 단형서사문학작품을 게재했던 근대 초기의 다른 신문들과 유사한 양상을 보였다는 점을 시사하고 있다. 앞 장에서 언급했듯이 잡보란에 최초로 서사적 기사와 함께 본격적인 서사물을 게재한 신문이 『한성신보』였다는 사실을 고려할 때, 일본인 발행 신문이라는 속성을 공유하고 있는 『대한일보』가 한국의 전래 서사를 잡보란에 게재한 이유는 한글을 독해할 수 있는 조선인 독자층의 확보에 있다고 할 수 있기 때문이다. 이는 흥미성을 강화함으로써 한글 해독층 독자를 확보하고자 했던 신문사 경영진 또는 집필진의 의도가 반영된 결과로 이해해야 할 것이며, 잡보란을 통해 주로 한글로 된 단형서사문학작품을 게재했던 근대 초기의 다른 신문들, 그중에서도 『한성신보』와 밀접한 유사성을 보여준다고 할 수 있다. 그러나 이러한 『대한일보』의 경향은 동일한 형식의 서사적 기사를 게재하더라도 상대적으로 교훈적이고 현실 비판적인 메시지의 전달에 주력했던 『대한매일신보』나 『제국신문』과는 달리 흥미성에 더욱 초점을 맞추고 있다는 점에서 차이점이 있다. 이에 먼저 단형 서사로서의 면모를 보이고 있는 기사들에 대해 살펴보도록 하겠다.

『대한일보』 잡보란에 게재된 이 단형 서사 작품들은 비교적 짧은 분량으로 이루어진 재담적 성격의 소화와 상대적으로 서사적 짜임새를 충실하게 지니고 있는 장형화된 서사물로 대별되며 이들 중 상당수가 야담 및 설화 등의 전래 서사를 수용한 것으로 추정된다. 초기에는 짤막한 소화가 주를 이루었지만 점차 본격적인 서사물로서의 구성을 갖추고 장형화되는 경향을 보이기 시작했으며, 단순한 전재轉載의 수준을 넘어 기존의 전래 서사를 일정 정도 변전시키는 양상을 볼 수 있다. 이후 한글 잡보 기사의 게재가 계속됨에 따라 점차 장면의 입체성과 디테일의 풍부성을 살리는 방향으로 서사적 성격이 강화되었고 그 결과 본격적인 서사물에 가까운 형태의 단형 서사로 발전된 모습을 보였다. 먼저 다음의 기사들은 초기에 게재되었던 소화 및 재담의 대표적인 사례들이라고 할 수 있다.

ᄯᅩ ᄒᆞᆫ 사ᄅᆞᆷ ᄒᆞᄂᆞᆫ 말이 여러분 리어약은 아모 ᄌᆞ미가 업스니 ᄌᆡ담이ᄂᆞ ᄒᆞ시오 예 그러ᄒᆞ면 왼편 볼기갓튼 것이 무엇시오, 올흔편 볼기, 그러면 ᄌᆞ가옷되난 콩이 무어시오, 콩ᄌᆞ반, 그러면 사ᄅᆞᆷ의게 반챤 항아리와 실과 두 가지가 잇스니 무엇인고, ᄇᆡᄒᆞ고 복셩화쌔하고 쟝단지, 그러면 사ᄅᆞᆷ의게 ᄉᆞᄇᆡᆨ이 잇스니 무엇인고。 덧이ᄇᆡᆨ이, 그러면 사ᄅᆞᆷ의게 이ᄇᆡᆨ이 잇스니 어ᄃᆡ 잇ᄂᆞ。 ᄇᆡᆨ곱。 그러면 쌔속으로 ᄉᆞᆯ진 것이 무엇인ᄀᆞ。 게발[10]

ᄯᅩ ᄒᆞᆫ 사ᄅᆞᆷ ᄒᆞᄂᆞᆫ 말이 녜도 ᄒᆞᆫ 사ᄅᆞᆷ은 밤낫 놀기만 ᄒᆞ고 아모 것도 아니ᄒᆞ기로 그 안ᄒᆡ ᄎᆡᆨ망ᄒᆞ기를 쟝ᄉᆞ를 ᄒᆞ야셔 돈을 남겨야 살지 놀고 잇스면 무어슬 먹으랴 ᄒᆞ오 그 남ᄌᆞ가 ᄒᆞᄂᆞᆫ 말이 쟝사를 ᄒᆞ랴 ᄒᆞ면 밋쳔이 잇셔야 ᄒᆞ깃다 ᄒᆞᄆᆡ 그 안ᄒᆡ가 돈 녈량을 쥰즉 그 남ᄌᆞ가 돈을 가지고 쟝거리에 ᄂᆞ가셔 돈 ᄊᆞᆫ ᄉᆞᆺ츨 붓들고 ᄂᆡ두른즉 엇마지음 ᄉᆡ져 업셔졋ᄂᆞᆫ지라 남져지만 가지고 집에 도라왓거ᄂᆞᆯ 그 안ᄒᆡ가 말ᄒᆞ되 오ᄂᆞᆯ 쟝ᄉᆞ에 돈이 엇마ᄂᆞ 남앗ᄂᆞ냐 ᄒᆞᆫ즉 그 남ᄌᆞ가 대답ᄒᆞ되 칠팔량이ᄂᆞ 남앗노라 그 안ᄒᆡ가 대단 깃버ᄒᆞ얏더니 슈일 된 후에 그 남ᄌᆞ가 밋쳔을 ᄯᅩ 달나 ᄒᆞ거ᄂᆞᆯ 그 안ᄒᆡ가 놀나 물은즉 ᄃᆡ답ᄒᆞ되 그 동안 돈이 ᄎᆞᄎᆞ 죠금식 남아가더니 지금은 ᄊᆞᆫ만 남앗노라 그 안ᄒᆡ 그졔야 ᄭᆡ다른즉 돈을 가지고 쟝ᄉᆞᄒᆞᆫ 것이 아니라 가지고 나가셔 ᄊᆞᆫ만

10 「리어약利於藥(續)」, 『대한일보』, 1904.3.19, 3면.

붓들고 ᄂᆡ여둘넛스니 엇지 나머지가 잇슬이오 하 긔가 막혀 다시ᄂᆞᆫ 쟝ᄉᆞᄒᆞ라 ᄒᆞ지 아니ᄒᆞ얏다 ᄒᆞ니 그런 병신놈이 어ᄃᆡ 잇쇼

(…중략…) 그 사ᄅᆞᆷ 말하되 녜도 ᄒᆞᆫ 사ᄅᆞᆷ은 쵸년에ᄂᆞᆫ 고ᄉᆡᆼᄒᆞ다가 즁년에 부ᄌᆞ가 되야 뎐답도 만히 쟝만하고 집 하나흘 짓되 륙간ᄃᆡ청 오량각에 션ᄌᆞ춘여 물님퇴며 만살쟝ᄌᆞ 완ᄌᆞ챵에 분합마루 란간 ᄭᅵ고 안밧 ᄉᆞ랑 즁힝낭과 쇼슬대문 잡이간을 네귀 번 듯 넙구ᄌᆞ로 지여놋코 압뒤 들에 화계 모고 각ᄉᆡᆨ 화쵸 버려놋코 괴셕 ᄒᆞ나 노ᄒᆞᆺᄂᆞᆫᄃᆡ 그 괴셕 즁간에 구녕 ᄒᆞ나히 잇스니 깁기ᄂᆞᆫ 깁고 ᄒᆞᆫ 편은 막혀ᄂᆞᆫᄃᆡ 둑겁이 하나히 어ᄃᆡ로셔 오더니 그 구녕으로 드러갓다더라 리어약 듯든 사ᄅᆞᆷ ᄒᆞᄂᆞᆫ 말이 ᄌᆞ네 리어약 다 ᄒᆞ얏ᄂᆞᆫ가 그 사ᄅᆞᆷ 아모 말 아니하고 안졋거ᄂᆞᆯ ᄯᅩ ᄌᆡ촉ᄒᆞ되 그 둑겁이가 구녕으로 들어가셔 엇지ᄒᆞ얏노 그 사ᄅᆞᆷ ᄒᆞᄂᆞᆫ 말이 그 쇽에 드러가셔 ᄒᆞᄂᆞᆫ 일은 ᄂᆡ나 쟈네나 셔로 모로기ᄂᆞᆫ 맛치 ᄒᆞᆫ가지니 그 둑겁이가 나와야 알 일이로다 좌즁이 박장ᄃᆡ쇼ᄒᆞ더라[11]

같은 「리어약」이라는 제목으로 연속 게재된 위의 기사들은 1회에 등장했던 회덕의 양반들이 번갈아가며 좌중을 웃길 만한 재미있는 이야기들을 들려주는 방식으로 전개되고 있다. 처음에는 일종의 언어유희라 할 수 있는 수수께끼를 펼치다가 점차 재담 및 소화를 들려주는 형태로 변화하고 있음을 알 수 있다. 그러다가 「리어약」에서는 다음의 기사처럼 야담에서 유래된 단형 서사를 이틀에 걸쳐 연속 게재하기도 하였는데 이는 모두 독자로 하여금 흥미를 불러일으키기 위한 의도에서 선택된 것이라고 보는 것이 타당하다고 본다.

ᄯᅩ ᄒᆞᆫ 사ᄅᆞᆷ ᄒᆞᄂᆞᆫ 말이 녜도 ᄒᆞᆫ 사ᄅᆞᆷ이 무과 츌신으로 병판ᄃᆡᆨ에 단닌 지가 녀러 ᄒᆡ로되 쵸ᄉᆞ ᄒᆞ나 못 엇어 ᄒᆞ고 대감의 쇼일ᄒᆞ야 드리노라고 리어약만 ᄒᆞᄂᆞᆫᄃᆡ 그 즁에

---

11 「리어약利於藥(續)」, 『대한일보』, 1904.4.2, 3면.

거즛말을 셧거 그 대감을 항상 쇽이는지라 ᄒᆞ로는 쥬인 대감이 병판ᄃᆡ감더러 ᄒᆞ는 말이 요ᄉᆞ이 무엇으로 쇼일ᄒᆞᄂᆞ ᄃᆡ답하기를 집에 츌신 ᄒᆞ나히 리어약을 잘ᄒᆞ야 쇼일을 잘ᄒᆞ는 그 사ᄅᆞᆷ이 본ᄅᆡ 거즛말을 셧거 날을 쇽이는 고로 분ᄒᆞ야 못 견ᄃᆡ깃ᄂᆡ 녀보게 대감 그것 무슨 말인가 ᄃᆡ면ᄒᆞ야 슈쟉ᄒᆞ면셔 쇽는다는 말 어불셩셜일세 어그 말 말게 원ᄅᆡ 그 츌신이 구변이 잇는ᄃᆡ 겸ᄒᆞ야 권변이[12]

원ᄅᆡ 그 츌신이 구변이 잇는ᄃᆡ 겸ᄒᆞ야 권변이 만흔 ᄉᆡ들으로 암만ᄒᆞ야도 쇽지 아니홀 슈가 업ᄂᆡ 어 그러홀 터이면 그 사ᄅᆞᆷ을 ᄒᆞᆫ 번 보ᄂᆡ여셔 나도 ᄒᆞᆫ 번 리어약을 듯게 ᄒᆞ야 ᄂᆡ가 쇽으면 ᄂᆡ가 그 사ᄅᆞᆷ을 쵸ᄉᆞ식이고 ᄂᆡ가 쇽지 아니ᄒᆞ면 ᄂᆡ 집 사ᄅᆞᆷ ᄒᆞ나흘 ᄌᆞ네가 식이기로 ᄂᆡ기ᄒᆞ는 것이 엇더ᄒᆞᆫ가 그 ᄃᆡ감이 집에 도라와 즉시 그 츌신을 리판셔댁으로 보ᄂᆡ니 리판셔가 그 츌신다려 리어약ᄒᆞ야 나를 쇽이면 쵸ᄉᆞ ᄒᆞᄂᆞ 식힐이라 ᄒᆞ거ᄂᆞᆯ 그 츌신이 말ᄒᆞ되 녯일을 말ᄉᆞᆷᄒᆞ올잇가 근년 일을 말샴ᄒᆞ올잇가 그 ᄃᆡ감 ᄒᆞ는 말이 그것 ᄌᆞᄂᆡ 님의ᄃᆡ로 ᄒᆞ게 그러면 쇼인이 그젼에 지ᄂᆡᆫ 일을 말ᄉᆞᆷᄒᆞ올이다 쇼인이 한량으로 단일 적에 모화관셔 활을 쏘더니 즁텬에 기러거 ᄒᆞᆫ 쎼가 지나가는 즁에 외기러기가 잇기로 녀러 한량이 말ᄒᆞ되 여긔 모힌 한량 즁에 누구든지 져 외기러기를 맛치는 사ᄅᆞᆷ 잇스면 여긔 모힌 한량들이 모다 ᄒᆞᆫ턱식 홀이라 ᄒᆞ기로 쇼인이 그 기러기를 맛쳣ᄉᆞ외다 그 대감 ᄒᆞ는 말이 이것 거즛말이 아닌가 아니외다 그것을 맛친 후에 모다 ᄒᆞᆫ턱식을 ᄒᆞ는ᄃᆡ 그 음식에 샨진히슈가 무불부존ᄒᆞ고 그 즁에 보음즉ᄒᆞᆫ 것은 잉도 ᄒᆞ나히 인경덩어리만ᄒᆞᆫ 것이 잇습데다 ᄃᆡ감이 발연ᄃᆡ로ᄒᆞ야 칙망ᄒᆞ되 이 사ᄅᆞᆷ 세상에 인경만ᄒᆞᆫ 잉도가 어ᄃᆡ 잇스리오 ᄌᆞᄂᆡ가 병판ᄃᆡ감 져러케 쇽이고 ᄂᆞᆯᄉᆡ지 쇽이러 드는가 그 츌신니 이러셔며 ᄒᆞ는 말이 대감은 쇽지는 아니ᄒᆞ신 듯ᄒᆞ야도 쇼인은 쵸ᄉᆞ를 밋고 가옵ᄂᆞ이다 ᄃᆡ감 말이 ᄌᆞᄂᆡ가 날을 쇽이지 못ᄒᆞ얏는ᄃᆡ 무ᄉᆞᆷ ᄉᆡ들그로 쵸ᄉᆞ를 바라는가 그 츌신 ᄒᆞ는 말이 기러기 ᄂᆞᆯ 쌔에는 잉도가 업는 것은 ᄃᆡ감이 ᄉᆡᆼ각 못ᄒᆞ셧ᄂᆞ이다 ᄃᆡ감이 그졔야 ᄭᆡ듯고 과연 쇽앗스니 쵸ᄉᆞ

12 「리어약利於藥(續)」, 『대한일보』, 1904.4.5, 3면.

식힐밧게 슈 업다 ᄒᆞ고 쵸ᄉᆞ를 식엿다 ᄒᆞ니 그 츌신의 쵸ᄉᆞᄂᆞᆫ 치ᄒᆞᆯ 만ᄒᆞᄂᆞ 그 ᄃᆡ감으로 말하면 나라 공긔를 가지고 리어약으로 쇼일식히ᄂᆞᆫ 사ᄅᆞᆷ을 벼ᄉᆞᆯ식엿다ᄂᆞᆫ 것은 쟐못인 듯[13]

거짓말로 자신을 속일 수 있는 사람에게 벼슬을 주겠다고 공언한 대감과 그런 대감을 감쪽같이 속아 넘어가게 만든 수완을 지닌 무과 출신 한량의 이야기는 과거제가 폐지되고 근대적 관료 임용 제도가 시행되고 있던 당대의 현실과는 거리가 있으며, 사실상 조선 후기 야담으로부터 취재取材한 내용이라고 보아야 할 것이다. 이는 이 기사가 독자들에게 오락을 제공하기 위한 서사물로서 작성되었음을 시사하는 것이다. 이 같은 「리어약」의 단형 서사 게재는 시간이 지날수록 오락성을 강화하기 위해 서사성을 더욱 충분히 갖춘 형태로 발전되어 나갔음을 알 수 있다. 그러나 「리어약」에서는 이후 서사적 기사를 게재하는 경향이 거의 사라지고 지속적으로 한자로 된 사자성어를 풀이하는 기사가 오랜 기간 연속 게재되는 모습을 보이게 된다.

이러한 「리어약」의 기사 변화와 맞물려 창간 후 6개월여가 지나면서부터는 별도의 제목을 붙인 단형 서사가 잡보란에 게재되기 시작하였다. 초기에는 잘 알려져 있는 전래 서사를 수용하여 지면에 게재하기 시작하였는데, 앞의 기사들에 비해 좀 더 장형화되고 서사물로서의 특성을 더욱 뚜렷하게 보여준다고 할 수 있다. 일례로 1904년 9월 9일에 게재되었던 「전신후신前身後身」은 한 선비가 어렸을 적부터 해마다 같은 날 어느 한 집을 찾아가 그 집의 제사 음식을 먹는 꿈을 꾸었는데, 평안감사로 도임한 후 그곳에서 우연히 꿈속에서 보았던 그 집을 실제로 발견하여 찾아가게 되었고 집주인인 노부인의 사연을 들은 후 자신이 전생前生에 노부인의 아들이었다는 사실을 깨달았다는 내용을 담고 있다.

13 「리어약利於藥(續)」, 『대한일보』, 1904.4.6, 3면.

이처럼 내용 자체에 허구적 요소가 개입되어 있는 것으로 보아 「전신후신」은 실제 사건을 다룬 기사로 보기 어려우며 전래 서사로부터 유래된 단형 서사에 해당한다고 할 수 있다.

셔울 북촌 사ᄂᆞᆫ 션ᄇᆡ ᄒᆞ나히 어려셔붓터 ᄭᅮᆷ을 ᄭᅮᆫ즉 셩문을 나셔셔 샨도 넘고 물도 건너 먼 곳에 가셔 ᄒᆞᆫ 집으로 들어간즉 그 집에셔 졔ᄉᆞ를 지ᄂᆡᄂᆞᆫ데 교의 우에 올나 안져 졔를 밧아먹고 도라와셔 ᄃᆞᆨ 우ᄂᆞᆫ 소ᄅᆡ에 놀나 ᄭᆡ기를 ᄒᆡ마다 ᄒᆞᄂᆞᆫ 고로 그 ᄂᆞᆯᄌᆞ를 긔록ᄒᆞ야 두고 증험ᄒᆞ야 본즉 ᄆᆡ년 그 ᄂᆞᆯ이 틀니지 아니ᄒᆞᄆᆡ 고이히 녀겻더니 소년 등과ᄒᆞ야 당하 벼슬 다 지ᄂᆡ고 승지 참판 다 ᄒᆞᆫ 후에 평안감ᄉᆞ로 도임ᄒᆞᆫ 지 몃츨 되지 아니ᄒᆞ야 ᄭᅮᆷ을 ᄭᅮᆫ즉 샴문 밧그로 나가 어ᄂᆡ 골목으로 들어가 ᄒᆞᆫ 집에 이른즉 등촉이 휘황ᄒᆞᆫ데 그젼에 보든 집과 갓더라 들어가 ᄂᆡ뎡에 니르니 졔ᄉᆞ를 지ᄂᆡ거ᄂᆞᆯ 마루에 올나 교의에 안져 졔를 ᄯᅩ 밧아먹고 돌아와 ᄃᆞᆨ의 소ᄅᆡ에 놀나 ᄭᆡ여 ᄉᆡᆼ각ᄒᆞᆫ즉 젼년 ᄂᆞᆯᄌᆞ와 갓튼 고로 이샹히 여겨 통인을 불너 등불을 들니고 가만이 뒤문으로 나셔 ᄭᅮᆷ에 보든 집을 ᄎᆞ져간즉 그 집 대문이 그져 녈녀거ᄂᆞᆯ 샤랑으로 들어가니 ᄒᆞᆫ 로인이 안졋거ᄂᆞᆯ 감사인 톄 아니ᄒᆞ고 말ᄒᆞ되 나ᄂᆞᆫ 셔울 ᄉᆞᄂᆞᆫ데 이곳 구경을 왓다가 기ᄉᆡᆼ 하나흘 샹관이 잇기로 ᄆᆡ일 이 집 압흐로 지나더니 밤이 깁헛ᄂᆞᆫ데 대문이 열녓기로 혹시 잇고 닷치지 아니ᄒᆞ얏스면 봉뎍ᄒᆞᆯ 렴려가 잇셔 들어왓노라 ᄒᆞᆫ즉 그 로인이 대답ᄒᆞ되 그쳐럼 ᄉᆡᆼ각ᄒᆞ신 일은 감ᄉᆞᄒᆞᄂᆞ 오ᄂᆞᆯ이 죽은 ᄌᆞ식의 졔ᄂᆞᆯ이기로 이ᄯᆡᄭᆞ지 문을 닷치지 아니ᄒᆞ얏노라 ᄒᆞ거ᄂᆞᆯ 감ᄉᆞ의 말이 자뎨가 죽은 지ᄂᆞᆫ 몃 ᄒᆡ 되얏스며 무슨 병에 낭ᄑᆡᄒᆞ얏ᄂᆞᆫ이가 ᄒᆞᆫ즉 로인의 말이 ᄌᆞ식이 죽은 지ᄂᆞᆫ 근 사십 년이요 병은 별 병이 아니라 칠팔 셰에 립학ᄒᆞ야 공부를 착실이 ᄒᆞ더니 십오 셰가 되야 과거를 보러 셔울을 가깃다 ᄒᆞ기로 ᄂᆡ가 말ᄒᆞ기를 우리ᄂᆞᆫ 쳐디가 부족ᄒᆞ기로 대대 쟝교ᄂᆞ 단니고 첨ᄉᆞ 만호나 ᄒᆞ면 극공명이지 과거ᄂᆞᆫ 보아도 ᄒᆞ지도 못ᄒᆞ고 과거를 ᄒᆞᆫ다 ᄒᆞ야도 쓸데업다 ᄒᆞ얏더니 ᄌᆞ식놈의 말이 나ᄂᆞᆫ 공부ᄒᆞᆯ ᄯᆡ에 과거ᄒᆞ야 평안감

ᄉᆞ를 ᄒᆞᄌᆞ고 불쳘쥬야ᄒᆞ고 공부ᄒᆞ얏더니 쳐디가 나져셔 과거를 ᄒᆞ야도 쓸데업슬 터이면 공부 아니 ᄒᆞ깃다 ᄒᆞ고 그늘붓터 인위셩병ᄒᆞ야 몃츨 만에 쥭어스니 오늘을 당ᄒᆞ면 비춤ᄒᆞᆫ ᄉᆡᆼ각이 ᄇᆡᆨ승ᄒᆞ다 ᄒᆞ고 눈물을 흘니ᄂᆞᆫ지라 감ᄉᆞ가 ᄂᆡ심에 ᄉᆡᆼ각ᄒᆞ되 ᄂᆡ가 젼ᄉᆡᆼ에 이 집 아ᄃᆞᆯ이로다 ᄒᆞ고 ᄌᆞ긔가 어려셔붓터 씀 쑤든 사연을 다 말ᄒᆞ고 그늘 션화당으로 도라와 그 잇튼늘 그 늘그니를 다려다가 평ᄉᆡᆼ을 갓치 지ᄂᆡ엿다 ᄒᆞ니 감ᄉᆞᄂᆞᆫ 그 쟝교의 ᄌᆞ식 되얏든 후신이라 ᄒᆞ더라더라[14]

흥미로운 사실은 이 「전신후신」과 거의 동일한 내용을 제재로 하고 있는 전래 서사를 여러 야담집에서 찾아볼 수 있다는 점이다. 『청구야담青邱野談』 제213화 「험이몽서백식전신驗異夢西伯識前身」과 1873년에 서유영徐有英이 저술한 문헌설화집으로 알려져 있는 『금계필담錦溪筆談』 제80화 「유일재有一宰」, 그리고 『기문총화奇聞叢話』 제481화 「류참판심柳參判淰」이 그것이다. 같은 내용으로 이루어져 있는 작품이 서로 다른 야담집에 세 편이나 수록되어 전하는 것으로 보아 '그동안 몰랐던 자신의 전생을 알게 된 평안감사' 이야기는 이미 조선 후기부터 야담의 소재로 인기가 있었을 뿐만 아니라 상대적으로 조선 사회에서 대중들 사이에 널리 퍼져 있던 내러티브였을 가능성이 높다고 판단된다. 이러한 대중성과 오락성이 『대한일보』 편집진으로 하여금 이 서사를 잡보란의 기사로 게재하게 만든 이유 중의 하나가 되었을 것으로 추정된다.

다음으로 1904년 9월 23일 「파수추破睡椎」라는 표제標題를 달고 연재되던 기사의 제3화 「하족석치何足惜齒」는 자신이 농락한 남자들에게서 치아齒를 정표로 받아 그 수가 100여 개에 달한 것으로 묘사되고 있는 평양 기생의 이야기를 제시하고 있는데, 이는 곧 「배비장전」의 근원 설화 중 하나로 알려져 있는 발치설화拔齒說話의 내용과 일치한다.[15]

---

14 「前身後身」, 『대한일보』, 1904.9.9, 3면.

엇던 부ᄌᆞ의 ᄌᆞ식 ᄒᆞ나히 나히 이십이 넘도록 호의호식으로만 지ᄂᆡᄆᆡ 쥬ᄉᆡᆨ잡기에만 침혹ᄒᆞ야 밤낫업시 단니다가 평양은 샨쳔경ᄀᆡ 절ᄒᆞ며 아릿다온 기ᄉᆡᆼ이 만타 ᄒᆞᄂᆞᆫ 말을 듯고 돈 몃만 량을 환젼 붓치고 의복호ᄉᆞ와 안쟝치례를 챤란히 ᄒᆞ고 나려가셔 뎨일 명기의 집을 ᄎᆞ져 류슉ᄒᆞ면셔 환젼을 ᄎᆞ져다가 골방에 ᄊᆞ어놋코 기ᄉᆡᆼ의 집도 ᄉᆡ로 ᄉᆞ고 세간범절을 황홀ᄒᆞ게 ᄎᆞ리며 의복 음식을 샹등으로만 ᄒᆞᄂᆞᆫ 고로 그 기ᄉᆡᆼ이 이 사ᄅᆞᆷ 외에 다른 사나희ᄂᆞᆫ 눈에 드ᄂᆞᆫ ᄌᆞ가 업다 ᄒᆞ며 만일 이 사ᄅᆞᆷ이 죽으면 곳 ᄯᆞ라죽깃다고 ᄒᆞᄂᆞᆫ지라 이 소년이 ᄯᅩᄒᆞᆫ ᄉᆡᆼ각ᄒᆞ되 이 계집이 기ᄉᆡᆼ으로셔 ᄂᆡ게 졍이 이럿케 잇슨즉 이런 희한ᄒᆞᆫ 일이 업ᄂᆞᆫ지라 만일 이 계집이 죽으면 나도 ᄯᅩᄒᆞᆫ ᄯᆞ라죽을이라 ᄒᆞ야 ᄉᆞᄉᆡᆼ울 갓치 ᄒᆞ기로 작뎡ᄒᆞ얏더니 슈 년이 지나ᄆᆡ 가지고 간 돈은 다 업셔지고 져의 집 편지를 본즉 이왕 잇든 ᄌᆡ물은 쟝ᄉᆞ에 랑ᄑᆡᄒᆞ야 다 업셔지고 늘근 부모ᄂᆞᆫ 병이 들어 긔지ᄉᆞ경이라 ᄒᆞ얏ᄂᆞᆫ지라 그 기ᄉᆡᆼ다려 이 편지 ᄉᆞ연을 말ᄒᆞ고 ᄯᅥ나가ᄂᆞᆫ 졍이 연연ᄒᆞ나 ᄉᆞ세가 볼가불 집에 가셔 부모의 임종이나 ᄒᆞ고 오깃다 ᄒᆞᆫ즉 그 계집이 ᄉᆡᆼ각ᄒᆞ되 형세가 결단낫다 ᄒᆞ니 다시 와야 긴ᄒᆞᆯ 것이 업스되 것마츄ᄂᆞᆫ 말노 친환이 극즁ᄒᆞ시다 ᄒᆞ니 가셔 뫼옵기ᄂᆞᆫ ᄒᆞᆯ여니와 나를 두고 가신단 말이 어인 말이오 그 소년이 말ᄒᆞ되 너를 두고 가ᄂᆞᆫ ᄂᆡ 마ᄋᆞᆷ도 잇ᄂᆞᆫᄃᆡ 네 말을 드ᄅᆞᄆᆡ 더욱 긔가 막히니 아모 말도 말고 슈 삭만 기다리라 그 기ᄉᆡᆼ이 손을 붓들고 울며 불며 이런 이별도 세상에 ᄯᅩ 잇ᄂᆞᆫ가 목이 며여 말도 못ᄒᆞ고 눈물이 비오듯 ᄒᆞᄂᆞᆫ 모양은 뉘 아니 쇽을이오 그 소년이 역시 눈물을 흘니며 ᄒᆞᆫ 손으로 계집의 눈물을 씻기며 ᄒᆞᆫ 손으로 등을 두다리며 울지 말아 울지 말아 슈 삭이면 다시 온다 울지 말아 울

15 한국민족문화대백과사전 홈페이지 〈발치설화〉 항목 참고.
URL(http://encykorea.aks.ac.kr/Contents/SearchNavi?keyword=발치설화&ridx=0&tot=1) 줄거리는 다음과 같다. "장안의 한 소년이 경주의 아름다운 기생에게 혹하여 지내다가 이별하게 되었다. 기생이 신물로 몸의 일부(切身之物)를 요구하므로, 소년은 자기의 이를 뽑아 기생에게 주고 서울로 돌아왔다. 뒷날 그 기생이 다른 남자와 좋아지낸다는 말을 듣고 기생에게 가서 자신의 이를 돌려달라고 했다. 기생은 소년을 비웃으면서, 자루에 가득 담겨 있는 이를 내보이며 찾아가라고 하였다. 그 동안 남자들이 빼서 준 이가 그렇게 많았던 것이다."

지 말아 ᄂᆡ가 가면 아죠 가나 렴려 말아 렴려 발아 쇽히 오마 쇽히 오마 그 계집의 말이 가실 터이거든 경표 ᄒᆞ나흘 두고 가라 ᄒᆞᄂᆞᆫ지라 소년이 ᄉᆡᆼ각ᄒᆞ야도 쥴 만ᄒᆞᆫ 것이 업다 ᄒᆞᄆᆡ 계집의 말이 왼몸에 긴ᄒᆞᆫ 것은 니에셔 더 긴ᄒᆞᆫ 것 업스니 니 ᄒᆞ나를 ᄲᆡ여 달나 ᄒᆞ거ᄂᆞᆯ 소년이 즉시 니 ᄒᆞ나를 ᄲᆡ여쥬고 간신이 ᄯᅥ나 문을 나ᄆᆡ 그 계집이 뒤를 ᄯᆞ라오면셔 쇽히 오시오 쇽히 와요 ᄒᆞᆫ 거름 두 거름 오리뎡ᄭᆞ지 ᄶᅩᆺᄎᆞ오니 비록 텰셕간장이라도 다 녹을너라 그러ᄒᆞ나 길이 밧브므로 셥셥ᄒᆞᆫ 마음 억졔ᄒᆞ고 그 계집을 리별ᄒᆞ야 드려보ᄂᆡᄆᆡ 그리ᄒᆞ야도 이즐 슈가 업ᄂᆞᆫ지라 뎡ᄌᆞ나무 밋헤 안져 가ᄂᆞᆫ 양을 보고 잇더니 엇던 총각 ᄒᆞ나히 나흔 이십ᄉᆞ오 셰 되고 의복은 남누ᄒᆞ고 압니 ᄒᆞ나히 업ᄂᆞᆫ데 겻헤 와 안거ᄂᆞᆯ 그 소년이 불샹이 여겨 거쥬 셩명과 무슨 ᄉᆡᆼ의를 ᄒᆞᄂᆞ냐 무른즉 그 총각이 ᄃᆡ답ᄒᆞ되 이왕 안셩셔 유긔쟝ᄉᆞᄒᆞ야 돈 쳔이나 쟐 버렷다가 평양 와셔 아모 기ᄉᆡᆼ의게 다 먹키고 지금은 걸식을 ᄒᆞᆯ 디경이오 ᄒᆞ거ᄂᆞᆯ 소년이 ᄯᅩ 무르되 나히 졀문데 니가 ᄲᆡ졋스니 어인 곡졀이냐 ᄒᆞᆫ즉 대답ᄒᆞ되 그 기ᄉᆡᆼ의게 경표로 ᄲᆡ여쥬엇다 ᄒᆞ거ᄂᆞᆯ 그 소년이 드른즉 그 기ᄉᆡᆼ은 곳 ᄌᆞ긔 샹관ᄒᆞᆫ 계집이라 ᄌᆞ긔도 니 ᄲᆡ여쥰 일을 ᄉᆡᆼ각ᄒᆞ고 분로대발ᄒᆞ야 ᄌᆞ긔집에셔 온 하인으로 그 기ᄉᆡᆼ의 집에 보ᄂᆡ여 니를 ᄎᆞ져오라 ᄒᆞ얏더니 그 하인이 기ᄉᆡᆼ의 집에 가셔 셔방님 니를 달나 ᄒᆞᆫ즉 그 기ᄉᆡᆼ이 쥬머니 ᄒᆞ나를 ᄂᆡ여던지며 그 쇽에셔 ᄎᆞ져가라 ᄒᆞᄂᆞᆫᄃᆡ 녀러 ᄇᆡᆨ ᄀᆡ가 되ᄆᆡ 어ᄂᆡ 것인지 알지 못ᄒᆞ기로 ᄎᆞ져오지 못ᄒᆞ얏다 ᄒᆞ니 간ᄉᆞ요악ᄒᆞᆫ 계집은 이 기ᄉᆡᆼ과 갓다 ᄒᆞ더라[16]

발치설화는 『고금소총』에도 「부지하치不知何齒」라는 제목으로 수록되어 있지만 그 내용이나 분량이 매우 소략한 편이다. 이에 비해 인용된 기사문에서도 확인할 수 있듯이 「하족석치」에서는 같은 내용이라 할지라도 인물들 간의 대화를 제시하는 방식과 디테일의 풍부성을 강화하는 형태로 서사가 장형화되는 경향

16 「何足惜齒」, 『대한일보』, 1904.9.23, 3면.

을 보이고 있다. 다시 말해 『대한일보』의 발행 초기에는 제재적 원천이 되는 작품을 단순히 한글로 옮기는 수준에서의 집필이 이루어졌고 이에 따라 소화의 게재 비율이 높았다고 한다면, 한글 잡보 기사의 게재가 이어질수록 장면의 입체성과 디테일의 풍부성을 살리는 방향으로 서사적 성격이 강화되는 양상이 나타났고 그 결과 본격적인 서사물에 육박하는 수준의 단형 서사의 형태로 발전해 나갔다고 할 수 있다. 이러한 맥락의 연장선상에서 기존의 연구에서 소개된 바 있는 「김씨피난」[17]과 「쌍봉기연」[18]과 같은 과도기적 서사문학작품이 산출될 수 있었고, 나아가 소설란이 독립되면서 「일념홍」·「용함옥」·「여영웅」과 같은 장편소설작품의 연재를 견인할 수 있었던 것이라고 보아야 할 것이다. 이런 점에서 『대한일보』는 『한성신보』와 『제국신문』, 그리고 『대한매일신보』 등과 함께 근대 초기 한국의 단형서사문학의 형성과 정립에 의미 있는 기여를 한 매체로서 평가받을 수 있다고 생각한다. 조사 결과 총 677건의 한글 잡보 기사 중 단형 서사 작품으로 볼 수 있는 작품은 총 29편에 달하였는데, 그 목록과 핵심 내용을 표로 제시하면 다음과 같다.

〈표 1〉 『대한일보』 소재 단형 서사 목록137

게재일 (1904)	제목	연번	핵심 내용
4.1[19]	리어약利於藥11	1	죽은 시신을 보고 약방문을 적는 사람(233자)
4.2	리어약利於藥12	2	장사 밑천 열 냥을 잃어버린 남편(430자)
		3	뒤뜰 돌구멍 속으로 들어간 두꺼비의 행적(606자)
4.3	리어약利於藥13	4	지렁이 국으로 시어머니 봉양한 며느리(325자)
		5	술 외상 안 주는 주모를 무안 준 사람(321자)
		6	제 그림자를 보고 짖다가 고기를 잃어버린 개(165자)
		7	스스로 죽는 방법을 누설해 죽게 된 거북이(204자)

17 정보라미, 「〈마상루〉계 피난서사 자료의 상호 관계 재고」, 『우리문학연구』 45, 우리문학회, 2015, 159~195쪽 참고.

18 이유미, 「일본인 발행 미디어의 기획된 단편소설」, 『현대문학의 연구』 41, 한국문학연구학회, 2010, 71~105쪽 참고.

게재일 (1904)	제목	연번	핵심 내용
4.5	리어약利於藥14	8	돈 주고 측간을 세낸 사람(351자)
		9	도깨비감투를 쓰고 투명인간이 되어 도둑질하다가 들통난 사람(503자)
	리어약利於藥14	10	거짓말을 잘해서 벼슬을 얻은 사람(1,137자)
4.6	리어약利於藥15		
4.23	리어약利於藥28	11	한 양반의 하인이 주인 가문의 축문을 남의 집 제사에서 읽어주었다가 주인의 질책을 받음(2,328자)
4.24	리어약利於藥29		
4.26	리어약利於藥30		
4.27	리어약利於藥31		
4.26	의리부동(義理不同)	12	몰락한 무변이 절연을 선언한 애첩을 찾아가 마지막 정을 나눔(732자)
5.13	배은망의(背恩忘義)	13	부친의 은인이 도움을 청하자 거절한 사람(1,767자)
5.18	하족포양(何足褒揚)	14	돈을 주고 열녀문을 포양하려는 사람(1,364자)
6.2	홍씨효행(洪氏孝行)	15	엄동설한에 강원도 산속으로 들어가 산삼을 발견하여 부친의 병을 고친 사람(585자)
6.5	가위열녀(可謂烈女)	16	암행어사가 무고하게 옥에 갇힌 남편을 구하기 위해 실절(失節)을 결심한 여성을 도와줌(970자)
7.19	가화득리(嫁禍得利)	17	인색한 관원을 농락한 손님의 호걸다움을 높이 사 동거를 결정한 과부 주모(720자)
8.3	천생열절(天生烈節)	18	부친의 퇴혼 요구에도 이전 정혼자에게 절개를 지킨 처녀(456자)
8.7	사자오륙(死者五六)	19	본처가 첩에게 죽음을 당한 뒤 그 고을 좌수의 꿈에 나타나 자기 시신의 위치를 알려줌(477자)
9.4	실행열녀(失行烈女)1	20	맹인 남편의 아내가 남편을 돌봐준 남자에게 개가했다가 다시 남편에게 돌아온 후 자살함(1,813자)
9.8	실행열녀(失行烈女)2		
9.9	전신후신(前身後身)	21	평안감사가 된 선비가 어렸을 적 꿈에 찾아갔던 집이 자신의 전생(前生)임을 알게 됨(1,050자)
9.14	김씨피난(金氏避亂)1	22	피난하던 김모(金某)의 부인을 어느 마부가 납치했지만 간신히 탈출한 후 남편과 재회함(2,480자)
9.15	김씨피난(金氏避亂)2		
9.17	홍안박명(紅顔薄命)1	23	재색을 겸비한 미인이 토호의 횡포에 남편을 잃고 이후 여러 남자의 유혹에 시달림(1,507자, 미완)
9.18	홍안박명(紅顔薄命)2		
9.20	파수추(破睡椎)1 연이십사(年二十四)	24	중매자가 "스물넷"이라 하여 맞은 사위가 알고 보니 80세(스물이 넷)여서 풍파가 일어남(540자)
9.21	파수추(破睡椎)2 돈망기일(頓忘忌日)	25	건망증 심한 사람이 조부와 친부의 기일을 잊고 있었는데 사촌이 기억하고 찾아와서 알려줌(526자)
9.23	파수추(破睡椎)3 하족석치(何足惜齒)	26	자신이 농락한 남자마다 이(齒)를 정표로 받아 100여 개 남짓 보관한 평양 기생(1,438자)

게재일 (1904)	제목	연번	핵심 내용
9.27	파수추(破睡椎)4 몽다허탄(夢多虛誕)	27	한 남자와 승려가 서로 자기 고을의 동굴이 더 크다고 자랑하다가 깨어보니 꿈이었음(699자)
9.29	파수추(破睡椎)5 일조난변(一朝難變)	28	부족한 한학(漢學) 지식으로 후생을 잘못 가르친 선생이 염라대왕에게 질책당함(570자)
9.30	파수추(破睡椎)6 구사출신(求仕出身)1	29	한 출신(出身)이 벼슬을 얻기 위해 자신이 드나들던 재상의 집에 여사당을 들이고 재상의 음심(淫心)을 유발한 후, 약점을 잡아 벼슬을 얻음(3,249자)
10.15	파수추(破睡椎)7 구사출신(求仕出身)2		
11.2	파수추(破睡椎)8 구사출신(求仕出身)3		
11.5	파수추(破睡椎)9 구사출신(求仕出身)4		

그러나 이 같은 『대한일보』의 한글 잡보 기사들은 사실상 당대 조선의 현실을 직접적으로 반영하고 있다고 보기는 어렵다. 『대한일보』의 서사적 기사 혹은 단형 시사물들은 전래 서사로부터 취택되어온 만큼 동시대의 현실보다는 그보다 앞선 시기인 전근대 시기의 조선의 현실을 반영하고 있기 때문이다. 이와 같은 흥미 위주의 서사적 기사 혹은 단형 서사물이 『대한일보』의 한글 잡보란에 주로 실리게 된 이유는 무엇일까? 이러한 의문을 해결하기 위해 먼저 『대한일보』가 잡보란을 통해 당대 조선의 현실에 대해 어떤 구체적인 언급을 하거나 비판적인 보도 기사를 게재한 사례가 있었는지에 대해 살펴볼 필요가 있다. 조사 결과 건수가 많은 것은 아니지만 당대의 현실을 직접적으로 반영하고 있는 기사들도 일정 정도 확인할 수 있었다.

『대한일보』에는 「결사딕의 영결決死隊의 永訣」,[20] 「려슌구 ᄊᆞ홈」,[21] 「로국 군인의 부픠」[22] 등 기본적으로 러일전쟁에서 일본의 승리를 기원하고 이를 위해 일본

19 기사 제목의 일련번호는 저자에 의함(이하 같음). 기존 연구에서 소설임이 밝혀진 「쌍봉기연(雙鳳奇緣)」은 위의 표에서 제외하였으나, 잡보 소재 단형서사인 「김씨피난(金氏避亂)」은 포함시켰다.

20 「결사딕의 영결(決死隊의 永訣)」, 『대한일보』, 1904.3.20~23, 3면.

21 「려슌구 ᄊᆞ홈」, 『대한일보』, 1904.3.27~29, 3면.

국민의 단결된 모습을 선전하는 기사 또는 러시아군의 패퇴 양상과 이들의 만행 및 폭력에 대한 비난을 담은 기사를 게재하는 경우가 압도적으로 많긴 했지만, 일부 기사들의 경우는 당대 조선의 현실에 대한 묘사와 사회 비평적 언급을 제시하고 있다는 점에서 주목할 필요가 있다. 이에 지금부터는 이 같은 내용을 제재로 하고 있는 기사들을 살펴보도록 하겠다.

군수학정郡守虐政

고양군슈는 빅셩의 음힝을 엇지 아는지 쟝상쥰이란 사룸을 잡아다가 돈 사오만 양을 늑탈ᄒᆞ얏기로 일본 졀에 호원ᄒᆞᄂᆞᆫ 회원들이 나려가 그 돈은 환츄ᄒᆞ얏다 ᄒᆞ고 또 사포라 ᄒᆞᄂᆞᆫ 곳에 김모는 칠팔십호가 ᄌᆞ작일촌ᄒᆞ야 ᄉᆞᄂᆞᆫ데 군슈가 무셔워셔 텬쥬교에도 들고 일본 졀에도 들어 삼ᄉᆞ년을 무ᄉᆞ히 지ᄂᆡ더니 작년 십이월분에 관쇽이 돌츌ᄒᆞ야 일변 박지타지ᄒᆞ고 칠팔쳔 량을 노략ᄒᆞ야 먹고 몃츨 읍으로 잡아가더니 쟝지수지ᄒᆞ고 즁방 리쥬국과 심가라 ᄒᆞᄂᆞᆫ 협잡빅는 토식이 대단ᄒᆞ며 걸픗ᄒᆞ면 김가 착리라 ᄒᆞ니 어ᄂᆡ 김가인지 셜령 ᄒᆞᆫ 사룸이 죄가 잇드라 ᄒᆞ야도 무명착리와 족승은 올치 아니타고 이러ᄒᆞᆫ 원은 졍부에셔 알으시면 즉시 쥬면ᄒᆞᆯ이라고 ᄒᆞ더라[23]

관권무한官權無限

련산군슈 리즁익 씨가 로셩 거ᄒᆞᄂᆞᆫ 박병문의 녀혼 시에 로상에셔 벽졔ᄒᆞ다가 신랑을 락마식히고 신부의 교ᄌᆞ를 파쇄ᄒᆞᆷ은 젼보에 이게ᄒᆞ얏거니와 그 후에 신랑의 어른 류인텰을 잡아 엄쟝뇌슈ᄒᆞ고 신부의 어른 박병문의 하인 셋을 착슈ᄒᆞ고 칙방으로 소ᄀᆡᄒᆞ야 돈 쳔이나 늑탈ᄒᆞ얏기로 관찰부에셔 사실ᄉᆡ지 ᄒᆞ얏ᄂᆞᆫᄃᆡ 교임과 원임을 부쵹ᄒᆞ야 유림의 통문을 엇어 관찰부에 호소ᄒᆞ얏다가 락과ᄒᆞ얏스며 근일 법

22 「로국 군인의 부픠」, 『대한일보』, 1904.4.5, 3면.
23 「民尊官卑」, 『대한일보』, 1904.5.28, 3면.

부에 무소ᄒᆞ얏ᄂᆞᆫᄃᆡ 류 박 량인을 당률로 다ᄉᆞ리라고 훈령ᄒᆞ얏다 ᄒᆞ니 법부의 오결은 고ᄉᆞᄒᆞ고 련산군슈의 관권은 무한ᄒᆞ다 ᄒᆞ더라[24]

경관행패警官行悖

함경북도 회령군 경무관의 ᄒᆡᆼᄑᆡᄒᆞᆫ 일노 보고가 ᄂᆡ부에 ᄅᆡ도ᄒᆞ얏ᄂᆞᆫᄃᆡ 그 ᄉᆞ실인즉 경무관 최남룡과 김병약이가 변계관 리범윤 씨로 이왕붓터 흔단이 잇셔든지 ᄒᆡ 경무관과 홍순이 슌검 칠십여 명을 다리고 모야무지에 관리소에 돌립ᄒᆞ야 불문곡직ᄒᆞ고 좌우로 ᄌᆞᆸ아당긔며 무슈란타ᄒᆞ니 관리가 혼도ᄒᆞ야 불셩인ᄉᆞᄒᆞ얏ᄂᆞᆫᄃᆡ 그곳 ᄇᆡᆨ셩들이 이 광경을 듯고 십륙 면에 ᄇᆞᆯ통ᄒᆞ야 모다 경무청으로 모혀 시비ᄒᆞ야 왈 소위 경무관이라 ᄒᆞᄂᆞᆫ 것은 인민 보호ᄒᆞ라 ᄒᆞᄂᆞᆫ 관원이어ᄂᆞᆯ 청국 관원을 부동ᄒᆞ야 본국 ᄇᆡᆨ셩을 박할ᄒᆞ니 엇지 지보ᄒᆞ며 리관리ᄂᆞᆫ 이곳에 온 지가 몃 ᄒᆡ에 츄호도 범치 아니ᄒᆞ고 ᄇᆡᆨ셩 ᄋᆞᆺ기기ᄅᆞᆯ ᄌᆞ식갓치 ᄒᆞ거ᄂᆞᆯ 억하심경으로 칼을 두루며 구타ᄒᆞ엿ᄂᆞᆫ야 ᄒᆞ고 대료일쟝ᄒᆞᄆᆡ 경무관 등이 망지소포ᄒᆞ야 곳 도망ᄒᆞ얏스나 령변 ᄇᆡᆨ셩들은 병요ᄅᆞᆯ 당ᄒᆞ고 ᄯᅩ 이러ᄒᆞᆫ 탐독ᄒᆞᆫ 경무관을 맛낫시니 ᄎᆞ라리 경무셔를 혁파ᄒᆞ여야 인민이 지보ᄒᆞᆯ이라 ᄒᆞ얏더라[25]

위의 기사들은 지방 군수와 경무관 등으로 대표되는 관료 집단 및 공권력 집행 기관이 일반 백성의 삶을 침해하고 폭압을 가한 사실에 대해 고발하고 있다. 표면적인 내용만 놓고 보았을 때에는 『대한일보』 역시 당대의 권력층에 대한 비판을 꺼리지 않는 저널리즘 본연의 기능에 충실했던 것으로 이해될 소지가 있다. 그러나 이 같은 지배 계층의 폭정과 억압에 대한 직접적인 비판을 담은 기사가 『대한일보』 잡보란에서 차지하는 비중은 그리 크지 않은 게 사실이다.

---

24 「官權無限」, 『대한일보』, 1904.8.6, 3면.

25 「警官行悖」, 『대한일보』, 1904.9.17, 3면.

더욱 중요한 사실은 지배 계층의 억압에 맞서 백성의 보호자 역할을 하는 집단이 일본으로 그려지기도 하는 등 분명한 친일적 정파성을 보여주고 있다는 점이다. 다음의 기사는 이러한 경향성을 대표하는 사례로 볼 수 있다.

서북근형西北近形

이 근쟈에 서북으로 좃ᄎᆞ온 친구의 젼셜을 드른즉 셔북 일경 ᄇᆡᆨ셩들은 ᄎᆞ젼시를 당ᄒᆞ야 곤란ᄒᆞᆫ 일이 비일비ᄌᆡᄒᆞᆫ 즁에 임의 아병에게 슈다ᄒᆞᆫ 곤욕을 밧엇고 ᄯᅩ ᄃᆡ방관의 탐학과 지어아젼 등쇽의게ᄭᆞ지 무슈ᄒᆞᆫ 탐학을 박아 모든 ᄇᆡᆨ셩들이 쥬야로 축슈하기를 션치ᄒᆞᄂᆞᆫ 슈령이 도임ᄒᆞᄂᆞᆫ 것보다도 쇽히 일본 군사가 ᄅᆡ도하기만 가문ᄯᆡ에 비 오듯 바라ᄂᆞᆫ 것은 다름 아니라 서북 ᄇᆡᆨ셩들은 이위 일본 군ᄉᆞ의 긔률이 ᄶᆞ인 것과 일본 관장들은 공평무ᄉᆞ하야 ᄉᆞ쇼ᄒᆞᆫ 협잡 충졀이 업ᄂᆞᆫ 것을 굿게 밋ᄂᆞᆫ 연고이요 ᄯᅩᄂᆞᆫ 갑오년 일청젼ᄌᆡᆼ시에도 친히 당하야본 경력도 잇셧ᄂᆞᆫ 고로 쇽히 일본 군ᄉᆞ가 오기만 기다렷더니 급기야 일본군이 ᄅᆡ도ᄒᆞᆫ 후에 형편을 본즉 응당 일본군은 과시 밋ᄂᆞᆫ 바와 갓흐려니와 그 군ᄃᆡ에 쇼위 통변군으로 ᄯᆞ라온 쟈들은 ᄯᅩᄒᆞᆫ 각쳐로 다니며 모든 ᄒᆡᆼ악흠니 탐관오리에셔 못지아니하고 그 즁에 혹은 군슈 등을 위협하되 일본 쟝관을 쟈세ᄒᆞ고 모든 협잡을 하다가 나종에 그 간상이 일본 쟝관에게 탄로ᄃᆡ야 축출당ᄒᆞᆫ 쟈도 잇스나 역시 어리셕은 인민들은 그런 협잡군의 위협을 익의지 못하야 젼ᄌᆡ붓치를 죠히 ᄲᆡ앗기고 원망불이하니 일본 쟝관들인들 엇지 ᄉᆞ쇼ᄒᆞᆫ 일ᄭᆞ지 일일이 사탐ᄒᆞ야 볼 슈가 잇스리요 군즁에 관ᄒᆞᆫ 일 외에야 여간 통변이 ᄉᆞᄉᆞ로히 교제ᄒᆞᄂᆞᆫ 것ᄭᆞ지 박힐 슈가 업슨즉 통변은 각군 관ᄉᆞ에 드러가 젼어ᄒᆞᆯ 시에도 말을 빗두로 젼ᄒᆞ야 감정을 샹케도 ᄒᆞᆯ 슈가 잇고 능히 군슈와 군ᄃᆡ 쟝관간 교제상에 즁간 롱권를 가졋스ᄆᆡ 그 관계가 쟈못 즁ᄃᆡᄒᆞᆫ 고로 피ᄎᆞ 십분 쥬의ᄒᆞᄂᆞᆫ 바어니와 그 통변군들도 학교 졸업ᄉᆡᆼ과 샹당ᄒᆞᆫ 교축을 밧은 사ᄅᆞᆷ들은 불과 멧 명이 되지 안코 최다슈ᄂᆞᆫ 부샨 인쳔간에셔 일어나 죠곰 알고 지식과 학문도 업고 교휵을 밧지 못ᄒᆞᆫ ᄌᆞ

인 고로 돈 외에는 텬하에 귀흔 것이 무엇인 쥴 모르는 하등 인종들이니 극히 그 넙과 힝실이 험악홀 슈밧게 업스니 져의들의게는 이쎄가 득의지츄-라 먼져 셔북 빅셩으로 흐야곰 안무케 흐랴면 이런 통변군들을 잘 단쇽흐도록 홈이 쏘흔 급무가 되겟다고 흐더라[26]

서북 지방으로부터 온 사람의 전언傳言의 형식으로 게재된 이 기사에서는 러일전쟁의 혼란 속에서 백성들이 러시아 병사들에게 곤욕을 당하고 있으며, 이의 해결을 위해 자국 관리보다는 일본군의 도래를 기대하고 있다는 내용을 담고 있다. 여기에는 청일전쟁 당시에 일본군이 공평무사하게 한국인을 대우했던 경험이 자리 잡고 있기 때문이라는 이유를 제시하면서 실제로 백성을 괴롭히는 존재는 일본군이 아니라 자국 관리와 통변통역관이라는 주장을 내세우고 있다. 이러한 왜곡된 이분법적 묘사를 통해 한국의 보호자로서의 일본이라는 이미지를 형상화하고 있는 것이다.

나아가 『대한일보』 잡보란을 좀 더 면밀히 살펴보면 위와 같은 유형의 기사에서 한 걸음 더 나아가 독자들에게 친일적 정파성을 더욱 교묘한 방식으로 전달하는 기사들을 어렵지 않게 찾아볼 수 있다. 예컨대 급격하게 변화하고 있는 당대의 사회 현실 속에서 한국인들이 어떻게 대응해 나가야 하는지에 대해 신문사 집필진의 의견을 간접적이면서도 우의적으로 제시하는 기사들의 비중이 높은 것을 알 수 있는데, 다음의 기사들은 그 대표적인 사례에 속한다.

인심변천人心變遷

일젼에 정부 회의에 각 학교 졸업싱가 외국의 유학흐야 젹공이 잇는 사름을 틱용흐기로 학부딕신 민영환씨가 뎨출흐야 가결이 도얏다는 말을 듯고 경향간에 구샤

26 「西北近形」, 『대한일보』, 1904.4.23, 3면.

ᄒᆞ든 사ᄅᆞᆷ들은 모다 ᄌᆞ긔가 외국어를 통치 못홈을 흔ᄒᆞ며 쟈질 간에 아모쬬록 외국 어학교에 지버너허 어학을 공부식히랴고 힘쓰는 모냥이니 인심의 변쳔을 실노 혀 아일 수 업는 것이 엇그졔는 각 학교 령셩ᄒᆞ야 각 학교 모든 학ᄉᆡᆼ이 불과 멧 명이 못 되더니 지금에는 모다들 압을 딋토아 셔로 입학을 권ᄒᆞ며 ᄃᆡ여드는 모냥이니 일변 국가에도 다ᄒᆡᆼᄒᆞᆫ 일이어니와 그 목뎍이 다 벼슬ᄒᆞ기 위ᄒᆞ야 외국말이나 쇽히 ᄇᆡ와 보ᄌᆞ는 데에셔 지ᄂᆡ지 아니ᄒᆞ고 실샹은 외국어를 ᄇᆡ와 외국 학문을 닥가두는 것이 일ᄉᆡᆼ에 필요ᄒᆞᆫ 죠건으로는 아지 안코 다만 벼슬ᄒᆞ는 문으로만 알고 나도 나도 하고 덤비는 것이 춤 가관이라 ᄒᆞᆯ 만ᄒᆞ고 그 즁에도 더욱 일본말 공부ᄒᆞ기 원하는 쟈 만 흔 모냥인데 가만히 사랑간으로 차져 다니면셔 보랴면 일한통화라 일어독학이라는 칙이 업는 데가 별노 업고 혹은 일어를 죠금짐 아는 사ᄅᆞᆷ이라도 불너다가 월급을 ᄂᆡ고 공부ᄒᆞ라 ᄒᆞ며 남북촌 ᄃᆡ관가에셔도 각기 자질을 공부식히랴고 일어 아는 사ᄅᆞᆷ을 만히 구ᄒᆞ는 모냥이라 ᄒᆞ니 요 근ᄌᆞ에 진고ᄀᆡ 셔책뎜에 일어칙이 가쟝 만히 팔니는 것으로 보아도 인심을 가히 측냥ᄒᆞ깃고 거세가 일어를 모다 숭샹ᄒᆞ는 모냥이니 금일 형편으로는 ᄆᆡ오 유죠ᄒᆞᆫ 것이 일어를 ᄇᆡ온 후에 나종에 벼슬은 하던지 못 하던지 고ᄉᆞᄒᆞ고 막 나셔셔 버러먹을 셰음으로 보더ᄅᆡ도 쟝ᄅᆡ에 만히 써일 터이요 ᄯᅩ는 금일은 일한 냥국이 공동하야 국가의 젼진을 계획하는 ᄯᅢ요 ᄯᅩ 쟝ᄅᆡ에 불가불 일한 냥국민이 공동ᄒᆞ야 모든 사업을 계획ᄒᆞᆯ 터인 고로 아모쬬록 어학을 먼져 쟝려ᄒᆞᆯ 것이 한국을 위ᄒᆞ야 다ᄒᆡᆼᄒᆞᆫ 일이라 ᄒᆞᆯ 만ᄒᆞ더라[27]

녹음한화綠陰閑話

모인이 말ᄒᆞ되 한국에 쇼위 ᄀᆡ화ᄒᆞᆫ 사ᄅᆞᆷ이라 ᄒᆞ는 것은 흔이 외국말을 ᄒᆞ는 사ᄅᆞᆷ이 만흔데 그 외국 언어를 통ᄒᆞ는 즁에도 일어가 그즁 만코 일어를 통ᄒᆞ면 다 쇽이 ᄀᆡ화ᄒᆞᆫ 것이 아니라 혹 외국에 가셔 무슴 학교에 단녀보든 사ᄅᆞᆷ은 얼마콤 다른 ᄐᆡ도

27 「人心變遷」, 『대한일보』, 1904.4.19, 3면.

가 잇고 그럿치 못ᄒᆞ면 그냥 입만 가지고 말만 옴길 쥴 아는 쟈는 부산 인쳔 등디에셔 아시로붓터 ᄌᆞ연히 ᄇᆡ와 아는 쟈인ᄃᆡ 대뎌 학교에 단녀 ᄇᆡ혼 사ᄅᆞᆷ만콤은 사리를 모르나 역시 텬하형편은 대강이라도 짐작ᄒᆞ고 영어나 법어나 덕어나 한어를 공부ᄒᆞᆫ 쟈들은 셔양에 가 본 쟈 외에는 모다 말만 옴길 쥴 알 ᄲᅮᆫ이요 기외에는 세샹형편이 엇더ᄒᆞᆫ지 아지도 못ᄒᆞ고 덥허놋코 셔양이 죳타는 말만 듯고 마음은 젼혀 셔양 사ᄅᆞᆷ의 종노릇ᄒᆞᆯ 마음만 잇는지라 그런 고로 혹 금일에 일ᄋᆞ젼ᄌᆡᆼ이 되야 일본이 연젼연승ᄒᆞᆫ다고 신문에 ᄆᆡ일을 나도 쟐 밋지 안코 말ᄒᆞ되 암만ᄒᆞ야도 뒤에는 ᄋᆞ르ᄉᆞ가 익일 것이라 ᄒᆞ야 민심을 의혹케 ᄒᆞ며 일어를 아는 쟈가 그럿치 안타 ᄒᆞ면 곳 타박ᄒᆞ야 말ᄒᆞ기를 져놈은 일죡인 고로 일본을 위ᄒᆞ야 말ᄒᆞᆫ다 ᄒᆞ고 누르나 일어를 ᄇᆡ혼 쟈는 대강 말만 알어도 일븐셔칙 등을 보며 ᄯᅩ 일본 사ᄅᆞᆷ과 교졔ᄒᆞ야 형편이 엇더ᄒᆞᆫ 것을 짐작ᄒᆞ나 영어를 ᄇᆡ혼 쟈는 셔양 신문 ᄒᆞᆫ 쟝 투쳘히 보는 쟈가 몃치 못되고 ᄯᅩ 셔양인 교졔도 별노 업시 공연히 남이 크다 ᄒᆞ면 강ᄒᆞᆫ 쥴만 밋고 의지ᄒᆞ랴 ᄒᆞᄂᆞᆫ 폐단으로 우금 민심을 ᄒᆡ혹지 못ᄒᆞᆷ이오 ᄯᅩ 영어ᄶᅡᄂᆞ 알아가지고 다ᄒᆡᆼ히 벼슬을 엇어ᄒᆞ야 궁즁에 츌입ᄒᆞ며 셔양 사ᄅᆞᆷ들을 교졔ᄒᆞ야본즉 눈에 별별ᄒᆞᆫ ᄉᆞ치를 구경ᄒᆞ고 마음이 현혹ᄒᆞ야 아죠 대국으로 셤기는 마음을 두고 기외에 일본인은 우리나라와 엇더ᄒᆞᆫ 관계가 잇는지 궁구도 아니ᄒᆞ고 일인은 키가 젹고 ᄯᅩ 일인 즁에 하등 인종이 혹 한인의게 실슈ᄒᆞᆫ 것을 보고는 일인이라면 모다 죳치 안케 넉이며 항샹 셔양을 존슝ᄒᆞᆯ야 ᄒᆞ니 독립ᄒᆞᆯ ᄉᆡᆼ각도 업고 나라 리ᄒᆡ도 ᄉᆡᆼ각지 아니ᄒᆞ는 모양이라 그런 고로 금일붓터라도 외국어만 ᄇᆡ홀 ᄉᆡᆼ각을 말고 무슴 투텰ᄒᆞᆫ 학문을 ᄇᆡ홀 ᄉᆡᆼ각으로 외국어를 ᄇᆡ호는 것이 맛당ᄒᆞ다고 론란ᄒᆞᄆᆡ 말이 유리ᄒᆞ기로 긔ᄌᆡᄒᆞ노라[28]

28 「綠陰閑話」, 『대한일보』, 1904.7.14, 3면.

북사한화北社閑話

ᄌᆡ작일에 북촌 어늬 대관의 집에 이삼 대관이 모혀 담화ᄒᆞᄂᆞᆫᄃᆡ 한 분이 닙을 열어 크게 강ᄀᆡᄒᆞᆫ 말노 요ᄉᆞ이 일본 압제에 못살ᄭᅵᆺ도다 ᄒᆞᆫ즉 한 분이 말ᄒᆞ되 엇지ᄒᆞ얏던지 별 슈 업지 우리들도 일본 압제를 면ᄒᆞ랴거든 모다 셔국 교회에나 입ᄎᆞᆷᄒᆞ야 교인이나 되고 보면 남의 압제ᄂᆞᆫ 밧지 아니ᄒᆞᆯ 터이니 그럿케나 ᄒᆞ야 보신명이나 ᄒᆞ옵시다 ᄒᆞᆫ즉 한 대관이 대셩담론ᄒᆞ기를 두 분의 말이 다 못쓸 말이요 그역 일본 압제를 면ᄒᆞ기 위ᄒᆞ야 셔인의 압제를 밧ᄌᆞᄂᆞᆫ 말이니 안 되ᄭᅵᆺ고 엇지ᄒᆞ얏든지 나라히 이 모양 된 거시 모다 우리 탓만 ᄒᆞᆯ 거시지 남을 시비ᄒᆞᆯ 일이 못되지요 지금이라도 별 슈 업소 셜영 남은 하여ᄒᆞ든지 우리 일은 우리가 공평히 ᄒᆞ야 ᄇᆡᆨ셩들를 다 부지ᄒᆞ게 ᄒᆞᄂᆞᆫ 거시 졔일 샹칙이니 그런 쓸데업ᄂᆞᆫ 말은 마시오 ᄒᆞ고 흣터지드라더라[29]

첫 번째 기사의 경우 전반부에서는 외국어 능력을 단지 구사求仕의 수단으로 간주하는 세태의 부박浮薄함을 비판하는 것처럼 보이지만 후반부에서는 현실이 한일 양국의 공동 번영을 추구하는 방향으로 변화되었기 때문에 일본어 구사 능력을 함양하려는 열풍이 부는 것은 당연한 인심의 반영이라는 취지의 주장을 제시하고 있는데, 이는 결국 일본의 한국 진출이 양국의 공동 번영에 이로운 일이기 때문에 한국민들이 협조해야 한다는 주장을 정당화하는 것과 다르지 않다. 두 번째 기사도 현지에 직접 유학을 가서 외국어를 배운 사람과 단지 책을 통해 외국어를 배운 사람 사이에 세상에 대한 이해의 깊이뿐만 아니라 배운 자로서의 자질 면에서도 현격한 차이가 있음을 전제한 후, 일본어를 배운 사람이 가장 사리 분별에 능통하고 다른 외국어를 배운 사람은 흉내만 내는 것에 불과하다며 기존에 민간에 유포되어 있는 일본과 일본인에 대한 편견을 벗어던질 것을 강조함으로써 결론을 내리고 있다. 마지막 세 번째 기사는 일본의 압제를

29 「北社閑話」, 『대한일보』, 1904.7.28, 3면.

면하기 위해 서양 기독교회의 세력 안에 들어가자는 사람의 주장이 단지 압제하는 주체가 바뀌는 것에 불과하다며 일견 주체적인 입장을 제시하는 것처럼 보이지만 결국 오늘날 한국이 처한 국가적 불행의 원인이 국민 스스로에게 있다고 하는 자학적 인식을 표명하고 있음을 알 수 있다.

이러한 기사들을 통해 알 수 있는 것은 『대한일보』가 잡보란을 통해 언뜻 보기에는 당대 사회의 현실에 대한 비판과 바람직한 사회적 변화를 견인하기 위한 대안을 제시하는 것처럼 보이지만, 기사의 실질적인 내용을 면밀히 살펴보았을 때에는 러일전쟁에서 일본의 승리가 확실시된다는 인식을 확산시키는 것과 일본의 조선에서의 위상이 강화되는 현실에 대한 한국 국민의 순응, 나아가 적극적인 협조가 필요하다는 인식을 유포하려는 시도에 초점이 맞춰져 있다는 점이다. 이는 『대한일보』가 친일적 정파政派의 입장을 대변하는 기관지라는 점을 여실히 보여주고 있다.

요컨대 『대한일보』가 그리고 있는 당대 조선의 현실은 '외국의 보호국이 될 가능성이 높아진 상황에서 새로운 시대를 함께 열어갈 파트너를 찾아야 하는 도전과 위기의 시국時局'이라고 할 수 있다. 그리고 이러한 시국을 타개해 나갈 수 있도록 조선을 도울 수 있는 진정한 보호자가 일본이라는 인식을 확산시키는 것이 잡보란에 게재된 기사들에 담긴 정치적 의도라고 할 수 있을 것이다.

그러나 앞 장의 『한성신보』의 사례에서 살펴보았듯이 이 같은 『대한일보』의 친일적 정파성에 입각한 보도 경향이 한국인 독자들 대다수로부터 공감대를 형성할 가능성은 매우 낮았다고 할 수 있다. 그런 점에서 『대한일보』 역시 기사와 신문 자체에 대한 독자들의 반감 내지는 거부감을 완화시키기 위한 모종의 전략적 시도가 필요하다는 인식에 도달하였을 가능성이 크다. 그리고 그러한 인식의 결과는 선행 주자였던 『한성신보』가 걸었던 길을 답습하는 것일 수밖에 없었던 것으로 보인다. 앞에서 제시하였던, 『대한일보』 잡보란에 게재되었던 다양한 오락적 서사물은 이 같은 『대한일보』의 정파성을 은폐하거나 이에 대한 독자들의 거부감을 완화시키는 수단으로 활용되었다고 할 수 있다. 이 서사적 기사들이 독자들의 흥미를 불러일으키는 유력한 수단이었음에는 틀림없으나 이것만으로는 당대의 현실에 대한 비판적 보도를 수행하는 매체로서의 기능에 대한 독자의 요구에 호응하는 데에는 대단히 미흡했다고 할 수 있고, 이것이 『대한일보』의 창간 4개월여 만에 『대한매일신보』의 등장을 촉진시킨 역설적인 계기였다고 해도 지나친 말은 아니라고 본다. 달리 말해 『대한일보』라는 이른바 친일적 정파성을 대변하는 매체의 출현과 당대 현실에 대한 비판적 인식을 지닌 독자들의 『대한일보』에 대한 거부감이 『대한매일신보』라는 민족주의적 정파성을 지닌 매체의 등장을 견인함과 동시에 이 신문에 대한 폭발적인 호응을 이끌어낸 원동력이라고 규정할 수 있는 것이다.

그러면 『대한일보』와 비교하여 창간 초기 『대한매일신보』의 잡보란에서는 어떠한 기사들이 게재되고 있었는지 그 양상을 살펴보도록 하겠다.

2) 『대한매일신보』 일제의 식민지화 기도 비판 및 관료 집단의 비리 고발

『대한매일신보』는 1904년 7월 18일 서울 전동磚洞 : 지금의 종로구 수송동에서 영국인 베델Bethell, E. T. 한국 성명은 배설(裵說)을 발행인 겸 편집인으로, 양기탁梁起鐸을 총무로 하여 창간된 신문이다. 주필로는 박은식朴殷植이 활약하였고, 그 밖에 신채호申采浩 · 최익崔益 · 장달선張達善 · 황희성黃犧性 등이 필진으로, 임치정林蚩正 · 안태국安泰國 등이 경영에 참여한 것으로 알려져 있다.[30] 외국인이 공식적인 발행인 겸 편집인을 맡고 있던 『대한매일신보』가 타 신문에 비해 일본 당국의 검열로부터 상대적으로 자유로운 위치에 놓여 있었던 점은 잘 알려진 사실 중의 하나

30 한국민족문화대백과사전 참고.
URL(https://100.daum.net/encyclopedia/view/14XXE0014992)

다. 이러한 이점은 『대한매일신보』가 일본의 한국에 대한 정치적 진출 및 식민지화 기도가 본격화되는 상황에서 『대한일보』와 달리 한국인의 입장에서 비판 언론으로서의 역할을 수행하는 데 유리한 입지를 제공하였다고 할 수 있다.

우선 『대한매일신보』는 일본에 의해 한국인이 겪는 피해를 고발하는 기사를 게재함으로써 당대의 한국사회가 직면하고 있던 일제의 한국 주권에 대한 침해와 강점強占의 상황을 환기하고 인민 대중의 각성을 불러일으키는 데 있어 매체로서 중요한 역할을 담당했다고 할 수 있다.

텰도립표

가산군슈가 외부에 보고ᄒᆞᆫ ᄂᆡ기에 셔남 량면 집강의 보고를 거ᄒᆞᆫ즉 본량면이 칠학산 동편과 밋 쟝슈탄 북편에 잇셔 인민이 다뭇 농업으로만 힘쓰더니 홀디에 일인 등이 텰도를 시역ᄒᆞᆫ다 ᄒᆞ고 본면에 ᄅᆡ도ᄒᆞ야 ᄉᆞ뎐에 립표ᄒᆞᆫ 거시 삼ᄉᆞ십리가 되오니 츄슈홀 가망이 지금 업셔젓ᄉᆞ와 젼면이 통곡ᄒᆞ오며 만인구가 비등ᄒᆞᆫ다ᄂᆞᆫ 동경이오 ᄆᆡ이면경을 거ᄒᆞᆫ즉 ᄒᆞᆫ심ᄒᆞᆫ기가 측량업ᄉᆞ와 곳 병참부에 가셔 가을을 기ᄃᆞ려 시역홈을 면탁ᄒᆞᆫ즉 ᄃᆡ답ᄒᆞᄃᆡ 우리 ᄉᆞ령관의 지취니 감히 젼편치 못ᄒᆞ겟노라 ᄒᆞᄆᆡ ᄇᆞ라건대 곳 일본공ᄉᆞ의게 죠회ᄒᆞ야 가을을 기ᄃᆞ려 역ᄉᆞ를 시작ᄒᆞ야 써 츄슈를 온젼케 홈을 복망 복망이라 ᄒᆞ엿더라[31]

살인방셕

일공ᄉᆞ가 외부로 죠회ᄒᆞ되 일병이 경쥬에셔 홍대형 자살ᄒᆞᆫ ᄉᆞ건으로 ᄉᆞ령부에 통지ᄒᆞ야 ᄉᆞ획ᄒᆞᆫ즉 그 병정 등이 기시에 피치 못홀 위급ᄒᆞᆫ 경우를 당ᄒᆞ야 쟈긔 몸을 보호ᄒᆞᄂᆞᆫ 졍당ᄒᆞᆫ 슈단으로 ᄒᆞᆫ 일인 고로 임의 방셕ᄒᆞ엿노라 ᄒᆞ엿다더라[32]

---

31 「텰도립표」, 『대한매일신보』, 1904.8.10, 2면.
32 「살인방셕」, 『대한매일신보』, 1904.8.17, 2면.

졍쥬뎔로

졍쥬군슈가 외부에 보고ᄒᆞᆫ ᄉᆞ의를 드른즉 ᄒᆞ엿스되 이ᄯᅢ가 치도ᄒᆞᆯ ᄯᅢ가 아니로ᄃᆡ 일본 병참소 소쳥을 인ᄒᆞ야 셔편으로 곽산 ᄃᆡ경ᄭᆞ지와 북편으로 귀셩 ᄃᆡ경ᄭᆞ지와 남편으로 가산 ᄃᆡ경ᄭᆞ지 세 길 대로에 치도ᄒᆞ기로 ᄇᆡᆨ셩의 힘을 대단 허비ᄒᆞ고 겨우 필역ᄒᆞ엿ᄂᆞᆫᄃᆡ ᄯᅩ 일병 뎔도ᄃᆡ가 방장 본군에 ᄅᆡ도ᄒᆞ야 연ᄒᆡ면에 뎔도를 시역ᄒᆞᆫ다 ᄒᆞ엿더라[33]

가평군보

가평군슈가 외부로 보고ᄒᆞ엿스되 인부 모집ᄉᆞ로 본군 두매 ᄇᆡᆨ셩들이 일헌변의 공갈ᄒᆞᄂᆞᆫᄃᆡ 경겁ᄒᆞ야 ᄒᆞᄂᆞᆫ 말들이 ᄉᆞ러 가셔 죽어 도라오리라 ᄒᆞ고 면민이 ᄉᆞ발통문을 돌리고 함ᄲᅥᆨ 읍즁으로 모히니 어느 지경에 일을지 모른다 ᄒᆞ엿더라[34]

룡인민요

룡인군슈 현찬봉씨의 보고를 거ᄒᆞᆫ즉 본도 관찰부 훈령 ᄂᆡ에 본군에 역부 팔십 명을 ᄇᆡ졍ᄒᆞ엿ᄂᆞᆫᄃᆡ 음력 칠월 초팔일에 일헌병 이 명이 본군에 ᄅᆡ도ᄒᆞ야 초십일 ᄂᆡ로 ᄒᆡ역부를 등ᄃᆡᄒᆞ라 말ᄒᆞ더니 십일 오후에 일인이 위협ᄒᆞ야 군슈와 셔긔를 ᄃᆡ동ᄒᆞ고 십여 리허에 젼진ᄒᆞ야 삼인을 착륵ᄒᆞ고 다시 압길노 나간즉 지ᄂᆡᄂᆞᆫ 바 쥬막이 낫낫치 븨엿ᄂᆞᆫ지라 겨우 ᄉᆞ인을 잡아가지고 환읍ᄒᆞ엿더니 그날밤에 인민 ᄉᆞ오쳔 명이 관졍에 돌립ᄒᆞᄆᆡ 일인이 륙혈포를 노은즉 인심이 대단 소요ᄒᆞ야 몽동이와 돌뭉이로 창문을 파쇄ᄒᆞ고 외쳐 왈 ᄇᆡᆨ셩을 죽을 곳으로 구함ᄒᆞᆫ다 ᄒᆞ고 잡앗든 ᄉᆞ인을 ᄒᆡ방ᄒᆞ며 본군슈를 ᄶᅥ러ᄂᆡ니 거죠가 황급ᄒᆞᆫ지라 일인은 본군슈가 십오 리 밧그로 호송ᄒᆞ고 인민을 효유ᄒᆞ니 수일 후에 모혓든 ᄇᆡᆨ셩 다 ᄒᆡ산ᄒᆞ엿다 ᄒᆞ엿더라[35]

---

33 「졍쥬뎔로」, 『대한매일신보』, 1904.8.20, 2면.
34 「가평군보」, 『대한매일신보』, 1904.8.23, 2면.

창간 초기인 1904년 8월에 집중적으로 게재된 위의 5편의 기사들은 모두 일본에 의해 주도되었던 철도부설사업에 따른 일반 백성의 민생 및 인권 침해의 상황을 고발하고 있으며, 아울러 한국에 주둔하고 있는 일본 군인 및 헌병들이 한국 민간인들에게 가한 부당한 행위들 또한 비판의 대상으로 삼고 있다.

첫 번째 기사에서는 일본인들이 철도를 시공하기 위해 사전 양해나 통보 없이 일방적으로 개인의 사전私田을 공사구역으로 수용해 버린 상황에 대해 백성들의 호소와 민원이 제기되자 해당 지역의 지방관인 군수가 한국 중앙정부가 아니라 일본 공사에게 가을 추수 때까지만이라도 사업 시행을 연기해 달라는 간청을 하는 모습이 제시되어 있다. 비록 분량은 적지만 이 기사를 통해 우리는 조선 인민의 필요와 이익을 위한 것이 아닌, 일본의 전쟁 수행을 위한 목적에서 이루어지는 철도부설이 한국 정부의 의사와 무관하게 강행되는 양상을 알 수 있으며, 이로 인해 고통을 겪는 백성들을 보호해야 할 책무가 있는 정부가 어떠한 해결책도 내놓지 못한 채 국외자의 처지로 내몰려 있는 아이러니컬한 현실을 읽어낼 수 있다. 두 번째 기사의 경우는 일본 병사가 한국인을 살해한 사건에 대해 일본 공사가 정당방위로 판단하여 처벌 없이 석방하였다는 기사를 전언의 형식으로 게재하고 있다. 자국인의 인명이 피해를 입은 사건임에도 가해자는 치외법권의 대상이라는 이유로 한국 정부가 아닌 일본 공사에 의해 죄의 유무 여부를 판단받는 상황이 제시되고 있는 것이다. 세 번째 기사는 치도治道, 즉 도로를 정비할 시기가 아니었음에도 일본 병참소의 요청에 따라 관내 인민들을 동원하여 대대적인 공사를 진행하였는데 곧바로 일본군 공병대의 철도 공사가 이어지게 되었다는 평안도 정주 군수의 외부아문外部衙門 보고 사항이 제시되어 있으며, 네 번째 기사는 경기도 가평에서 철도 공사를 담당할 인부 모집을 일본 헌병들이 강압적으로 시행하고 있어 관내 백성들이 공포에 떨고 있다는

35 「룡인민요」, 『대한매일신보』, 1904.8.25, 2면.

군수의 보고문을 역시 전언의 형식으로 게재하고 있다. 마지막으로 다섯 번째 기사에서는 일본 헌병에 의한 강제 인부 모집 행위가 백성의 분노를 불러일으켜 마침내 4~5천 명이 관정官庭에 돌입하는 민요民擾의 형태로 폭발하였음을 보고하는 내용이 제시되어 있다. 이를 통해 당시의 철도 공사가 군대를 동원한 일본의 폭압적 강제 속에 시행되고 있었고, 이로 인해 한국 인민들이 겪는 고통이 임계점에 도달하고 있었다는 점을 어렵지 않게 읽어낼 수 있다.

한편 각 기사들에서는 기자 또는 집필진의 판단이나 주관적 태도가 개입되지 않은 채 사건 관련 당사자의 발언과 정황에 대한 묘사만이 객관적인 서술의 형태로 제시되고 있는데, 이는 일제의 검열에 의한 기사 삭제를 피하기 위한 의도에서 비롯된 것으로 추정된다. 『대한매일신보』는 외국인인 베델이 발행인으로 되어 있어 타 신문에 비해 상대적으로 정간停刊 등과 같은 제재로부터 자유롭기는 했지만, 일본 당국의 치부를 드러내거나 당국에 직접적인 비판을 가하는 특정한 기사들에 대한 삭제 조치는 거의 모든 신문을 가리지 않고 행해지고 있었기 때문에 이러한 검열의 칼날을 피해 가기 위한 최소한의 방어책은 갖추고 있어야 했고, 그런 점에서 『대한매일신보』의 객관적 서술은 바로 그러한 자위 수단의 하나로 볼 수 있다고 생각한다.

이처럼 『대한매일신보』는 창간 직후부터 일본에 의해 강행되는 식민지화 정책과 그로 인해 일반 백성들이 겪게 되는 피해를 보도하는 데 있어 직접적인 비판의 방식은 아니더라도 전언과 지방관의 보고문 인용 등의 방식을 통해 문제점을 드러내고 독자들에게 현실에 대한 각성을 불러일으키는 기사들을 잡보란을 통해 적극적으로 게재하였음을 알 수 있다. 그리고 여기에 더하여 『대한매일신보』는 외세의 주권 침탈 및 민권 침해의 현실 속에서도 이에 맞서 국민을 보호하고 국권을 수호하는 데에 경주하기는커녕 오히려 사익을 탐하고 백성을 더욱 도탄에 몰아넣는 군수와 아전 등 지방 관료 집단의 폐단과 비리를 고발하는 기사 역시 적극적으로 게재하였음을 알 수 있다. 다음의 기사들은 이 점을 잘 보여주는 사례들이라고 할 수 있다.

진위민요

인부 모집ᄉᆞ로 일인이 진위군슈더러 ᄆᆡ호에 일인식 ᄲᅩᆸ아 달ᄂᆞ ᄒᆞ거ᄂᆞᆯ 군슈 ᄃᆡ답이 본군은 이왕 텰로 역부로 모군을 만이 ᄒᆞ엿스니 한ᄇᆡᆨ명ᄒᆞ고 모집ᄒᆞ마 ᄒᆞ야 허락ᄒᆞᆫ 뒤에 리방을 불너 지휘ᄒᆞ라 ᄒᆞᆫ즉 리방의 말이 이 소요 즁에 모군을 ᄒᆞ랴 ᄒᆞ면 이ᄇᆡᆨ명이ᄂᆞ 지휘ᄒᆞ여야 ᄇᆡᆨ명 츙슈가 된다 ᄒᆞ고 이ᄇᆡᆨ명으로 각면에 분ᄇᆡᄒᆞ야 지휘ᄒᆞ엿ᄂᆞᆫᄃᆡ 리방이 즁간에셔 협잡이 잇ᄂᆞᆫ 고로 ᄇᆡᆨ셩이 작당ᄒᆞ여 향쳥과 작쳥과 민가 칠호를 부쉿다더라[36]

션산불치

남즁으로셔 상ᄅᆡᄒᆞᆫ 친구의 말을 드른즉 션산 젼젼군수 졍우묵 씨ᄂᆞᆫ 학졍이 파다ᄒᆞᆫ 고로 ᄇᆡᆨ셩이 환산지경에 이르럿더니 다ᄒᆡᆼ이 민병셩 씨 ᄀᆞᆺᄒᆞᆫ 명관을 만ᄂᆞ셔 죽게 된 ᄇᆡᆨ셩이 안도가 되엿ᄂᆞᆫᄃᆡ 민군슈의 치젹을 평론ᄒᆞ자 ᄒᆞ면 겸년을 당ᄒᆞ야 만반방략으로 진휼ᄒᆞ야 ᄇᆡᆨ셩이 아표ᄅᆞᆯ 면ᄒᆞ엿스며 송ᄉᆞ결처를 공평케 ᄒᆞ고 신속케 ᄒᆞ며 졍령이 엄명ᄒᆞ고 ᄋᆡ민ᄒᆞᄂᆞᆫ 고로 촌민이 쟝차ᄅᆞᆯ 보지 못ᄒᆞᆫ다고 송셩이 근읍에 파젼ᄒᆞ더니 불과 수삭에 톄임된 고로 일읍 ᄇᆡᆨ셩이 공론ᄒᆞ고 ᄒᆡ관찰부와 ᄂᆡ부에 원류ᄒᆞ다가 못 되고 신군슈 송영대 씨 도임 후로 션치ᄒᆞᆯ 마음은 잇ᄂᆞᆫ 듯ᄒᆞᄂᆞ 간리비의게 속아셔 일읍 폐막은 이로 형언ᄒᆞᆯ 수 업거니와 뎨일 악습은 혹 결젼미슈ᄉᆞ라 혹 호포 밧ᄂᆞᆫ다 ᄒᆞ고 궁츈 ᄇᆡᆨ셩을 일일 착슈ᄒᆞ야 일량미슈에 쟝차 쥬ᄂᆞᆫ 예채와 옥즁 부비가 수십 량식 되니 ᄇᆡᆨ셩이 지보ᄒᆞᆯ 수 업ᄂᆞᆫ지라 ᄇᆡᆨ셩들의 말이 이러ᄒᆞᆫ 군슈ᄂᆞᆫ 퇴차가 도로혀 불치ᄅᆞᆯ 만낫고 민군슈의 톄귀ᄒᆞᆫ 거슨 어린ᄋᆞᄒᆡ가 사랑ᄒᆞᄂᆞᆫ 부모 일은 것과 갓다고들 ᄒᆞ더라더라[37]

---

36 「진위민요」, 『대한매일신보』, 1904.8.24, 2면.

간리불법

삼화 거ᄒᆞᄂᆞᆫ 한굉욱이가 평리원에 경소ᄒᆞᆫ ᄀᆡ의를 득문ᄒᆞᆫ즉 동군 간리 ᄇᆡᆨ영ᄐᆡᆨ이가 본인의 송츄ᄅᆞᆯ 임의로 작별ᄒᆞ고 ᄯᅩ 족징젼이라 칭탁ᄒᆞ고 관력을 협셰ᄒᆞ야 본인의 돈 쳔여량을 륵탈ᄒᆞ엿슨즉 량합 이쳔오ᄇᆡᆨ칠십여량이온ᄃᆡ 루ᄎᆞ 부군에 정ᄒᆞ야 ᄇᆡᆨ가가 략송ᄒᆞ야 랍고표에 감리의 인쟝을 찍어 셩급ᄒᆞ여 쥬엇ᄂᆞᆫᄃᆡ 한이 지ᄂᆡ도록 돈을 안이 ᄂᆡᄂᆞᆫ 고로 평리원에 정소ᄒᆞ야 엄ᄒᆞᆫ 훈령을 감리령으로 ᄒᆞ엿ᄂᆞᆫᄃᆡ ᄒᆡ감리 고영철씨가 도리여 셩ᄂᆡ에 ᄉᆞ령을 식여 한씨의 뺨을 쳐 관문 밧게 축출ᄒᆞ엿ᄂᆞᆫᄃᆡ 한씨의 억음니가 ᄲᅡ지고 ᄯᅩ ᄇᆡᆨ가의 ᄌᆞ식이 관문 밧게 은신ᄒᆞ엿다가 한씨의 ᄂᆞ옴을 보고 달녀드러 의관을 렬파ᄒᆞ고 소장축을 탈ᄒᆞᆫ지라 한씨가 분울ᄒᆞ야 감리의게 말ᄒᆞ되 샹부 훈령을 거역ᄒᆞ고 돈도 아니 밧아쥬고 도리여 압졔ᄒᆞᄂᆞ냐고 ᄒᆞ엿더니 ᄒᆡ감리가 관문 발악이라 말ᄒᆞ고 일번 착슈ᄒᆞ며 일년반 징역에 쳐ᄒᆞ엿다 ᄒᆞ더니 몃날 후에 한씨를 불너 분부ᄒᆞ되 징역 속젼 밧치라고 독촉ᄒᆞ엿ᄂᆞᆫᄃᆡ 슈쳬ᄒᆞᆫ 지 일삭 후에 아모 말도 업시 방송ᄒᆞ엿스니 통촉ᄒᆞ신 후 돈을 ᄎᆞ져 달ᄂᆞ ᄒᆞᆫ지라 평리원에셔 ᄒᆡ감리셔에 훈령ᄒᆞ되 피고 ᄇᆡᆨ룡ᄐᆡᆨ을 화속히 압샹ᄒᆞ야 ᄌᆡ결케 ᄒᆞ라 ᄒᆞ엿다더라[38]

첫 번째 기사에서는 철도 공사에 투입될 인부를 모집해 달라는 일본인의 요청을 받은 군수가 전권을 이방에게 맡기자 이방이 갖은 협잡을 부려 이에 분노한 백성들이 민요民擾를 일으킨 사실이 보도되고 있으며, 두 번째 기사에서는 전전前前 군수 정우묵의 학정으로 인해 고초를 겪던 선산 군민이 다행히 선치善治 군수인 민병성의 도임으로 잠시나마 고초에서 벗어났으나 불과 수개월 만에 다시 군수가 바뀌어 다양한 명목의 조세와 부비浮費를 부과하는 통에 도탄에서 벗어나지 못하고 있는 상황임을 보도하고 있다. 세 번째 기사에서는 백성의 사유

37 「선산불치」, 『대한매일신보』, 1904.8.24, 2면.
38 「간리불법」, 『대한매일신보』, 1904.8.27, 2면.

재산인 목재를 멋대로 작벌斫伐하고 돈까지 탈취해 간 감리監吏가 이러한 행위에 대해 재판을 받아 평리원平理院으로부터 피해자에게 배상하라는 판결을 받았음에도 불구하고 관직을 이용하여 오히려 피해자를 구타하고 감옥에 가두는 부조리한 행태를 고발하고 있다.

이러한 기사들을 통해 부각되는 것은 일본의 국권 침탈과 한국 인민에 대한 폭압적이고 강권적인 행위들이 횡행하고 있는 상황에서도 국민의 삶과 민권을 보호해야 할 위치에 있는 관리들이 자신의 본분을 잊고 오히려 외세 못지않게 이중의 수탈과 학정을 행하는 가해자로서 국민 위에 군림하고 있는 당대의 현실이라고 할 수 있을 것이다. 바야흐로 러일전쟁이 본격적으로 진행되고 있었고, 한국 정부와 국민의 의사와는 상관없이 한국의 영토가 전쟁 지역으로 편입되어버린 국가적 위기의 상황에서 외세인 일본이 한국과 한국 국민에게 부당한 폭력을 행사하는 것은 어찌 보면 불가피한 측면이 있을 수 있지만 이러한 외세의 침략적 행위에 맞서 국가의 주권을 수호하고 국민을 보호해야 할 관료 집단의 무능을 넘어선 비리와 부정부패는 일반 한국 국민들의 삶을 질곡에 빠지게 하는 원인이 됨과 동시에 전 국민적 분노와 저항의 필요성을 인식하게 만드는 요인이 되기도 하였던 것으로 볼 수 있다. 『대한매일신보』의 보도는 이러한 지배 계층의 행위가 단순히 특정 지역에서 일부 관내 인민들 사이에서 알려지는 차원을 넘어 전국적이고 전 국민적인 상황의 공유와 함께 체제 개혁과 저항의 필요성에 대한 공감대와 인식을 형성하는 데 기여하였다고 할 수 있을 것이다.

이처럼 『대한매일신보』는 창간 직후부터 잡보란의 다양한 보도 기사를 통해 일본에 의해 강행되는 식민지화 정책과 그로 인해 일반 백성들이 겪어야 하는 피해 상황을 적극적으로 알려 나갔을 뿐만 아니라 외세의 침탈 속에서도 자국민을 보호하는 것이 아니라 오히려 수탈과 착취를 통해 가해자로서 백성들에게 군림하던 관료 집단 및 지배 계층의 행태를 폭로하고 고발하는데 지면을 적극적으로 할애하였던 것으로 판단된다. 여기서 우리는 초기 언론 시장의 형성기에 『한성신보』와 『독립신문』이 보여주었던 매체의 보도 경향성의 대립 양상이 다시 한번 반복되고 있음을 알 수 있다. 『대한일보』는 상업주의적 전략을 토대로 친일적 정파성을 은폐하면서 일본의 침략이 노골화되고 있는 당대의 현실을 '위기에 처한 조선의 생존을 담보해줄 수 있는 진정한 보호자는 일본'이라는 인식을 유포하는 데에 집중했다면 『대한매일신보』는 침략 국가로서 일본의 속성을 드러내 주는 한국 인민에 대한 다양한 침탈 행위를 폭로하고 고발하는 데 집중함과 동시에 이 같은 상황을 극복하는 데에 도움이 되기는커녕 오히려 백성의 생존을 위협하는 요인이 되고 있는 무능하고 가학적인 관료 집단의 부정과 비리를 기사화함으로써 외세에 맞선 저항과 체제 개혁의 주체는 결국 '한국 인민 자신'이어야 한다는 인식을 유포하고 확산시키는 데 기여한 매체로 규정할 수 있다. 이상의 내용을 종합해보면 우리는 왜 『대한매일신보』가 비슷한 시기에 창간된 『대한일보』는 물론이거니와 기존의 『제국신문』이나 『황성신문』을 넘어 당대에 최대 독자를 확보한 신문이 될 수 있었는지를 알 수 있다고 본다. 『대한매일신보』라는 매체가 당대 사회에서 차지하고 있던 위상에 대해 고찰해 보고자 할 때 논설뿐만 아니라 잡보란의 다양한 기사들까지 살펴보아야 하는 이유가 여기에 있다고 생각한다.

그렇다면 고종의 강제 퇴위와 한일신협약 등의 체결로 인해 국운이 백척간두의 위기에 처해 있었던, 달리 말해 일본의 식민지화 기도가 더욱 폭압적이고 극복하기 어려울 정도로 강력한 수준으로 관철되었던 1907년 무렵의 근대 초기 신문들은 당대의 현실을 어떻게 인식하면서 묘사하고 있었을까? 이러한 의문에 답하기 위해 당시에 독자 확보를 위해 파격적인 지면 혁신을 추구한 확대판 『제국신문』을 중점적으로 살펴보면서 아울러 동일 시기에 함께 발행되었던 『대한매일신보』와 『경향신문』의 잡보란을 비교해 가면서 고찰해 보도록 하겠다.

2. 1907.5~1909.2

확대판『제국신문』·『대한매일신보』·『경향신문』의 비교 고찰

1) 확대판『제국신문』과『대한매일신보』 의병 및 여성에 대한 보도 경향의 차이를 중심으로

『제국신문』은 1898년 8월 10일 창간되어 1910년 3월 31일까지 무려 12년 동안 약 3,240호를 발행한 것으로 알려져 있다.[39] 창간호부터 1902년 12월 29일까지의 발행분은 1986년 아세아문화사에서 영인본으로 출판된 바 있고, 2011년에 청운출판사에서 1903년 1월 5일 자부터 1907년 5월 14일까지의 발행분이 영인본으로 출판된 바 있다. 이에 비해 1907년 5월 17일 이후부터 총 21개월간의 발행분은 비교적 최근인 2019년에 영인본으로 출판되었다. 연세대학교 국학자료실에 소장되어 있는 이 발행분은 현전하는『제국신문』발행분 중 가장 후대의 것일 뿐만 아니라 국내 유일본이라는 점에서 자료적 가치가 매우 크다.[40] 이 자료를 확대판『제국신문』이라고 명명한 이유는 이전까지의 지면에 비해 판형이 약 1.5배 확대되었고, 단수段數 또한 4단에서 6단으로 증대되었기 때문이다. 이로써 전체적인 기사 분량이 늘어날 수 있는 물리적 토대를 마련하게 된다. 그 결과 이전에 비해 잡보 기사의 분량이 대폭 확대되었고, 아울러 지면 배치에 있어서도 상당한 변화가 초래되었다.

이처럼 형식 및 내용 면에서 일신一新한 면모를 보였던『제국신문』의 지면 확장은 거의 같은 시기인 1907년 5월 23일에 순국문판을 별도로 발행하기 시작한『대한매일신보』와 함께 신문사 간 독자 확보를 위한 경쟁을 더욱 촉진시켰다고 할 수 있다. 이에 먼저 확대판『제국신문』의 지면 확장에 따른 잡보란의

---

39 최기영,『대한제국시기 신문연구』, 일조각, 1991, 60~63쪽 참고.

40 그 이후인 1909년 3월~1910년 3월 말, 즉 폐간 직전까지의 지면은 현재까지 실물이 확인되지 않고 있다.

기사 편성 양상과 주요 내용을 살펴보기로 한다.

확대판 『제국신문』은 제2407호1907년 5월 17일 자부터 제2912호1909년 2월 28일 자까지 총 506호분이 발행되었으며, 이 중 22일 치 발행분은 유실되어 전하지 않는다. 따라서 현전하는 것은 총 484호분이다. 먼저 지면 구성을 살펴보면 1면에는 주로 학문론과 소설, 그리고 외보外報 기사가 게재되었으며 2면에는 논설이 게재되었다. 잡보 기사는 주로 2면에서 논설을 제외한 부분과 3면 일부에 걸쳐 게재되었는데, 건수가 적기는 하지만 일부 1면에 게재되는 경우도 있었다. 그리고 3면에서 기사를 제외한 부분과 4면 전체에는 광고가 게재되었다. 외보까지 포함한 전체 기사의 수는 13,622건이며 이 중 잡보가 10,698건80.5%, 외보가 2,654건19.5%을 차지하고 있다. 외보가 모두 1면에 실린 데 비해 잡보의 경우는 1면에 48건0.4%, 2면에 9,285건68.2%, 3면에 1,635건12.0%이 게재되었다. 이러한 통계적 경향은 분량에 있어서도 유사하게 나타남을 알 수 있는데, 전체 기사 분량 2,311,920자[41] 중 외보는 368,791자15.9%, 잡보는 1면 19,620자0.8%, 2면 1,518,689자65.7%, 3면 404,820자17.5%를 합하여 1,943,129자84.1%에 달한다. 이해를 돕기 위해 월별 기사 건수 및 분량의 통계를 표로 제시하면 다음과 같다.[42]

〈표 2〉 확대판 『제국신문』의 월별 기사 건수 및 분량 통계표

기간		외보		잡보						합계	
		건수	분량	1면		2면		3면		건수	분량
				건수	분량	건수	분량	건수	분량		
1907	5	69	9,727	35	15,114	240	38,630	90	16,821	434	80,292
	6	101	13,561	5	1,153	433	73,692	104	21,476	643	109,882
	7	14	1,629	6	1,879	415	70,741	60	14,014	495	88,263
	8	87	9,397	0	0	437	63,489	97	19,963	621	92,849
	9	73	8,783	0	0	316	42,950	33	12,905	422	64,638
	10	116	14,737	0	0	461	63,562	84	25,436	661	103,735
	11	121	19,035	0	0	460	71,754	63	24,891	644	115,680
	12	128	17,249	0	0	366	68,704	63	18,024	557	103,977

기간		외보		잡보						합계	
		건수	분량	1면		2면		3면		건수	분량
				건수	분량	건수	분량	건수	분량		
1908	1	117	15,658	1	543	371	62,081	34	10,818	523	89,100
	2	157	19,411	0	0	366	69,098	33	8,117	556	96,626
	3	172	21,599	0	0	430	69,006	139	50,814	741	141,419
	4	146	23,600	0	0	437	76,767	72	23,820	655	124,187
	5	143	18,485	0	0	497	80,285	86	18,415	726	117,185
	6	108	15,488	0	0	391	61,530	39	9,033	538	86,051
	7	145	18,437	0	0	439	63,381	98	19,709	682	101,527
	8	151	19,156	0	0	375	65,414	61	13,063	587	97,633
	9	189	25,213	0	0	378	69,597	65	10,994	632	105,804
	10	151	22,392	0	0	532	89,917	53	9,150	736	121,459
	11	142	17,744	0	0	471	76,719	65	13,369	678	107,832
	12	117	16,124	0	0	531	92,220	44	13,766	692	122,110
1909	1	101	19,342	1	931	481	74,609	107	21,455	690	116,337
	2	106	22,024	0	0	458	74,543	145	28,767	709	125,334
누계		2,654	368,791	48	19,620	9,285	1,518,689	1,635	404,820	13,622	2,311,920

위의 월별 통계표를 참조하면 해당 기간의 『제국신문』 발행 상황에 대한 몇 가지 유의미한 정보를 얻을 수 있다. 먼저 지면의 구성 추이를 살펴보면 발행 초창기인 1907년 5월에는 1면에 외보와 잡보가 혼재되는 양상을 보였으나, 6월 이후부터 1면에 게재되는 잡보 기사가 급감하면서 8월부터는 1면에 잡보 기사가 아예 실리지 않았음을 알 수 있다. 이는 8월 이후부터 1면-외보, 2~3면-잡보 기사를 구분하여 게재하는 형태로 지면 구성 체제가 정착되었다는 것을 의미한다.

다음으로 위의 통계 수치는 주로 재정상의 문제로 정간과 속간을 거듭했던 『제국신문』의 상황과 일정한 상관관계를 보이고 있다. 주지하다시피 『제국신문』은 사세 확장을 목표로 확대판을 발행하였는데, 이를 반영하듯 발행일수가

41 "훈글" 워드 프로세서의 "문서정보 → 문서 통계" 기능을 활용하여 계수(計數)하였음(이하 같음).
42 실제 조사에서는 일자별로 계수하였으나, 분량의 제약상 월별 통계만을 제시하였음.

12일에 불과한 1907년 5월에도 8만여 자의 기사를 실었을 뿐만 아니라 6월에는 11만 자에 가까운 분량의 기사를 게재하였다. 그러나 이 같은 의욕적 시도는 지속적인 추동력을 확보하지는 못했던 것으로 보인다. 7~8월에 9만 자 내외로 2만 자 가까운 감소 추세를 보이던 분량은 9월에는 6만 4천여 자로 급감하는데, 이는 재정 압박으로 인해 9월 20일부터 10월 2일까지 정간되었던 사실과 무관하지 않다고 할 수 있다. 다시 말해 재정 문제는 기사를 제공하는 인적, 물적 토대라고 할 수 있는 뉴스원news源의 확보에 적지 않은 영향을 끼쳤던 것으로 추정해볼 수 있다.

10월 속간 이후의 분량 추이 또한 이러한 판단을 뒷받침하는 측면이 존재한다. 통계표를 보면 10월~12월까지의 기사 분량이 6월 수준으로 회복되었다가 1908년 1~2월 사이에 다소 감소한 후 다시 3월부터 급증하는 양상을 확인할 수 있다. 이는 속간 이후 지면에 기사를 채울 수 있는 '동력'이라 할 수 있는 재정과 뉴스원이 약 3개월 정도 유지되다가 차차 감소세로 돌아섰고, 3월부터 다시 어떤 새로운 '동력'이 확보되었다는 의미로 해석될 수 있다. 실제로 확대판 『제국신문』은 3월 1일부터 이전까지 한문으로 게재되던 관보를 폐지하고 그 자리를 국문 잡보 기사로 대신 채웠고, 역시 한문으로만 표기하던 잡보 기사의 제목 또한 국문으로 먼저 표기한 후 그 뒤에 한문 혹은 국한문을 괄호 안에 넣어 병기併記하는 방식으로 변경하였다.[43] 이러한 체제 변화는 결국 국문 독자층을 더 많이 확보하기 위한 전략의 일환으로 볼 수 있으며, 잡보 기사의 비중과 분량을 증대시킨 요인인 동시에 명실상부한 국문 신문에 더욱 가까워지게 만든 요인이라고도 할 수 있다.

---

43 참고로 이러한 병기 방식은 처음에는 '국문(한문)' 표기 형태로만 유지되었으나 수개월 후부터는 '국문(한문)' 외에도 '국문(국한문)'과 '국문'으로 표기하는 방식이 등장하였다. 말하자면 점차 국문의 비중을 높이는 방향으로 표기 방식이 전환되었다고 할 수 있다.

마지막으로 대체로 잡보 기사의 건수 및 분량이 엇비슷하게 유지되는 경향을 보이고 있는 나머지 기간과 달리 일시적 감소 추세를 나타내고 있는 1908년 6월과 8월의 상황 또한 이러한 맥락에서 설명이 가능하다고 하겠다. 6월에는 총 10일의 휴간일 중 '기계 수리 및 활자 정리'를 이유로 임시 휴간한 기간이 5일6월 27일~7월 1일에 이르는데 이는 사실 재정 문제로 인한 일시적 정간이었다.[44] 따라서 3월에 최대치를 기록했던 기사의 분량이 4~5월로 갈수록 점차 감소세를 보이다가 6월 들어 급감하는 것은 1907년 9~10월 사이에 있었던 정간 사례와 유사하게 재정 문제와 이로 인한 뉴스원 확보의 어려움을 반영한 결과로 해석할 수 있다. 8월 또한 휴간일이 총 9일에 달하지만 여기에는 10주년 기념호 발간 준비를 위한 휴간 3일과 기념일 휴간 2일이 포함되어 있다는 점에서 6월과 상황이 다소 다르다고 할 수 있다. 다시 말해 8월의 분량 감소세는 재정 문제와 직접적으로 연관이 있다기보다는 특집호 발간을 위한 발행 일정의 '일시적 조정'과 창간기념일이라는 변수가 영향을 미친 결과로 볼 수 있는 것이다. 이와 같은 변동 국면을 겪은 후 적어도 1908년 9월부터 1909년 2월까지는 기사량에 큰 편차가 없는 안정적인 국면을 유지했던 것으로 보인다.

요컨대 이상의 결과들은 확대판이 발행되던 시기의 『제국신문』이 어떤 상황에 놓여 있었는가를 이해하는 데 필요한 정보와 함께 다음과 같은 추론을 일정 정도 뒷받침하는 측면이 있다. 먼저 확대판의 잡보 기사의 건수와 분량 즉 기사량은 신문사의 재정 상황과 밀접한 상관관계를 보이고 있음을 확인할 수 있다. 실제로 재정 문제로 인한 정간 시점에 가까워질수록 기사량은 감소세를 보였다가 재정 문제가 해결되고 속간이 이루어지는 시점부터는 다시 증가세를 보였다. 이러한 사실은 현대의 매체에 비해 상대적으로 정론성과 계몽주의적 경향을 강하게 표방한 것으로 평가되어 온 근대 초기 신문 또한 결국 물적 토대가

44 「익독 쳠군자에게 샤례홈」, 『제국신문』, 1908.7.2, 1면 사설.

제대로 뒷받침되지 않는다면 언론 매체로서의 기능을 수행하는 데 지장을 초래할 수도 있다는 점을 시사한다.

그렇다면『제국신문』을 포함한 근대 초기 신문이 재정상의 어려움을 타개하기 위해 선택한 전략은 무엇이었을까? 이와 관련하여 흔히 광고 수입과 구독 대금 수입의 확충을 떠올릴 수 있을 것이다. 그러나 확대판이 발행되던 시기의『제국신문』의 구독 대금 및 광고 수입 규모 및 추이는 현재로선 정확하게 파악하기 어렵다. 그럼에도 불구하고 구독 대금 및 광고 수입이 신문사 운영에 문제가 없을 만큼 충분하지는 못했다는 점은 분명하다. 재정 문제로 인한 정간 사례뿐만 아니라 지면을 통해 끊임없이 독자들에게 재정적 어려움을 호소했다는 사실이 이를 뒷받침한다. 실제로 확대판에서 매우 빈번하면서도 지속적으로 발견되는 내용 중의 하나가 바로 신문 구독 및 미납 대금의 납부 호소, 의연금 기부자 상찬賞讚, 그리고 주로 관료층 구독 거부자에 대한 비판이었음을 알 수 있다. 확대판에서 이러한 권면, 호소, 비판은 논설과 광고 및 사고社告 등을 통해 이루어지기도 했지만 잡보란의 기사 형태로 제시되는 경우가 가장 많았다. 특히 다음 사례에서 알 수 있듯이 신문 구독을 중단 혹은 거부한 관료에 대한 비판 기사는 예외 없이 대단히 공격적인 논조로 집필되었다.

안산수安山守의 완명頑冥

본샤 신문을 각 군슈의게 ᄒᆞᆫ 쟝식 보ᄂᆡᆷ은 즁의가 다 아ᄂᆞᆫ 바어니와 쳔만 뜻밧게 음력 팔월 이십팔일에 안산군 셔긔 박ᄅᆡ봉朴來鳳이가 본샤에 편지ᄒᆞ야 갈아ᄃᆡ

경게쟈 본군슈의게 보ᄂᆡ신 귀샤 신문을 환송ᄒᆞ라시ᄂᆞᆫ 분부ᄅᆞᆯ 지나간 ᄉᆞ월에 임의 밧들엇스나 그 ᄯᅢ에 ᄆᆞᆺ참 보기ᄅᆞᆯ 원ᄒᆞᄂᆞᆫ 사ᄅᆞᆷ이 잇기로 오ᄂᆞᆫ ᄃᆡ로 밧얏드니 지금은 그 사ᄅᆞᆷ이 밧지 안이ᄒᆞ온즉 임의 본신문갑은 맛당히 계산ᄒᆞ야 신편에 부치려 ᄒᆞ오며 작일에 보ᄂᆡ신 신문은 환송ᄒᆞ오니 죠량ᄒᆞ신 후 다시 보ᄂᆡ지 마압쇼셔

ᄒᆞ엿ᄂᆞᆫ지라

슯흐다 안산군슈 리셕ᄌᆡ李奭宰 씨ᄂᆞᆫ 학문잇ᄂᆞᆫ 사ᄅᆞᆷ으로 알엇더니 신문을 안 보깃다고 환송ᄒᆞ엿스니 국문 신문 ᄒᆞᆫ 쟝을 못보ᄂᆞᆫ 사ᄅᆞᆷ이 엇지 그 고을 ᄇᆡᆨ셩을 가라쳐 문명에 나아가게 ᄒᆞ리오 진실노 완명불령頑冥不靈ᄒᆞᆫ 물이라 ᄒᆞᆯ지오 ᄯᅩᄒᆞᆫ 환송ᄒᆞ랴거든 ᄌᆞ긔의 일홈으로 본사에 공함ᄒᆞᆷ이 가ᄒᆞ거ᄂᆞᆯ 셔긔로 ᄒᆞ야금 미루어 편지ᄅᆞᆯ 식혓스니 이ᄂᆞᆫ 무례무샹無禮無狀ᄒᆞᆫ 물이라 본샤의 ᄉᆞ졍 업ᄂᆞᆫ 붓으로 버힐 것시로ᄃᆡ 특별히 용셔ᄒᆞ고 신문을 련ᄒᆞ여 발송ᄒᆞ야 그 ᄀᆡ과쳔션ᄒᆞ기ᄅᆞᆯ 기다리노라[45]

계군봉립鷄羣鳳立

우리나라의 ᄒᆞ등 인물은 신문의 엇더ᄒᆞᆫ 영향이 잇슴을 아지 못ᄒᆞᆷ으로 젼오쳔군슈 뎡상셥씨와 안산군슈 리셕ᄌᆡ씨와 리쳔군슈 리쳘영씨 갓흔 쟈ᄂᆞᆫ ᄇᆡᆨ리에 근심을 논오아 일군을 도솔ᄒᆞᄂᆞᆫ 지위로 잇셔 인민을 효유ᄒᆞ야 신문 ᄒᆞᆫ 쟝이라도 보도록 ᄒᆞ기ᄂᆞᆫ 고ᄉᆞᄒᆞ고 돌오혀 반ᄃᆡ가 비상ᄒᆞ야 고기 ᄒᆞ나히 바다물 흐리ᄂᆞᆫ 힝위를 ᄒᆞ거날 유지ᄒᆞ시도다 목포 ᄉᆞᄂᆞᆫ 김형즁씨여 열심으로 동포를 권면ᄒᆞ야 신문을 사 보도록 ᄒᆞ야 ᄇᆞᆯ셔 여러 장을 쳥구ᄒᆞᄂᆞᆫ 쟈가 잇고 ᄯᅩ 씨가 본사의 ᄌᆡ졍곤난ᄒᆞᆷ을 ᄀᆡ셕히 녁여 금화 이환을 보죠ᄒᆞ얏스니 씨ᄂᆞᆫ 가위 ᄃᆞᆰ의 무리에 봉이 슨 것 ᄀᆞᆺ다 ᄒᆞᆯ 만ᄒᆞ더라[46]

감하의연感荷義捐

ᄉᆞᆷ화진 남포에 ᄉᆞᄂᆞᆫ 한규진韓奎鎭 씨ᄂᆞᆫ 본신문을 ᄉᆞ랑ᄒᆞ난 마음으로 본샤 경비를 보죠ᄒᆞ기 위ᄒᆞ야 신화 이십젼을 긔부ᄒᆞ얏스니 본사에셔ᄂᆞᆫ 그 보죠금ᄋᆡᆨ의 만코 젹은 것을 교계치 안이ᄒᆞ고 다만 그 의무심을 감하ᄒᆞ난 터이어니와 동씨의 이십젼 연죠ᄒᆞᆷ은 다른 사ᄅᆞᆷ의 이만원보담 더욱 감ᄉᆞ히 녁이노라[47]

---

45 「安山守의 頑冥」, 『제국신문』, 1907.10.13, 2면.
46 「鷄羣鳳立」, 『제국신문』, 1907.11.22, 2면.

이처럼 확대판의 잡보 기사는 '유지자有志者의 의연義捐' 대對 '완명불령자頑冥不靈者의 무례무상無禮無狀'이라는 선명한 이분법적 구도 속에서 작성되었고, 신문사 측의 의도가 작용한 것이었든지 아니었든지 간에 결과적으로 이러한 프레임frame의 반복적 제시는 독자들로 하여금 신문 구독이라는 행위를 윤리적으로 바람직한 것인 동시에 마땅히 해야 할 당위적인 것으로 인식하게 만들었을 가능성이 높다.

여기서 중요한 부분은 이러한 기사들이 실제로 독자들의 적극적인 구독을 견인하였느냐의 여부가 아니라 잡보란과 그 기사들이 어떤 맥락 속에서 집필되고 그 결과 어떤 프레임과 매체적 성격을 형성하는가의 여부라고 할 수 있다. 재정 문제 관련 기사들의 사례에서도 알 수 있듯이 잡보란은 단순한 사건, 사고의 보도 지면에 그치지 않았으며 신문사가 수행하는 언론 매체로서의 기능과 목표 등과 연동되어 신문사 및 주요 독자층의 적극적인 의견 개진 또는 특정 사건 및 사안에 대한 집중적인 조명과 부각을 통해 여론을 형성하는 지면으로서 기능하였던 것이다. 이러한 경향은 주제별 기사의 내용적 특징을 규정하는 요인으로도 작용했던 것으로 보인다.

확대판『제국신문』의 잡보란에는 광무 말기~융희 전기에 이르는 시기의 전체적인 사회상이 방대한 분량 속에 생생하게 담겨 있다. 고종의 강제 퇴위와 이에 반발하여 흥기한 정미의병丁未義兵, 그리고 관련 정관계 인사들의 언행 등 당대의 중요한 정치적 사건과 인물들에 대한 기사가 황실 관련 기사와 함께 가장 높은 비중을 차지하고 있고, 아울러 이 시기에 활발하게 전개되었던 교육 계몽 운동의 양상과 이를 실천한 주요 인사들에 대한 기사도 높은 비중을 차지하고 있다. 이와 같은 내용적 특징은 거의 비슷한 시기에 발행되었던 여타의 신문들과 크게 다르지 않지만 동시에 특정한 분야에 있어서는『제국신문』만의 차별성

47 「感荷義捐」,『제국신문』, 1908.1.9, 2면.

을 형성하였던 것으로 판단된다.

이 점은 기사에 등장하는 단어의 사용 빈도에 대한 통계 조사 결과를 통해서도 일정 정도 확인이 된다. 먼저 확대판 『제국신문』의 원문 입력 파일외보 포함에서 '의병'이라는 단어를 검색해보면 총 2,459회제목 및 본문 포함 등장하며, 기사 건수로는 총 757건205,000여 자에 달한다. 이는 전체 기사 건수 대비 5.6%, 분량 대비 8.9%에 이르는 것이다. 이러한 사실로부터 기사 1건당 평균 분량이 여타 분야의 기사들보다 많음을 알 수 있는데 이는 1907년 8월 14일~1908년 7월 14일까지 총 184회에 걸쳐 주로 3면을 통해 이른바 "지방정보地方情報"[48]라는 제목으로 전국 각지의 의병 활동 동향과 시설 및 민간인의 피해 상황, 그리고 주로 일본군에 의한 토벌 현황을 세세히 보도했던 고정 기사의 영향 때문이라고 할 수 있다. "지방정보地方情報"의 총 분량은 109,500여 자에 달하며 해당 기사 1건당 평균 595자가 되는데, 이는 "지방정보地方情報"를 제외한 의병 관련 기사의 1건당 평균 168자567건 / 95,500자의 3.5배에 이른다. 이러한 사실은 확대판 『제국신문』의 발행 시기에 의병 관련 기사를 비교적 비중 있게 다루었다는 의미로 해석할 수 있다.

한편 같은 시기에 발행된 『대한매일신보』의 경우에는 의병이라는 단어가 등장 횟수 기준 총 1,509건[49]이 검색되었는데, 원문 전체가 입력되어 있지 않은 자료의 특성을 고려할 때 현재로선 정확하게 계수할 수는 없으나 확대판의 사례와 마찬가지로 의병이라는 단어가 적어도 1,509회보다는 훨씬 더 많이 등장함과 동시에 분량 또한 적지 않을 것이라는 점은 충분히 예상이 가능하다. 따라서 이러한 점을 고려할 때 이 시기에 발행된 『제국신문』과 『대한매일신보』는

48 지방정보(地方情報)라는 제목 외에도 각지방정보(各地方情報, 1건), 지방소식(地方消息, 2건), 지방정형(地方情形, 3건), 각지정보(各地情報, 6건), 지압정보(地壓情報, 1건) 등의 제목이 사용되기도 하였다.

49 빅카인즈 홈페이지(https://www.bigkinds.or.kr/news/libraryNews.do) 참고.

의병 관련 기사의 보도 건수 및 분량에 있어서는 큰 차이가 없다고 할 수 있다.

그러나 이러한 정량적 지표 외에 두 신문 간의 차이점을 드러내 주는 다른 요소가 있지 않을까? 이러한 문제의식을 바탕으로 의병 외에 비도匪徒 또는 폭도暴徒 등 의병을 지칭할 수도 있는 여타의 단어들을 모두 포함하여 확대판 『제국신문』과 『대한매일신보』에서 검색해본 결과 두 신문의 의병에 대한 보도 시각에 일정한 차이가 존재한다는 점을 확인할 수 있었다.

우선 확대판 『제국신문』의 경우는 비도 141회, 폭도 113회가 등장하는 데 비해 『대한매일신보』의 경우는 비도 38회, 폭도 50회가 등장하고 있어 그 차이가 적지 않음을 알 수 있다. 그런데 이 검색 결과를 좀 더 자세히 살펴보면 각 신문이 두 단어를 사용하는 방식, 즉 용법에서 더욱 확연한 차이가 나타난다는 점을 알 수 있다. 확대판 『제국신문』은 의병을 지칭할 때 비도 또는 폭도라는 단어를 사용하는 경우가 월등히 많았던 반면, 『대한매일신보』는 해당 단어를 주로 외국의 반란군을 지칭할 때 사용하였고 의병을 지칭하는 경우는 상대적으로 그리 많지 않았다. 실제로 확대판 『제국신문』에서는 의병을 비도와 폭도로 지칭하는 경우가 각각 101회71.6%과 78회69.0%로 나타났는데, 이는 『대한매일신보』의 3회8.0% 및 10회20.0%에 비해 압도적으로 많은 것이다.

특히 확대판 『제국신문』의 경우는 1908년 7월 이후부터 의병을 비도 혹은 폭도로 지칭하는 사례가 증가함과 동시에 의병이라는 단어를 사용할 때에도 기사마다 "의병이라 (자)칭ᄒᆞ는" 또는 "자칭소위 의병"과 같은 형태의 부정적인 의미를 지니는 표현을 일관되게 사용한 반면 『대한매일신보』의 경우는 이 같은 표현이 거의 사용되지 않았다.[50]

---

50 물론 『대한매일신보』의 경우도 "가의병피착"(1908.6.27), "가의병포살"(1908.12.31 및 1909.1.16), "가의병도적(1909.1.26)" 등과 같이 총 4회에 걸쳐 "의병이라 칭탁(가칭)ᄒᆞ는 자"라는 표현을 사용하기는 하였으나 이 경우에는 범죄로 규정할 만한 피해 사실이 있을 시에만 제한적으로 사용되었고 그 수 또한 드물다는 점에서 『제국신문』과는 차이가 있다.

○ 디방경보地方情報

○ 본월 구일에 경의텰도청계 뎡거쟝 근쳐에셔 의병이라 ᄌ칭ᄒᆞᄂᆞᆫ 무리 ᄇᆡᆨ여명이 졸디에 돌입ᄒᆞ야 ᄌᆡ무셔를 엄습ᄒᆞ고 일인슌사 일명과 한인슌사 일명을 참살ᄒᆞ얏다 ᄒᆞ고

○ 본월 일일에 원쥬군에 츌장ᄒᆞᆫ 일본슈비ᄃᆡ 소위 이하 토벌ᄃᆡ가 ᄒᆡᆼ군 묘림셔남방 십리되ᄂᆞᆫ 문덕리에셔 의병이라 ᄌ칭ᄒᆞᄂᆞᆫ 쟈 ᄇᆡᆨ여명과 교젼ᄒᆞ얏다 ᄒᆞ고

○ 거월 이십팔일에 원쥬군에셔 츌쟝ᄒᆞᆫ 일본 슈비ᄃᆡ병이 횡셩군 동북방 복복리 남방 십리되ᄂᆞᆫ 곳에셔 의병이라 칭ᄒᆞᄂᆞᆫ 오십여명과 교젼ᄒᆞ얏다 ᄒᆞ고

○ 거월 이십칠일에 경긔양쥬군 일본 헌병분견소 헌병륙명이 횡셩군 분견소로 무임ᄎ 발뎡ᄒᆞ다가 남부 쑥셤 동남방 삼십리되ᄂᆞᆫ 연강에셔 의병이라 ᄌ칭ᄒᆞᄂᆞᆫ 쟈 오십여명과 교젼ᄒᆞ야 일헌병 일명은 간 곳을 알 슈 업다더라[51]

이러한 양상은 신문지법의 도입 등 통감부로 대표되는 일제 당국의 검열 및 보도 지침의 영향과도 무관하지 않겠지만, 동일한 제약이 모든 언론 매체에 작용하고 있었음에도 불구하고 두 신문 사이의 의병 관련 기사에서 의병을 지칭하는 방식의 차이가 나타난 것은 의병을 바라보는 두 신문사의 입장과 시각 차이를 반영한 결과로 해석할 수 있을 것이다. 다음과 같은 기사들은 의병에 대한 두 신문의 관점 차이를 명확하게 보여주고 있다는 점에서 참고할 만하다.

---

51 「디방경보(地方情報)」, 『제국신문』, 1908.7.11, 3면.

〈표 3〉 확대판 『제국신문』과 『대한매일신보』의 의병 관련 기사 비교

확대판 『제국신문』
匪徒捕捉 음력 ᄉᆞᆷ월 초십일에 소위 의병 일ᄇᆡᆨ여명이 젼라남도 릉쥬군에 돌입ᄒᆞ야 ᄒᆡ군에 잇ᄂᆞᆫ 양총 오병을 탈취ᄒᆞᆫ후 그 잇흔날 미명에 화슌군에 돌입ᄒᆞ야 우편소와 경무분파소을 파쇄ᄒᆞ고 일반문서와 의복등물을 몰슈 소화ᄒᆞᆫ후 ᄒᆡ디에 긔류ᄒᆞᄂᆞᆫ 일본인의 가옥과 물품을 ᄯᅩᄒᆞᆫ 다슈이 소화ᄒᆞ고 즉시 동복군으로 젼왕ᄒᆞᆫ지라 ᄒᆡ도 경무셔에셔 그 뒤를 츄포ᄒᆞ야 신ᄐᆡ환 등 칠명은 포착ᄒᆞ고 일명은 총에 마자 죽엇다더라[52]
蔚珍義擾 각 디방에 의병의 긔세가 날노 증가ᄒᆞᆫ 일은 다 아ᄂᆞᆫ 바어니와 강원도 울진군 거 장셕ᄐᆡ 면ᄇᆡᆨ근 장진슈 등이 의병에 투입ᄒᆞ야 의병 슈ᄇᆡᆨ여 명을 령솔ᄒᆞ고 본월 십ᄉᆞ일 야에 울진군 읍져에 돌입ᄒᆞ야 인민의 가옥에 불을 놋코 셰무쥬ᄉᆞ를 포착 타살ᄒᆞ랴 ᄒᆞᄂᆞᆫ고로 셰무쥬ᄉᆞ 원경상씨와 ᄒᆡ군 우편쇼장이 피신 도쥬ᄒᆞ야 경북 연일군으로 가셔 탁지부에 그 ᄉᆞ실을 보고ᄒᆞ얏ᄂᆞᆫᄃᆡ 삼쳑 울진 평ᄒᆡ 등 삼군에 의병이 날노 창궐ᄒᆞ야 우편이 됴졀되고 ᄒᆡ 삼군에 쥬직ᄒᆞᆫ 일 순사와 우편쇼장은 모다 피신ᄒᆞ야 녕ᄒᆡ군에 모혀 잇다 ᄒᆞ얏다더라[53]
의병토ᄉᆡᆨ(義兵討索) 근일 의병등이 각군 쟝시로 비밀히 왕ᄅᆡᄒᆞ며 군용젼이라 군복ᄎᆞ라ᄒᆞ고 젼ᄌᆡ와 포목 등속을 토ᄉᆡᆨᄒᆞᆫ즉 시민등은 당쟝위협에 견ᄃᆡ지 못ᄒᆞ야 요구ᄒᆞᄂᆞᆫᄃᆡ로 몬져 구쳐ᄒᆞ야 쥬고 츄후로 일동인민에게 분ᄇᆡᄒᆞ면 가난ᄒᆞᆫ ᄇᆡᆨ셩은 그츌렴돈을 한두번에 ᄂᆡᆯ슈업셔 장체계로 징납ᄒᆞᄂᆞᆫ쟈 만타더라[54]
참혹ᄒᆞᆫ 쥭엄(可驚慘殺) 일젼에 포쳔군 직골 동리 김모의 집에셔ᄂᆞᆫ 졔ᄉᆞ를 지ᄂᆡᄂᆞᆫᄃᆡ 그 집 친쳑과 동리 사ᄅᆞᆷ들이 졔 밥을 먹을 ᄎᆞ로 다수히 모혓고 그 집 ᄂᆡ외에 등불을 쥰비ᄒᆞᆫ고로 깁흔 밤에 ᄌᆞ연 등광도 죠요ᄒᆞ고 사ᄅᆞᆷ의 소ᄅᆡ도 나ᄂᆞᆫ 터인ᄃᆡ 맛참 일병이 의병을 졍탐ᄒᆞ기 위ᄒᆞ야 그 동리에 ᄅᆡ도ᄒᆞ얏다가 등광을 좃ᄎᆞ 그 집 문젼에 이른즉 녀인 일 명이 물을 길너 나아오ᄂᆞᆫ지라 일병이 녀인을 ᄃᆡᄒᆞ야 낫분 사ᄅᆞᆷ이 어ᄃᆡ 잇ᄂᆞ뇨 ᄒᆞᆫ즉 그 녀인은 쳐음 듯ᄂᆞᆫ 말이라 아마 밧갓 쥬인을 찻ᄂᆞᆫ 말인가 ᄒᆞ야 그 모혀잇ᄂᆞᆫ 방을 손가락으로 가라친즉 ᄒᆡ 일병 등이 그 방을 향ᄒᆞ야 무수 방총ᄒᆞ야 그 집 식구와 동민 십삼 명이 몰ᄉᆞᄒᆞ얏다더라[55]
『대한매일신보』
양쥬의 참혹ᄒᆞᆫ 쇼식 ᄌᆡ작일에 일병 일쇼ᄃᆡ가 양쥬읍으로 지나가ᄂᆞᆫᄃᆡ 그 근쳐에 ᄇᆡᆨ셩들이 피란ᄒᆞ려고 산으로 피ᄒᆞ여 가ᄂᆞᆫ 거슬 일병이 의병들이 도주ᄒᆞᄂᆞᆫ 줄노 알고 쫏ᄎᆞ가며 총을 노화셔 ᄇᆡᆨ셩들이 만히 죽고 ᄯᅩ 촌집들을 몰수히 쇼화하엿다더라[56]
참혹ᄒᆞᆫ 두 죽엄 일젼에 일병 ᄇᆡᆨ여 명이 지평군 셤의동이라ᄂᆞᆫ 동ᄂᆡ에 드러가셔 의병이 잇던 ᄯᅡ이라 ᄒᆞ고 츙화ᄒᆞ여 그 동ᄂᆡ집 칠십여 호가 몰쇼ᄒᆞ엿고 근동에 셔판 집을 ᄯᅩ 츙화ᄒᆞ여 잉ᄐᆡᄒᆞᆫ 부녀 ᄒᆞ나히 불에 타죽엇다더라[57]
민원 챵텬 경쥬군 산ᄂᆡ면 즁리에 사ᄂᆞᆫ 진모ᄂᆞᆫ 원ᄅᆡ 농업으로 ᄌᆞ싱ᄒᆞᄂᆞᆫ 사ᄅᆞᆷ인ᄃᆡ ᄒᆡ군 일슈비ᄃᆡ 일병이 와셔 의병의 간련이 잇다 ᄒᆞ고 진모ᄅᆞᆯ 포박 구타ᄒᆞ야 죽게 된 거슬 은양 경쥬 등디로 ᄭᅳ을고 ᄃᆞᆫ니다가 뎨 ᄉᆞ일만에 돈 ᄇᆡᆨ량을 밧고 방숑ᄒᆞᆫ지라 이ᄂᆞᆫ 일인 동역 박졔만의 협잡일 ᄲᅮᆫ더러 다른 사ᄅᆞᆷ도 박가 통역으로 인ᄒᆞ야 무죄히 죽은 쟈ㅣ 만타고 원셩이 챵텬ᄒᆞ다더라[58]

52 「匪徒捕捉」, 『제국신문』, 1907.5.17, 2면.
53 「蔚珍義擾」, 『제국신문』, 1907.8.30, 3면.
54 「의병토ᄉᆡᆨ(義兵討索)」, 『제국신문』, 1908.5.27, 2면.
55 「참혹ᄒᆞᆫ 쥭엄(可驚慘殺)」, 『제국신문』, 1908.3.7, 2면.
56 「양쥬의 참혹ᄒᆞᆫ 쇼식」, 『대한매일신보』, 1907.9.10, 2면.
57 「참혹ᄒᆞᆫ 두 죽엄」, 『대한매일신보』, 1907.9.10, 2면.

먼저 확대판 『제국신문』의 기사들은 의병이 민간인에게 끼친 피해와 폭력의 행사 양상을 보도하고 있음을 알 수 있다. 위의 기사들에서 의병은 제목에서도 알 수 있듯이 비도匪徒로도 지칭됨과 동시에 토색을 저지르는 가해자 집단으로 그려지고 있기도 하다. 마지막 기사에서도 일본 군인이 의병을 정탐하기 위해 민가에 돌입했다가 민간인을 의병으로 오인하여 13명 이상의 사망자를 낸 사건에 대해 병사의 일본어를 이해하지 못한 여성의 잘못된 지적이 참사를 빚은 원인으로 제시되고 있음을 알 수 있다. 이러한 기사들을 통해 확대판 『제국신문』이 의병을 바라보는 시각과 의병 활동에 대한 보도의 경향이 반드시 긍정적이지만은 않았다는 점을 확인할 수 있다. 이에 비해 『대한매일신보』의 경우는 무고한 민간인들이 일본 군인에 의해 의병으로 오인되어 억울한 죽음을 당한 사건을 같은 날 2건이나 보도하는가 하면 통역의 협잡으로 인해 일본군으로부터 의병 관련자라는 누명을 쓰고 구타당함과 동시에 보석금까지 지불해야 했던 한 개인의 사연을 보도하고 있는데, 이는 『대한매일신보』가 의병 활동의 정당성을 직접적으로 지지하는 태도를 기사를 통해 드러낸 것은 아니지만 의병을 토벌한다는 명목으로 벌어지고 있던 다양한 형태의 민간인에 대한 폭력과 부당행위를 비판적으로 바라보고 있다는 점은 분명하게 드러나고 있다.

요컨대 정미의병의 활동이 왕성하게 이루어졌던 시기에 발행된 두 신문에서 표면적으로는 의병에 대한 기사를 거의 비슷한 분량과 비중으로 다루었던 것은 사실이지만, 의병을 지칭하는 단어의 사용 양상과 그 용법을 좀 더 구체적으로 살펴볼 경우 의병에 대한 두 신문의 시각이 차이가 있다는 점을 부정하기 어렵다. 이는 확대판 『제국신문』이 『대한매일신보』에 비해 통감부로 대표되는 일제 당국의 의병에 대한 시각 내지는 보도 지침을 더 철저히 따르지 않을 수 없는 어떤 사유가 있었다는 의미로도 이해할 수 있고, 혹은 의병에 대한 제국신문사

58 「민원 챵텬」, 『대한매일신보』, 1909.1.28, 2면.

의 시각이 대한매일신보사보다 상대적으로 더 부정적이었다는 의미로도 해석할 수 있을 것이다.

이와 같은 두 신문의 차이를 좀 더 극명하게 드러내는 대상은 바로 여성 관련 기사라고 할 수 있다. 물론 같은 순국문 신문이라 하더라도 창립 당시부터 여성을 주요 독자층으로 상정했던 『제국신문』이 『대한매일신보』에 비해 여성 관련 기사를 더 많이 게재했을 것이라는 점은 충분히 예상 가능한 일이기는 하다. 이러한 추론을 반영하듯 확대판 『제국신문』에서도 여성 관련 기사는 동일한 시기의 『대한매일신보』에 비해 건수 및 분량에 있어서도 우위를 나타내고 있을 뿐만 아니라 여성을 지칭하는 단어와 이의 용법 또한 더욱 다양하면서도 복잡한 양상을 보이고 있다는 점을 알 수 있다. 이해를 돕기 위해 먼저 두 신문의 여성 지칭 단어들의 검색 결과를 도표로 제시해 보도록 하겠다.

〈표 4〉 확대판 『제국신문』과 『대한매일신보』의 여성 지칭 단어 검색 결과

단어 대표어(이형태)	등장 횟수			
	『제국』	『대한매일신보』		
		합계	잡보란	비(非)잡보란
부인	618	730	137	논설 16, 광고 515, 기타 62
소ᄉᆞ(소사, 쇼ᄉᆞ, 쇼사)	266	104	69	논설 7, 기타 28
녀인(여인)	106	24	20	논설 4
녀ᄌᆞ(여자 / 녀자)	153	110	57	논설 21, 기타 32
계집	242	34	13	논설 11, 기타 10
안히(안해, 아내)	55	13	0	논설 7, 기타 6
과부	25	30	23	논설 7
쳡(첩, 작첩)	64	101	21	논설 3, 기타 77
기싱(기생)	200	141	104	논설 3, 기타 34
합계	1,729	1,287	387	900

위의 표에서 알 수 있듯이 확대판 『제국신문』과 『대한매일신보』에서 여성을 지칭하는 단어들의 등장 횟수를 합계만 놓고 보면 1,729회 대 1,287회로 그 차

이가 크지 않은 것처럼 보이지만 이를 잡보 기사에 한정할 경우에는 『대한매일신보』가 387회로 줄어든다는 점에서 상당히 큰 차이가 있다고 할 수 있다. 특히 '부인', '계집', '안희' 등 특정 단어의 경우 두 신문의 등장 빈도 사이에 현격한 차이가 있을 뿐만 아니라 그 용법에 있어서도 차이를 보이고 있다는 점에서 주목할 필요가 있다.

우선 두 신문에서 여성을 지칭할 때 공통적으로 가장 많이 사용된 단어는 '부인'이었다. 그러나 잡보 기사에 한정할 경우 사용 빈도에 있어 두 신문 간에 확연한 차이가 보인다. 확대판 『제국신문』이 618회인데 비해 『대한매일신보』의 경우는 총 등장 횟수는 730회지만, 그 대부분이 광고란에 게재된 사례에 해당하며[59] 잡보 기사에 등장하는 경우는 불과 137건으로 확대판에 비해 그 빈도가 상대적으로 낮음을 알 수 있다.

그럼에도 불구하고 이 단어의 용법에 있어서는 별다른 차이가 나타나지는 않은 것으로 판단된다. 실제로 부인夫人 또는 부인婦人의 의미로 사용되었던 이 단어는 확대판 『제국신문』의 경우 종종 '부인사회', '귀부인', '대부인' 등의 표현이나 일정한 신분 또는 지위가 있는 여성의 실명에 수반되는 등 주로 존대의 의미를 표현할 때 사용되었고, 그 외의 경우는 남편이 있는 여성 즉 부인婦人의 의미로 사용되었는데, 이 점은 『대한매일신보』도 크게 다르지 않았다. 뿐만 아니라 다소 중립적인 개념이기는 하지만 '녀ᄌ여자'라는 단어 또한 두 신문에서 모두 '부인'과 유사한 용법으로 사용되는 경우가 많았는데, 이 경우에도 확대판 『제국신문』이 『대한매일신보』에 비해 잡보 기사 기준 2배 가까운 수준으로 빈도가 높다는 사실을 알 수 있다. 다음과 같은 기사들은 그 대표적인 사례에 해당한다고 할 수 있다.

---

59 예컨대 「라란부인전」(146회) 및 「애국부인전」(28회) 등의 도서 광고 또는 「태양조경환」(28회), 「종로자혜약방」(191회) 등의 의약 및 약국 광고에서 부인이라는 단어가 다수 검색되었다.

여교확장女校擴張

평양지방의 녀ᄌ교육을 시찰홀 ᄎ로 황실에셔 경셩 북장동 진명녀학교 춍교사 여메례황 부인을 특파ᄒ셧는ᄃ 본월 팔일에 셩ᄂ 명눈당 안에셔 녀ᄌ교육 연구회를 열고 각 학교 학도와 교회와 녀염집 부인과 일반 샤회 인ᄉ 삼ᄉ천 명이 동셔로 좌셕을 뎡ᄒ고 방청홀 ᄉ 회셕을 졍돈ᄒ고 규모가 엄밀흔ᄃ 먼져 ᄀ회 취지를 셜명하고 (…중략…)

여메례황 부인과 김현련 부인과 십이세 된 녀ᄌ 옥어진 씨며 남자예는 안창호 김희경 졔씨가 연셜ᄒ는ᄃ 언ᄉ가 격졀ᄒ고 뜻이 강ᄀᄒ야 듯는 사름마다 마음이 감발되고 츙분이 격긔ᄒ야 혹 가삼을 두달이며 혹 눈물을 흘니며 녀ᄌ교육이 뎨일 필요되는 줄을 ᄭᅵ닷난지라"[60]

숙경여학교창립淑卿女學校刱立

지금 학무국장 윤치오 씨의 고부인 리슉경 씨의 현덕은 셰샹이 다 앙모ᄒ는 바어니와 셕지형 리갑 졍운복 졔씨가 발긔ᄒ야 슉경녀학교를 셜립ᄒ야 리부인의 녀ᄌ교육에 열심ᄒ던 뜻을 썩지 안케 하랴 흔다더라[61]

부인열심

쟝직식 씨가 셜립흔 돈화의슉에셔 뎨일회 월죵시험을 치른 일은 별항에 긔직ᄒ얏거니와 그ᄯᅢ 쟝씨의 모친 리씨가 쟝씨를 불너 말ᄒ되 학도에게 상품을 쥬지 안이ᄒ면 열심 상학지 안이홀 념려가 잇다ᄒ고 ᄌ긔의 사랑ᄒ는 바 은가락지를 뎐당ᄒ야 상품을 작만ᄒ야 쥬라 ᄒᄂ니라 쟝씨가 그 모친의 셩의를 복죵ᄒ야 ᄌ긔 찻던 시계ᄭᆞ지 모다 뎐당ᄒ야 시상ᄒ얏다는ᄃ 리씨는 부인으로 교육에 열심ᄒ는 것이 대

60 「女校擴張」, 『제국신문』, 1907.7.17, 3면.
61 「淑卿女學校刱立」, 『제국신문』, 1908.1.31, 2면.

단히 듣은 일이라고 사름마다 찬송ᄒᆞᆫ다더라[62]

이처럼 사실상 유의어라고 할 수 있는 '부인'과 '녀ᄌᆞ'가 등장하는 기사들은 그 내용 또한 교육 계몽 운동을 직접 실천하는 여성들의 모습을 묘사하거나 혹은 이러한 운동에 의연금 등을 기부한 여성들에 대한 묘사가 주를 이루고 있다. 말하자면 교육 계몽운동에 종사하거나 참여하는 주체로서의 여성에 대해서는 두 신문 모두 긍정적인 시각을 지니고 있었다고 할 수 있으며, 이 점은 이러한 여성들이 등장하는 기사에 존대의 의미가 내포되어 있는 '부인'이라는 단어를 주로 사용하고 있다는 사실을 통해서도 입증이 된다고 할 수 있다. 아울러 이러한 단어 사용 빈도 통계는 『대한매일신보』에 비해 확대판 『제국신문』이 부인으로 호명되는 여성들의 활동상을 보도하는 데 보다 적극적이었다는 점을 시사하고 있다.

반면에 두 신문의 여성 관련 기사에서 차이점을 가장 분명하게 나타내고 있는 단어는 바로 '계집'이라고 할 수 있다. 확대판 『제국신문』에서는 여성 관련 기사 중 부정적인 내용[63]을 제시할 경우에 일관되게 '계집'이라는 단어가 사용되고 있는데, 그 횟수는 무려 242회에 달한다. 『대한매일신보』 역시 부정적인 내용의 기사에서 계집이 사용되는 경우가 많기는 하지만 총 34회 중 논설 및 기타 사례를 제외하면 잡보 기사에 '계집'이 등장하는 경우는 13회에 불과하다. 물론 『대한매일신보』의 경우는 부정적인 내용의 기사에 '계집' 대신 '소사소ᄉᆞ'가 사용되는 경우가 일부 존재하나 이는 전체 잡보 기사 69회 중 14회에 불

62 「부인열심」, 『제국신문』, 1908.6.2, 2면.

63 여기서 말하는 '부정적인 내용'이란 범죄 행위 혹은 풍속과 관련된 남녀 간의 갈등(물리적 폭력을 동반한) 등 기사 소재 자체가 지니고 있는 내용적 부정성을 의미하는 것이다. 실제로 두 신문 모두 여성이 직접적인 범죄 행위의 주체로 그려지는 경우는 많지 않았으며, 범죄 행위의 희생자로서 제시되거나 단순 종범(從犯) 내지는 남성 범죄자의 불가항력적 협조자로서 경찰에 피착되는 상황이 제시되는 경우가 많았다.

과하기 때문에 두 단어를 모두 합한다 하더라도 30회가 채 되지 않는다. 그러므로 여성 관련 기사 중 부정적인 내용의 제시 빈도에 있어서나, 이러한 기사에 주로 비칭卑稱의 의미를 지니는 '계집'이라는 단어가 사용된 빈도 모두 확대판 『제국신문』이 『대한매일신보』에 비해 압도적으로 높다고 할 수 있는 것이다.

아울러 여성에 대한 부정적인 내용의 기사에서 많이 등장하는 또 다른 단어로 '쳡작첩'을 들 수 있는데, 전체 등장 횟수는 『대한매일신보』가 더 많지만 잡보에 한정할 경우에는 확대판 『제국신문』이 3배 정도 더 많이 등장한다는 점을 알 수 있다. 이 같은 사실은 확대판 『제국신문』이 여성 관련 기사를 선택하고 게재하는 데 있어 『대한매일신보』와는 구별되는 어떤 분명한 기준을 지니고 있었다는 점을 시사한다. 이는 앞서 언급한 '부인' 또는 '녀즈'라는 단어가 등장하는 기사들의 경우 대체로 빈도 외에는 두 신문 간의 내용적 차이가 크지 않았다는 사실과는 대조를 이룬다는 점에서 주목할 필요가 있다.

한편 '계집' 또는 '쳡'이라는 단어가 등장하는 기사의 경우에는 정절로 대표되는 전통적 윤리·도덕관념의 이완 및 해체 징후를 드러내는 사건 및 범죄에 대한 내용을 담은 것들이 많이 등장하고 있는데, 확대판 『제국신문』의 경우는 그 빈도도 높을 뿐만 아니라 기사 자체가 일정한 서사적 구성을 갖추면서 장형화長型化되는 경향을 보인다는 점에서 주목할 만하다. 이는 윤리 혹은 풍속에 저해되는 사건 자체의 기사화 빈도 자체가 낮았을 뿐만 아니라 장형화된 기사의 사례 또한 많지 않았던 『대한매일신보』 잡보란과 뚜렷한 대조를 보이기 때문이다. 예컨대 동일한 사건을 같은 날 보도했던 두 신문의 기사를 비교해 보면 이러한 차이를 분명하게 확인할 수 있다.

〈표 5〉 확대판 『제국신문』과 『대한매일신보』의 동일 사건 기사 비교

『대한매일신보』
정쳐악습 북부 벽동 사ᄂᆞᆫ 경지호 씨 쳐 안쇼ᄉᆞ가 금천군 률포에 사ᄂᆞᆫ 리웅로씨의게 돈 팔ᄇᆡᆨ량을 밧고 지쇼ᄉᆞ라 ᄒᆞᄂᆞᆫ 과부를 즁ᄆᆡᄒᆞ여 보내엿다가 도로 유인ᄒᆞ여 다른 곳에 숨긴 고로 리웅로 씨가 북부 경찰셔에 호소ᄒᆞ엿다더라[64]
『제국신문』
계집의 꾀에 넘어가 황히도 금천군 사ᄂᆞᆫ 리웅로 씨가 나이 지금 오십여 셰인ᄃᆡ ᄌᆞ녀간 한낫 혈육이 업ᄂᆞᆫ 고로 항상 한탄ᄒᆞᄂᆞᆫ 바이더니 지작년 경에 셔울로 올나와셔 아름다온 계집을 엇어 작쳡 거ᄉᆡᆼᄒᆞ야 ᄌᆞ식 낫키를 원홈애 북부 벽동 사ᄂᆞᆫ 경지호 씨의 별실 안소ᄉᆞ가 그 소문을 듯고 엇던 사ᄅᆞᆷ을 소ᄀᆡᄒᆞ야 리씨ᄅᆞᆯ 쳥ᄒᆞ야다 ᄇᆡᆨ가지로 유인ᄒᆞ되 나의 젼 남편 디모의 족하ᄯᆞᆯ 디소ᄉᆞ가 나이 지금 십구셰인ᄃᆡ 극히 졀묘ᄒᆞᆯ ᄲᅮᆫ 안이라 방쟝 상부 과거홈애 다른 남편을 구ᄒᆞ야 ᄀᆡ가코ᄌᆞ ᄒᆞᆫ즉 나를 슈로금 몃십원만 쥬면 곳 엇어쥬겟다 ᄒᆞ니 리씨가 그 말을 듯고 욕심이 벗석 나셔 말ᄒᆞ되 ᄂᆡ가 돈의 다소ᄂᆞᆫ 불계ᄒᆞᆯ 터이니 아모죠록 도득ᄒᆞ야 달나 홈애 안소ᄉᆞ가 열이 나게 쥬션ᄒᆞ야 엇어쥬ᄂᆞᆫ 고로 리씨가 젹지 안이ᄒᆞᆫ 즁비ᄅᆞᆯ 쓰고 다려갓더니 상년 가을에 안소ᄉᆞ가 ᄌᆞ긔 남편 경씨와 리씨의 집으로 나려가셔 리씨ᄅᆞᆯ ᄃᆡᄒᆞ야 말ᄒᆞ되 돈 팔십원만 ᄎᆔ어쥬면 올나가셔 슐쟝ᄉᆞ 영업을 ᄒᆞ야 잘 살 ᄲᅮᆫ 안이라 죵ᄎᆞ 힘도ᄂᆞᆫ ᄃᆡ로 갑겟다 ᄒᆞ거날 리씨의 소답이 대단히 됴흔 믈이나 나도 지금 젼졍이 옹ᄉᆡᆨᄒᆞ야 ᄒᆞᆯ 슈 업다 ᄒᆞᆫ즉 별ᄑᆡ를 다 쓰고 올나온 후에 디소ᄉᆞ도 졸연히 셔울을 단여오겟다 ᄒᆞ며 날로 간길홈애 리씨가 부득이ᄒᆞ야 지나간 셧달에 디소ᄉᆞ를 ᄃᆡ동ᄒᆞ고 올나왓더니 안소ᄉᆞ가 디소ᄉᆞ를 무삼 간계로 유인ᄒᆞ얏던지 디소ᄉᆞ가 하로ᄂᆞᆫ 리씨다려 ᄉᆡ골로 나려가ᄌᆞ ᄒᆞ고 ᄉᆡ문 밧게 나아가셔 별 핑계를 다 ᄒᆞ고 쥬져쥬져ᄒᆞ다 리씨가 즘간 어ᄃᆡ를 간 ᄉᆞ이에 부지거쳐로 도쥬ᄒᆞᆫ지라 리씨가 안소ᄉᆞᄅᆞᆯ 가보고 그 ᄉᆞ실을 말ᄒᆞᆫ즉 나ᄂᆞᆫ 당쵸에 모르ᄂᆞᆫ 일인ᄃᆡ 무삼 ᄶᅡ닭으로 나를 향ᄒᆞ야 말ᄒᆞ나냐 ᄒᆞ며 거동이 대단히 슈상ᄒᆞᆫ지라 지금ᄭᅡ지 상힐ᄒᆞ다가 리씨가 마지못ᄒᆞ야 직작일에 그 ᄉᆞ실을 드러 경시쳥에 고쇼ᄒᆞ얏다더라[65]

이 표에서 알 수 있듯이 『대한매일신보』의 경우는 혼인 중매 후 신부 유인 및 은닉이라는 사건의 핵심 개요만이 간략하게 제시되어 있는데, 이는 비록 제목에 '악습'이라는 가치판단이 개입된 단어가 들어가 있기는 하지만 전반적으로는 객관성에 입각한 전형적인 사건 보도 기사의 형태를 띠고 있다고 할 수 있다. 반면에 확대판 『제국신문』의 사건 보도 내지는 서술 방식은 기사라기보다는 기존의 연구에서 다수의 사례가 보고된 바 있는 근대 초기 신문 소재 단형 서사물의 문법을 충실하게 따르고 있다. 이응로가 혼인을 원하는 이유의 구체적 서술, 안소사와 이응로의 대화 장면에 대한 확대 서술, 지소사의 도주와 이를 둘러싼 인물들 간의 갈등 묘사 등이 바로 장형화의 요인이자 서사적 구성의 요소에 해당하는 것이다. 이러한 맥락에서 확대판 『제국신문』이 『대한매일신보』에서 기사화되지 않았던 사건들을 「계집의 꾀에 넘어가」와 유사한 형태로

64 「정쳐악습」, 『대한매일신보』, 1909.2.26, 3면.
65 「계집의 꾀에 넘어가」, 『제국신문』, 1909.2.26, 2면.

다수 게재했다는 사실은 두 신문 사이에 차이점이 존재한다는 주장을 뒷받침할 만한 근거로 볼 수 있을 것이다. 확대판 『제국신문』 잡보 기사의 장형화 및 서사적 구성 양상을 구체적으로 확인할 수 있는 대표적 사례들의 전문을 인용해 보도록 하겠다.

퇴혼ᄒᆞ랴ᄂᆞᆫ 휼계

동부 통안 사ᄂᆞᆫ 리소ᄉᆞᄂᆞᆫ 지금 나이 륙십여 셰에 ᄉᆞ십세된 아달과 십오셰된 아달을 둔 터인ᄃᆡ 삼년젼에 남부 인셩부ᄌᆡ 사ᄂᆞᆫ 쟝두셩이라 ᄒᆞᄂᆞᆫ 쟈이 뎌의 계집과 싸옴을 ᄒᆞ야 그 계집은 싀골로 쏘ᄎᆞ 보ᄂᆡ고 십일셰된 ᄯᆞᆯ을 ᄃᆡ리고 리소ᄉᆞ 집에 와셔 륙칠삭이나 밥을 사먹고 잇다가 리소ᄉᆞ의 ᄌᆞ근 아달과 뎌의 ᄯᆞᆯ로 혼인ᄒᆞᄌᆞ ᄒᆞ야 리소ᄉᆞ가 그 계집아희를 극진히 양육ᄒᆞ더니 일젼에 쟝가의 계집이 와셔 그 아희를 ᄃᆡ려가ᄂᆞᆫ지라 수일 후에 리소ᄉᆞ가 쟝가의 집에 가셔 도로 다려오랴 ᄒᆞᆫ즉 쟝가의 ᄂᆡ외 말이 계집아희가 지금 챵병이 터져셔 약을 먹ᄂᆞᆫ다 ᄒᆞ거날 리소ᄉᆞ가 ᄭᆞᆷ작 놀나 말ᄒᆞ기ᄅᆞᆯ 아희가 무삼 챵병이 잇ᄂᆞᆫ아 ᄒᆞᆫ즉 쟝가의 ᄂᆡ외말이 우리가 당신 집과 혼인을 ᄒᆞᄌᆞ ᄒᆞ얏더니 쩍집 풍속이 고약ᄒᆞ야 파의ᄒᆞ겟다 ᄒᆞᄂᆞᆫ 고로 리소ᄉᆞ가 그 연유ᄅᆞᆯ 무른즉 쟝가의 계집 말이 져 계집아희ᄅᆞᆯ 당신 큰아달이 상관ᄒᆞ얏스니 셰샹에 아달 형뎨ᄅᆞᆯ 두고 남의 ᄌᆞ식 하나로 혼인ᄒᆞᄂᆞᆫ 법이 어ᄃᆡ 잇스며 져 계집아희ᄂᆞᆫ 창병이 터질 ᄲᅮᆫ 안이라 소문이 찌져져 죵신 지질이 되얏다 ᄒᆞ며 그 계집아희도 말ᄒᆞ기ᄅᆞᆯ 한번은 집에 아모도 업ᄂᆞᆫᄃᆡ 소위 싀아ᄌᆞ비라 ᄒᆞᄂᆞᆫ 쟈이 억지로 더펴눌너 욕을 보왓다 ᄒᆞᄂᆞᆫ지라 리소ᄉᆞ가 분ᄒᆞᆷ을 익의지 못ᄒᆞ야 동부경출셔에 호소ᄒᆞ얏더니 히셔에셔 쟝가의 ᄂᆡ외와 그 계집아희ᄅᆞᆯ 잡아다가 공초ᄒᆞᆫ즉 그 아희 말이 뎌의 부모가 식히ᄂᆞᆫ 고로 그리ᄒᆞ얏노라 ᄌᆞ복ᄒᆞᄂᆞᆫ 고로 히셔에셔 쟝가의 ᄂᆡ외ᄅᆞᆯ 읍슈ᄒᆞ얏다더라[66]

66 「퇴혼ᄒᆞ랴ᄂᆞᆫ 휼계」, 『제국신문』, 1908.4.15, 2면.

돈 업셔지자 쳡도 리별

황히도 신천군 사는 윤딕렬 씨가 상년에 셔울로 올나와셔 셔부 ᄉᆞ온골 사는 죠즌호 씨의 집에 쥬인을 뎡ᄒᆞ고 류련ᄒᆞᄂᆞᆫ딕 하로ᄂᆞᆫ 죠씨가 윤씨를 향ᄒᆞ야 말ᄒᆞ되 어딕 삼십세 가량 된 일등 과부 하나이 잇스니 엇어 작쳡동거ᄒᆞ라 ᄒᆞ거날 윤씨가 여러 달 긱디에 잇셔 외로은 회포를 익의지 못ᄒᆞᆯ 즈음에 그 말을 듯고 반가히 녁여 즉시 가셔 간션ᄒᆞᆫ 후에 집 한 칙와 가산즙물을 일신ᄒᆞ게 작만ᄒᆞ고 그 계집을 다려다 동거ᄒᆞ나 아모 영업이 업시 ᄌᆞ싱ᄒᆞᆯ 도리가 막연히 업ᄂᆞᆫ 고로 하로ᄂᆞᆫ 윤씨가 그 계집을 딕ᄒᆞ야 관곡히 셜화ᄒᆞ되 닉가 셔울 와셔 류련ᄒᆞᆯ 씨ᄂᆞᆫ 열심으로 공부를 셩취ᄒᆞ야 일후 공명을 계도ᄒᆞᆯ 것인딕 년소ᄒᆞᆫ 쳐디에 부득이ᄒᆞᆫ ᄉᆞ정을 인ᄒᆞ야 그딕를 맛나 빅년언약을 믹젓스나 지금 형편으로 말ᄒᆞ면 이곳에셔 도져히 ᄌᆞ싱ᄒᆞᆯ 기약이 업슨즉 나와 함게 싀골로 나려가셔 살ᄌᆞ ᄒᆞᆷ애 그 계집의 딕답이 나ᄂᆞᆫ 셔울 틱싱이라 시골 물경을 모른즉 나려갈 슈 업스니 당신이나 홀로 나려가라 ᄒᆞ고 ᄯᅩᄒᆞᆫ 무삼 휼계가 잇ᄂᆞᆫ지 도로혀 윤씨를 구츅ᄒᆞᄂᆞᆫ 눈치가 잇ᄂᆞᆫ 고로 윤씨가 그 닉용을 짐작ᄒᆞ고 말ᄒᆞ되 가산즙물은 네가 다 가져갈지라도 집문권은 닉가 가져가겟다 ᄒᆞᆫ즉 그 계집의 쇼답이 집문권도 다른 곳에 뎐당잡혀 뻐슴애 쥴 슈 업다 ᄒᆞᄂᆞᆫ고로 징힐ᄒᆞᆯ 즈음에 죠씨가 와셔 그 광경을 보고 만류ᄒᆞᄂᆞᆫ 톄ᄒᆞ더니 츄후에 그 계집을 유인ᄒᆞ야다가 셔로 부동ᄒᆞ야 그 집을 영영 쎄앗고져 ᄒᆞ며 작경이 틱심ᄒᆞᆫ 고로 윤씨가 그 ᄉᆞ실을 드러 경시청에 고쇼ᄒᆞ얏다더라[67]

「퇴혼ᄒᆞ랴는 휼계」에서는 반인륜적인 행위를 했다는 거짓 퇴혼 사유를 제시함으로써 혼약을 파기하려는 딸의 부모장두성 내외가 고발된 사건이 제시되어 있고, 「돈 업셔지자 쳡도 리별」에서는 앞서 제시한 「계집의 ᄭᅬ에 넘어가」에서의 이응로와 유사하게 중매를 통해 처를 얻었다가 재산을 빼앗길 위기에 처한 "윤

67 「돈 업셔지자 쳡도 리별」, 『제국신문』, 1909.2.4, 2면.

ᄃᆡ렬윤대열"이라는 인물의 사정을 제시하고 있다. 이러한 기사의 내용은 경시청에 고소 및 고발을 통해 하나의 사건으로 포착된 것이기는 하나 사실상 사적 관계 속에서 발생한 개인 간 갈등에 해당한다는 점에서 언론 매체의 기사로 다뤄질 만한 사안인가 하는 의문이 제기될 수도 있다. 이 점이 『대한매일신보』에서는 이 사건들이 기사화되지 않은 이유일 수도 있을 것이다. 이에 비해 확대판 『제국신문』에서는 예시한 사건들을 포함하여 비슷한 성격을 갖는 사건들이 다수 기사화되었고, 그중 상당수는 서사적 구성을 갖추고 장형화됨으로써 해당 사건에 대한 집중적인 조명과 함께 독자들의 주목을 불러일으키는 효과를 가져왔을 가능성이 높다.

이러한 기사들은 독자들로 하여금 윤리와 풍속을 저해하는 개인들의 행태로부터 경각심과 교훈을 얻게 하기 위한 신문사 집필진의 계몽적 의도에서 비롯된 것일 수도 있겠지만, 혹은 표면적으로는 비판의 태도를 취하면서도 이면적으로는 선정적인 소재와 내러티브의 활용을 통해 독자의 흥미 내지는 신문 구매 의사를 조장하기 위한 상업주의적 전략의 산물일 가능성도 전적으로 배제할 수는 없다고 본다. 만약 전자의 추론이 사실에 더 부합한다면 『대한매일신보』에서도 같은 사건들이 유사한 비중과 빈도로 다뤄졌거나 반대로 확대판 『제국신문』 역시 『대한매일신보』와 마찬가지로 사실에 대한 객관적인 기술의 방식으로 기사가 집필되었어야 하지만 실상은 그렇지 않기 때문이다. 이런 이유로 확대판의 여성 관련 기사에서 서사성과 장형화 경향이 두드러지는 것은 계몽적 의도와는 다른 요인의 작용에 의한 결과일 가능성이 있다고 생각한다. 적어도 여성 관련 기사의 경우 확대판 『제국신문』에서 『대한매일신보』와 달리 서사적 구성을 갖춘 장형화된 기사가 상대적으로 더 많이 나타난다는 점, 그리고 이러한 사례들이 여성에 대한 긍정적인 내용의 기사보다는 부정적인 내용의 기사에서 더 많이 나타난다는 점은 분명하다.

사실 여성 관련 사건을 제재로 한 기사 외에도 다양한 기사들에서 장형화된 서사적 기사들이 다수 발견된다는 점이 확대판 『제국신문』의 주목할 만한 특징이라고 할 수 있다. 전체 잡보란에 대한 조사 결과 최소 500자 이상의 분량과 함께 일정한 서사적 구성을 갖춘 것들만 추출해 보아도 그 수가 적지 않기 때문이다. 이를 일람하면 다음 표와 같다.

〈표 6〉 확대판 『제국신문』의 서사적 기사 일람표

연번	일자	제목	요지	분량(자)
1907				
1	5.31	泰安大訟	협잡으로 채무 독촉하는 사람 고발	770
2	6.11	賣淫不慾의 誓死	인신매매당한 일녀의 자살 시도 순사가 만류	700
3	6.25	極惡目斃	안경수를 사형 판결했던 판사의 급사(急死)	975
4	7.11	盜法奇絶	상인들에게 사기를 쳐서 돈을 훔쳐가는 서양인	1030
5	9.4	人而無耻	대신에게 벼슬 청탁하러 온 손님들에게 무안 준 일본 순사	600
6	9.11	楊州騷亂詳報	의병 출몰로 민간인들이 피해를 입은 사건	780
7	10.22	在實疑獄	꿈속 사람의 지시로 남편을 죽였다는 부인	550
8	12.8	東峽來信	의병의 침탈로 고통 받는 강원도 인제 주민	1180
1908				
9	1.19	辯護士의 濫行威權	아버지와 헤어진 첩의 집을 뺏으려는 자의 변호사가 재판 전 그 첩을 협박함	940
10	2.6	金夫人의 熱心	감리교 전도부인 김세라의 포교와 의병 효유 활약상	730
11	2.15	恩反爲讎	오갈 데 없는 여자를 구원해줬더니 그녀가 오히려 잡류와 부동하여 은인을 늑탈함	540
12	2.27	事必歸正	자기 돈임에도 훔친 돈이라 무고당해 고초를 겪었으나 누명을 벗은 사람	613
13	3.7	아ᄌᆞ비가 죡하를 쥭여(誣殺親姪)	원조를 거부한 삼촌을 조카가 먼저 무고하자, 이에 앙심 품고 의병에게 조카를 일병(日兵)의 정탐이라 무고하여 죽게 만듦	645
14	4.11	셔울이낭이지	남의 돈을 탐내서 의병으로 무고한 사람, 그 아버지가 아들을 데리고 자수	569
15	4.15	퇴혼ᄒᆞ랴ᄂᆞᆫ 휼계	혼인시키려다 변심하여 거짓말하고 퇴혼하려던 자가 적발됨	827
16	4.16	이졔ᄂᆞᆫ ᄌᆡ슈가 막혀 그럿치	혼인빙자 간음사건	534
17	4.18~19	완고의 악습	신야의숙을 훼방하고 협잡하는 조우식 고발	1652
18	4.29	금셰활불(今世活佛)	빈민을 구제한 부자	617
19	5.3	그것도 ᄯᅩᄒᆞᆫ 가쇼긔담	남의 버드나무를 꺾은 자의 변명	760
20	5.19	희한한 기ᄉᆡᆼ	국채보상금을 의연한 평양 기생	615

연번	일자	제목	요지	분량(자)
21	5.23	량ᄌᆞ군대젼	서로 남자를 맞바꾼 첩들의 싸움	539
22	5.28	밤에ᄂᆞᆫ 못단이나	야밤에 통행한다고 책망하는 순사에게 항변하다 체포된 보성학교 학도	829
23	5.30	비죄루셜(非罪縲絏)	남의 돈 몰래 빼내어 쓴 사람 적발	661
24	6.7	물장ᄉᆞ와 로동쟈의 언젼(言戰)	물장수와 노동자가 언쟁	1041
25	6.21	영업은 ᄆᆡ음 밧게 업나	퇴혼하자 사기결혼이라며 정소, 뚜쟁이의 중간 착복	685
26	7.15	얼골이 붓그럽지도 안은가	협잡행위 적발되어 일인 과장에게 무안당한 부윤 유진철	695
27	9.1	일인의 불법 힝위	남의 돈 갈취하는 일인	907
28	9.4	마음에 업스면 고만이지	과부의 재가 제의, 파의 후 협박	646
29	9.6	사ᄅᆞᆷ 치고 셰간 쳐	기생 끼고 논 남편, 부인 분노	500
30	9.19	뎨슈를 구타ᄒᆡ	유학 간 남편 개가 권유, 형 생활비 끊음	612
31	9.23	ᄌᆡ물 ᄊᆡ앗고 계집ᄭᅡ지	재물과 계집 빼긴 소경(판수)	638
32	10.30	엇지면 그다지 박졀ᄒᆞᆫ가	이재완 며느리의 불행한 운명	837
33	11.12	ᄭᅯᆼ 먹고 알 먹고	혼인빙자 사기	751
34	11.13	시죵이 광ᄃᆡ에게 ᄆᆡ를 마ᄌᆞ	연홍사 광대에게 매 맞은 궁내부 시종 리명구	816
35	11.21	교하군슈의 만힝	학교 설립과 교육 운동 방해하는 군수 고발	877
36	11.28	소위 의병쟈 이명을 톄포	주색을 탐닉하던 자 알고 보니 의병	772
1909				
37	1.30	쳡은 란가의 쟝본	첩이 남편에게 본부인이 통간했다고 무고	685
38	2.4	돈 업셔지자 쳡도 리별	혼인 후 재산을 갈취당한 남자	831
39	2.14	민씨가 혼부담락	민영휘의 부정을 질타한 배한종이라는 인물	806
40	2.26	계집의 ᄭᅬ에 넘어가	중매 혼인 후 재산과 처를 모두 잃은 남자	977

이 표에서 알 수 있듯이 확대판 『제국신문』의 잡보란에 게재되었던 서사적 기사는 앞서 언급한 전통적인 윤리·도덕관념의 이완 및 해체 징후를 드러내는 사건 및 범죄를 다룬 내용이 가장 많은 비중을 차지하고 있으며, 긍정적인 내용보다는 부정적인 내용이 압도적으로 높은 비율을 보이고 있다. 이러한 기사들은 『대한매일신보』에 비해 정치적으로 보수적인 입장을 보임으로써 현실 비판적인 보도를 상대적으로 많이 담아내지 못했던, 그럼으로써 독자 확보 경쟁에서 열세에 놓였던 확대판 『제국신문』이 이를 타개하기 위해 시도했던 전략의

일환으로도 볼 수 있을 것이다. 그러나 이 같은 전략은 당대의 현실에 대한 가감 없는 비판을 요구했던 독자들의 요구를 충족시키는 데에는 부족했던 것으로 보인다. 이것이 『대한매일신보』가 확대판 『제국신문』보다 더 많은 독자를 확보할 수 있었던 중요한 요인 중의 하나가 되었을 것으로 판단된다. 그렇다면 이 시기에 『대한매일신보』처럼 당대의 현실에 밀착하여 사회 문제와 대중 독자들이 요구하는 의제들을 반영한 매체는 과연 전혀 없는 것일까? 조사 결과 동일 시기에 발행된 『경향신문』 잡보란의 기사들에서 『대한매일신보』에 필적하는 사실주의적 저널리즘의 경향을 찾아볼 수 있었다. 이에 다음 절에서는 『경향신문』 잡보란의 주요 기사들을 고찰해 보도록 하겠다.

2) 『경향신문』 일제의 침략적 행위와 폭압에 대한 고발 및 비판

『경향신문』은 1906년 10월 19일부터 1910년 9월 30일까지 천주교 교단에서 애국계몽운동의 일환으로 발행한 순국문 신문으로 발행인 겸 주필은 프랑스인 신부 안세화安世華, Florian Demange였다. 외국인을 발행인으로 내세운 것은 『대한매일신보』와 마찬가지로 외국인의 치외법권적 지위를 이용하여 통감부統監府의 언론탄압을 피하고자 한 방편이었다고 할 수 있다. 그리고 이 점이 『경향신문』이 당대 현실에 대해 적극적으로 비판적인 보도를 할 수 있게 만들어준 중요한 요인 중의 하나가 되었다고 할 수 있다.

초기에는 타블로이드판 4면과 부록으로 국판 크기의 8면 보감寶鑑을 발행하였으며, 이듬해 10월 18일 제53호부터는 판형을 바꾸어 오늘날의 신문 크기와 비슷하게 발행되었다. 제1면에 주로 일일특보日日特報라 하여 국내의 주요 기사 및 시사문제에 관한 논설과 국내외 소식, 문예작품, 계몽적인 기획물들이 실렸고, 부록인 보감은 시사성을 띤 신문기사와는 다른 성격의 교리적인 논설, 한국천주교교회사, 중요한 법률해설 등으로 꾸며졌다. 취재와 편집에 절대적인 기여를 한 사람은 1882년 말레이시아Malaysia 페낭Penang의 신학교에 유학하였던 한국인 신부 김원영金元永으로서, 『경향신문』이 창간되자 신문의 편집과 실무를 맡은 것으로 알려져 있다. 지방소식은 주로 전국 각처에서 활동하는 신부들이 제공하였으며, 보급에 있어서도 교회당국이 지원하여 독자를 확보하였다. 1907년도 기록에 의하면 4,200명의 정기구독자를 확보하였다고 한다.[68]

이 같은 『경향신문』의 독자 증가 현상은 이 신문이 단지 일정한 수의 독자를 안정적으로 확보할 수 있는 종교계 신문이어서만은 아닌 것으로 판단된다. 『경향신문』은 제국주의적 침략을 노골화하고 있던 일본의 한국인에 대한 폭력과 억압적 행태에 대해 대단히 상세하면서도 비판적인 관점에 입각하여 보도하였고, 이것이 대중 독자들이 『경향신문』을 구독하게 만든 주요한 이유가 되었던 것으로 볼 수 있다. 이 점은 다음의 기사들에 대한 고찰을 통해 뒷받침될 수 있다.

법 밋헤 법이 업서

마산포 감리셔 압헤 사는 김셩진이란 쟈ㅣ 초계동 사는 사름의게 밧을 돈이 잇서 불너 독촉ᄒᆞ니 그 사름의 말이 이빅량은 오날 내고 놈는 거슨 쫑ᄎᆞ 내마 ᄒᆞᆫ즉 김가의 말이 다 내지 아니면 못 가리라 ᄒᆞ고 고간에 가도니 일긔는 심히 치운ᄃᆡ 삼쥬야를 갓치매 주리고 ᄯᅩ 링디라 병이 나셔 위급ᄒᆞ니 김가가 내노흐매 그 날 져녁에 그 집에셔 죽는지라 슌검이 알고 김가의 집에 가셔 심문ᄒᆞᆯ식 김가가 슌검과 엇더케 ᄒᆞ엿는지 슌검이 번연히 ᄀᆞᆯᄋᆞᄃᆡ 내가 어제 밤에 이곳에 슌힝ᄒᆞᆯ 제 이 방에셔 ᄇᆡ알는 소ᄅᆡ가 대단ᄒᆞ매 쥬인이 약으로 치료ᄒᆞ더니 불힝히 오날 죽엇다 ᄒᆞ고 그 일가들의게 긔별ᄒᆞᆫ즉 일가들이 와셔 말이 그젹게 돈 갑흐려 온 사름이 무슴 병이오 엇지 별

68 한국민족문화대백과사전 참고.
URL(https://100.daum.net/encyclopedia/view/14XXE0002997)

안간 죽엇ᄂᆞ뇨 필경 ᄉᆞ둙이 잇다 ᄒᆞ며 시톄를 보려 ᄒᆞᆫ즉 여러 순검들이 시톄ᄂᆞᆫ 못 보게 막고 도로혀 치료ᄒᆞ여준 쥬인의 은혜를 모론다 칙망ᄒᆞ며 시톄를 굿이 보려ᄂᆞᆫ 사ᄅᆞᆷ이면 곳 포승으로 ᄆᆡ여 가도고 뎌희ᄭᅵ리 시톄ᄂᆞᆫ 감장ᄒᆞ엿다니 이런 법이 어ᄃᆡ 셔 낫ᄂᆞ뇨 ᄒᆞ고 공론이 분분ᄒᆞ다더라[69]

졔쥬 ᄇᆡᆨ셩의 호소

졔쥬 군슈 윤원구씨가 도임 후 칠팔삭에 션졍비가 쳐쳐에 섯더니 그 고을 인민 등이 군슈의 포학ᄒᆞᆫ ᄒᆡᆼ위 십륙 됴목을 버려 ᄂᆡ부에 호원ᄒᆞ엿ᄂᆞᆫᄃᆡ 대개가 쟝젼이 일만 오쳔환인ᄃᆡ ᄒᆞ로ᄂᆞᆫ 노령 ᄇᆡ를 ᄅᆡᆼ쟝을 들녀 동헌 압 좌우에 늘어 세우고 각 동 두민들을 불너드려 왈 내가 션치냐 불치냐 ᄒᆞ니 촌민들이 위셰에 무셔워 션치니다 ᄒᆞ니 군슈ㅣ 왈 션치면 불가불 신문에 광고ᄒᆞᆯ 터이나 광고비가 불쇼ᄒᆞ니 각기 너희가 얼마식 ᄇᆡ렴ᄒᆞ라 ᄒᆞ고 일천오ᄇᆡᆨ량을 슈봉ᄒᆞᆫ지라 인민들이 이런 학졍에 견ᄃᆡᆯ 수 업서 ᄂᆡ부에 호소ᄎᆞ로 목포ᄭᆞ지 왓더니 군슈가 알고 쟝치를 만히 보ᄂᆡ여 잡아다가 악형을 무수히 ᄒᆞᄂᆞᆫ지라 그 즁 몃 사ᄅᆞᆷ이 도망ᄒᆞ여 셔울노 올나와셔 이런 군슈가 ᄒᆞ로라도 잇ᄉᆞ면 졔쥬 일경 ᄇᆡᆨ셩은 모도 어육이 되겟ᄉᆞ니 죽을 만ᄇᆡᆨ셩의 목숨을 살녀 달나고 ᄒᆞ엿다더라[70]

ᄇᆡᆨ셩과 졉젼ᄒᆞᄂᆞᆫ 군슈

고셩 군슈 채씨ᄂᆞᆫ 결젼을 ᄆᆡ결에 엽팔십량식 밧은 ᄉᆞ둙에 ᄇᆡᆨ셩들이 원통ᄒᆞ야 수ᄇᆡᆨ명이 모혀 가봉젼 구만여량을 ᄎᆞ즈려 ᄒᆞ니 군슈가 아젼과 합력ᄒᆞ야 ᄇᆡᆨ셩과 졉젼ᄒᆞ다가 ᄇᆡᆨ셩이 패ᄒᆞᆫ지라 ᄇᆡᆨ셩이 다시 수쳔명이 모히거ᄂᆞᆯ 군슈가 읍ᄂᆡ 칠동과 ᄒᆡᆼ부샹들과 일병이 명을 쳥ᄒᆞ야 음력 ᄉᆞ월 이십륙일에 모힌 ᄇᆡᆨ셩을 칠ᄉᆡ 군슈ᄂᆞᆫ ᄆᆞᆯᄐᆞ고 칼을

---

69 「법 밋헤 법이 업서」, 『경향신문』, 1907.5.31, 2면.
70 「졔쥬 ᄇᆡᆨ셩의 호소」, 『경향신문』, 1907.6.7, 2면.

들고 아젼과 읍인은 총과 칼과 몽치를 가졋고 빅셩들은 집힝이 섇이라 셰 부득이 쫏기니 빅셩 즁 두 명은 즉ㅅ후고 오명은 방금 죽게 된지라 이에 일병이 겁을 내고 아젼이 도망흠으로 빅셩이 돌쳐서니 군슈가 겁내여 도망후야 진남군으로 가셔 쳥병후니 그 군슈가 듯지 안는 고로 부산과 마산포 일인들을 쳥후며 후는 말이 나는 아모려도 죽을 터이니 고셩 빅셩 빅명은 죽이고야 내가 죽겟다 후고 빅셩은 날마다 모혀 수만 명이 읍에 ㄱ득후니 리두일은 엇지될지 알 수 업다고 소문이 굉장후다더라[71]

슌검의 눈에 괴질만 뵌다

근릭 괴질이 돈니는 고로 경시텽에셔 각 셔에 지휘후야 괴질 알는 쟈는 슈구문 밧 피병원避病院에로 옴기고 쇼독후는 법을 시힝후는딕 근일에 각 방곡 닉에 알는 사름이 잇ㅅ면 의원으로 진찰도 아니후고 병근이 무어신 줄도 모로고 곳 피병원에로 메여가는 식돍으로 모든 인민이 혹 감긔나 몸살이나 쳬증으로 압흐면 감히 압흐다 말을 못후고 서로 숨기고 약을 못먹는 고로 후로 잇흘에 나흘 거슬 몃칠식 더 알흐니 이는 위싱에 도로혀 해옴이라고 여론이 대단후고 또 빅셩들의 말이 이 째는 조곰 셜ㅅ도 홀 수 업고 방긔도 못 쒸겟다고 혼다더라[72]

첫 번째 기사에서는 채무자가 몹시 추운 날씨임에도 불구하고 채권자를 강제로 곳간에 가두어 동사凍死하게 만든 살인 사건에 대해 순검이 채무자와 짜고 채권자의 죽음을 사고사로 위장함으로써 진실을 은폐한 경위를 상세히 보도하고 있다. 두 번째 기사에서도 학정을 일삼는 제주 군수의 행태를 실명을 기재해가며 보도함과 동시에 자신의 학정을 뉘우치기는커녕 오히려 선치 군수라는 명목으로 백성의 고혈을 더욱 쥐어짜는 모습이 적나라하게 제시되고 있다. 세 번째

71 「빅셩과 졉젼후는 군슈」, 『경향신문』, 1907.6.14, 2면.
72 「슌검의 눈에 괴질만 뵌다」, 『경향신문』, 1907.10.11, 2면.

기사 역시 백성에게 부당한 결전結錢을 징수한 고성 군수가 이에 항의하는 백성들을 일본 군인과 보부상 등을 동원하여 폭력적으로 진압할 뿐만 아니라 수적 열세에 밀려 도망치게 되자 인근 지역의 일본인들을 청하여 백성들을 진압하게 해 달라고 하는 무도한 행태를 생생하게 보도하고 있다. 마지막으로 네 번째 기사에서는 의사의 진단도 거치지 않고 질병 증세만 보이면 무조건 피병원에 강제 수용하는 순검의 행태 때문에 몸이 아파도 드러내놓고 호소하지 못하는 백성들의 안타까운 사정이 묘사되고 있다.

이상의 기사들이 형상화하고 있는 것은 군수와 순검으로 대표되는 공권력의 집행을 담당하고 있는 관료 집단이 자신들이 돌봐야 할 백성들을 착취와 수탈의 대상으로 삼아 어떠한 죄책감도 없이 악행을 일삼는 부조리한 현실이라고 요약할 수 있다. 특히 『경향신문』에서는 이러한 현실을 고발하고 폭로하는 데 있어 가해자인 관료 집단에 대한 비판적인 인식을 적극적으로 드러내는 경향을 보이고 있어 비교적 전언과 인용의 방식으로 형식적인 객관성을 유지하고 있던 『대한매일신보』와는 뚜렷한 차이를 나타내고 있다고 할 수 있다. 『경향신문』의 이 같은 보도 경향은 역시 근대 초기 신문 시장의 형성기에 『협성회회보』나 『매일신문』이 보여주었던, 하위 계층을 중심으로 하는 인민의 권익과 관점을 대변하는 진보적 언론으로서의 면모에 가깝다는 점에서 주목할 만한 가치가 있다고 하겠다. 나아가 『경향신문』은 일본의 한국에 대한 이권 침탈에 대해서도 당대의 어떤 신문보다 강경하면서도 강력한 어조로 비판을 가하고 있음을 알 수 있는데, 다음의 기사들은 그 대표적인 사례에 해당한다고 할 수 있다.

무인디경 ᄀᆞᆺ치 횡힝

ᄀᆡ셩군 벽란도ᄂᆞᆫ 황ᄒᆡ도ᄅᆞᆯ 겹ᄒᆞᆫ 큰 나로ㅣ라 ᄆᆡ일 ᄒᆡᆼᄀᆡᆨ이 ᄇᆡᆨ여명이오 일년에 슈입ᄒᆞᄂᆞᆫ 돈이 삼ᄉᆞ만량에 달ᄒᆞᄂᆞᆫᄃᆡ 오월 초ᄉᆡᆼ에 일인 수명이 와셔 그 나로ᄅᆞᆯ ᄲᆡ아셔

스ᄉᆞ로 ᄇᆡ를 부리며 본국인의 부리는 ᄇᆡ는 금지ᄒᆞ는 고로 그 나로 사공들과 무수히 시비ᄒᆞᆫ다더라[73]

망ᄒᆞ려고 제가 제 집을 헐어

남편에셔 오는 소문에 양력 경월 망젼에 부산항 진터를 졍부에셔 일인의게 ᄑᆞᆯ앗다는 말이 대한 ᄆᆡ일신보에 잇더니 륙월 초칠일브터 일인 뎐즁이와 본국인 권셰업량인이 진터 일경과 항구 안 바다ᄭᆞ지 말목을 저희 일홈으로 박으며 그 안헤 잇는 인민의 촌락을 다 내라 ᄒᆞ니 초구일에 부신 일면이 모혀 권셰업을 잡아노코 이 ᄯᅡ흘 물너내라 ᄒᆞᆫ즉 그리ᄒᆞ마 ᄒᆞ더니 그 밤에 권가가 도망ᄒᆞ고 초십일에 부윤이 각 면 각 동장을 잡아드려 ᄇᆡᆨ셩 모ᄒᆞᆫ 쟝두를 다히라고 삼ᄉᆞ일 조르다가 내여 노코 지금ᄭᆞ지 결뎡이 못되고 ᄇᆡᆨ셩들의 말은 관유디만 ᄑᆞᆯ아먹엇ᄉᆞ니 민유디는 내노치 못ᄒᆞ겟다고 관졍ᄒᆞ며 출하리 국채 보샹으로 ᄌᆞ신 방매ᄒᆞ여 나라헤 바칠지언뎡 가옥을 일인의게 주지는 못ᄒᆞ겟고 ᄯᅩ 이 ᄯᅡ회 본갑시 십만환이 넘는 거신ᄃᆡ 일인의게 얼마에나 ᄑᆞᆯ앗는지 그 돈을 태반이나 여러 관리의 누구누구가 얼마식 ᄂᆞᆫ화 먹엇다니 이런 지원극통ᄒᆞᆫ 일이 어ᄃᆡ 잇ᄉᆞ리오 졍부에는 얼마나 밧쳣는지 ᄇᆡᆨ셩만 죽이는가 ᄒᆞ며 남녀로쇼가 하늘을 부ᄅᆞ며 우는 경샹은 ᄎᆞᆷ아 눈으로 볼 수 업다고 ᄒᆞ엿더라[74]

아라ᄉᆞ반 관보에 긔ᄌᆡᄒᆞᆫ 거슬 경셩일보에 등ᄌᆡᄒᆞ엿는ᄃᆡ 일본이 대한국에셔 시힝ᄒᆞ는 거시 일본의 리익이오 대한을 진명ᄒᆞ는 거슨 아니라 뎐보 우톄 텰도 등 교통은 온젼히 군ᄉᆞ샹 일이니 일본이 아라ᄉᆞ를 ᄃᆡᄒᆞ는ᄃᆡ 대한으로 긔초를 ᄆᆞᆫᄃᆞ는 거시오 ᄯᅩ 교육샹에 ᄀᆡ혁은 지금브터 이십년 간에 대한인으로 일본인을 되게 ᄒᆞ는 거시오 ᄯᅩ 대한을 ᄀᆡ방ᄒᆞᆫ다 ᄒᆞᆷ은 뎨일 됴ᄒᆞᆫ 토디와 ᄉᆞᆷ림과 광산을 일본인의게 주는 거시라 ᄒᆞ엿더라[75]

---

73 「무인디경 ᄀᆞᆺ치 횡힝」, 『경향신문』, 1907.6.7, 2면.
74 「망ᄒᆞ려고 제가 제 집을 헐어」, 『경향신문』, 1907.6.7, 2면.

위의 기사에서는 한국의 대표적인 항구이자 매일 100여 명의 승객이 드나드는 벽란도를 불과 수 명의 일본인이 강제로 점거하고 한국인의 배가 정박하거나 하선하는 것을 금지하는 행태를 고발한다거나, 역시 대표적인 개항지인 부산항 기지를 둘러싸고 일본인 1명과 한국인 1명 등 불과 2명의 개인이 소유권을 주장하며 관내 거주하는 민간인을 모두 내쫓으려는 행태와 이로 인해 삶의 터전을 잃어버리게 된 백성들의 안타까운 사연을 보도하는가 하면 마지막 세 번째 기사에서는 러시아 관보의 인용 형식을 통해 일본이 한국에서 시행하는 모든 일들이 겉으로는 한국의 진보와 개명을 위한 것이라고 하지만 실질에 있어서는 한국을 일본에 동화同化시키고 한국의 이권을 일본인에게 넘겨주기 위한 침략적 의도가 담긴 것이라는 비판을 행하고 있다. 이 같은 『경향신문』의 기사들은 외세의 침탈에 대한 비판적이면서도 저항적 시각을 직접적으로 드러내고 있다는 점에서 당대의 신문 중 가장 강력한 반외세적 보도 경향을 보이고 있다고 해도 과언이 아니다. 일본의 폭압적인 침탈 행위를 비판하는 『경향신문』의 보도 경향은 그 구체성과 묘사 수위에 있어서도 여타 신문보다 상당히 높은 수준에 있었음을 다음의 기사들을 통해서도 확인할 수 있다.

쟝호원 쇼식

쟝호원셔 온 긔셔ᄅᆞᆯ 보니 일본 병뎡 삼십명이 잇ᄂᆞᆫᄃᆡ ᄇᆡᆨ셩이 살 수 업ᄂᆞᆫ 거ᄉᆞᆫ 각 동리에셔 사ᄅᆞᆷ과 소ᄅᆞᆯ 잡아 부리고 아모 삭도 주지 아니ᄒᆞ고 본월 팔일에 십칠 동ᄂᆡ 두민들을 불너 ᄃᆞᆰ과 ᄃᆞᆰ의 알을 각 동에 ᄇᆡ렴ᄒᆞ고 갑ᄉᆞᆫ ᄒᆞ나도 내지 안코 통ᄉᆞᄂᆞᆫ 한인인ᄃᆡ 아모 연고 업시 공연히 ᄇᆡᆨ셩을 ᄯᆞ리고 욕ᄒᆞ며 일본 병뎡들이 의병 김슈무장의 집을 불살오고 려쥬 ᄯᅡᆼ헤 여러 동리ᄅᆞᆯ 불노ᄒᆞᆫ 집이 대단히 만타 ᄒᆞ고 츙쥬에셔 들니ᄂᆞᆫ 말은 츙쥬 읍ᄂᆡ에 일본 병뎡 ᄉᆞᄇᆡᆨ명 ᄯᆡ문에 ᄇᆡᆨ셩이 살 수 업서 만히 헤여졋

75 『경향신문』, 1907.6.28, 2면.

다 ᄒᆞ고 팔월 이십일에 일본 병뎡 열명이 쟝호원셔 츙쥬로 갓다가 쟝호원셔 삼십리 되ᄂᆞᆫ 룡당 동ᄂᆡ에 니ᄅᆞ러 방아질ᄒᆞᄂᆞᆫ 녀인들을 보고 겁탈ᄒᆞ려 갓다가 녀인들은 도망ᄒᆞ엿ᄉᆞ나 열네설 된 계집ᄋᆞ히를 잡고 그 개 것흔 놈들이 이 ᄋᆞ히를 겁간ᄒᆞ여 그 ᄋᆞ히가 죽게 되엿고 농군 여ᄉᆞᆺ 명이 쳥쥬와 부강셔 츙쥬 읍ᄂᆡ에 소를 ᄭᅳ을고 갓다가 일병의게 잡혀셔 ᄒᆞᆫ ᄃᆞᆯ 동안을 일ᄒᆞ다가 아모 삭도 밧지 못ᄒᆞ고 ᄆᆞᆺᄎᆞᆷ내 견ᄃᆡ지 못ᄒᆞ야 나올 ᄯᅢ에 제 소를 일본 병뎡의게 주니 일병들이 됴흔 사ᄅᆞᆷ이라고 ᄒᆞ며 돈은 ᄒᆞᆫ 픈도 주지 아니ᄒᆞ엿고 ᄯᅩ 쟝호원셔 소를 가지고 츙쥬로 간 사ᄅᆞᆷ은 몬져 이환 칠십젼을 밧앗ᄉᆞ나 닐헤 동안에 저도 먹고 제 소도 먹인 고로 올 ᄯᅢ에 로ᄌᆞ ᄒᆞᆫ 픈도 업섯고 본월 초구일에 일본 병뎡들이 무긔 장 터에 불을 노흐니 젹은 집 외에 큰 집 십팔호가 몰수히 ᄐᆞ고 십일일에 목골 동리에 불을 노코 십일일에 쟝호원 강가에셔 일병이 총을 노하 한인 둘흘 죽엿ᄉᆞ니 무ᄉᆞᆷ 죄로 죽엿ᄂᆞᆫ지 아지 못ᄒᆞᆫ다더라[76]

쟝호원 쇼식

구월 십구일 오젼 열ᄒᆞᆫ 시에 의병들이 쟝호원 ᄆᆡ산에셔 크게 소ᄅᆡ를 질너 대한 사ᄅᆞᆷ은 다 나가라 ᄒᆞᆫ 후에 총노키를 시작ᄒᆞ니 일병 열명이 황황망조ᄒᆞ야 ᄃᆞ라나다가 도로오며 도로오다가 ᄃᆞ라나며 총을 놋ᄂᆞᆫ지라 의병 ᄒᆞ나히 양총을 가지고 련니어 노터니 총에 맛지 안ᄂᆞᆫ 탄환을 너타가 나갈 ᄯᅢ 제 다리가 마자 밧고랑에 너머진지라 싸홈 긋친 후에 일병들이 그 밧헤 드러가 그 의병을 잡아 일본 병참소에 노코 누구며 의병이냐 무ᄅᆞ니 ᄃᆡ답이 나는 평안도 리가요 의병이로라 ᄯᅩ 무ᄅᆞᄃᆡ 동모ᄂᆞᆫ 누구냐 ᄃᆡ답이 동모ᄂᆞᆫ 무를 것 업다 나만 죽이려면 죽일 ᄲᅮᆫ이니라 ᄒᆞ니 일병이 곳 방 속에셔 총 두 방을 노하 죽이고 일병이 목골 나무군 두 명을 죽이고 삼십호되ᄂᆞᆫ 동리ᄂᆞᆫ 뎐보 ᄭᅳᆫ허진 ᄐᆞᆺᄉᆞ로 불을 노하 몰수히 ᄐᆞ고 ᄃᆞᆰ과 ᄃᆞᆰ의 알을 함부로 ᄲᅢ아사 가고 일병의 통사ᄂᆞᆫ 엽젼 일쳔륙ᄇᆡᆨ량을 ᄲᅢ아사 가고 문경셔ᄂᆞᆫ 일병 열명을 죽엿다

---

76 「쟝호원 쇼식」, 『경향신문』, 1907.9.20, 2면.

ᄒᆞ고 거월 이십이일 밤에 일병이 드러가셔 잉틱ᄒᆞᆫ 녀인을 겁간ᄒᆞᆷ으로 그 녀인이 죽게 되엿고 음셩 사쟝골은 팔십호 되ᄂᆞᆫ 동리ᄅᆞᆯ 불지ᄅᆞ고 양지 ᄇᆡᆨ암이셔ᄂᆞᆫ 의병의게 밥ᄒᆞ여 주엇다고 세 동리ᄅᆞᆯ 불질넛다더라[77]

1907년 9월 20일과 10월 4일 2회에 걸쳐 9월 8일부터 19일 사이에 걸쳐 장호원에서 발생하였던 일본군의 만행을 고발하고 있는 위의 기사에서는 재물 강탈과 구타, 방화와 미성년 여성에 대한 강간, 강제노동 동원과 살인 등 온갖 종류의 입에 담기 힘들 정도의 범죄 행위를 일삼는 일본군의 행태가 적나라하게 묘사되고 있다. 이어지는 후속 보도 기사에서는 의병뿐만 아니라 민간인에 대한 학살을 서슴지 않는 일본군의 행태와 임산부에 대한 강간과 같은 반인륜적 범죄 행위까지 저지르는 모습을 고발함으로써 여타의 신문에서는 보기 힘든 일본군의 야만적 범죄 행위의 실상이 구체적으로 폭로되고 있음을 알 수 있다. 이는 정치적 입장을 기준으로 할 때 『경향신문』이 가장 반일적 혹은 항일적인 태도를 취하고 있었음을 시사한다고 할 수 있다. 일본에 의한 강제 군대 해산 과정과 이에 대한 한국 군인들의 항거 과정에서 나타난 처절한 피해의 과정을 생생하면서도 상세하게 전달하고 있는 다음의 기사 역시 동일 시기에 발행된 여타의 신문에서는 찾아보기 어려운 내용으로 이루어져 있다.

○ 직작일 오젼에 군부 대신 리병무씨와 장곡천 대장이 통감부에 모혀 군ᄃᆡ 헤치기ᄅᆞᆯ 비밀히 의론ᄒᆞ여 결단ᄒᆞ고 그날브터 일병이 ᄯᅦᄅᆞᆯ지어 각 방곡을 엄밀히 파슈ᄒᆞᆷ은 군ᄃᆡ 헤칠 ᄯᅢ 무ᄉᆞᆷ 변이 잇ᄉᆞᆯ가 예비ᄒᆞᆷ이오

○ 그 날 밤에 군ᄃᆡ 헤치ᄂᆞᆫ 죠칙을 반포ᄒᆞ고 어제 일은 아ᄎᆞᆷ에 각ᄃᆡ 병뎡의 가진

77 「쟝호원 쇼식」, 『경향신문』, 1907.10.4, 2면.

바 칼과 총을 일시에 몰수히 거두엇고

○ 오날 샹오 아홉 시에 각딕 쟝졸을 유인ᄒᆞ야 훈련원으로 모ᄒᆞ고 군딕 헤치는 죠칙을 닑어 듯게 ᄒᆞ고 곳 우리 나라 쟝졸은 가온대 세우고 일본 쟝졸은 ᄉᆞ면으로 에워세우고 서로 경례를 힝ᄒᆞ게 ᄒᆞ고

○ 황뎨 폐하씌옵셔 특별히 ᄂᆞ리신 은혜의 돈을 ᄎᆞ례로 ᄂᆞᆫ화 주ᄂᆞᆫ딕 하ᄉᆞᄂᆞᆫ 팔십원이오 일년 이샹을 근무ᄒᆞᆫ 병뎡은 오십원이오 일년 이하 근무ᄒᆞᆫ 병뎡은 이십오원이고

○ 분급을 다ᄒᆞᆫ 후에 대딕쟝이하 쟝교의게ᄂᆞᆫ 몃칠 동안이면 다시 무솜 쳐분이 계시겟다 ᄒᆞ고

○ 각 병졸들이 칙령을 듯줍고 딕쟝의 말을 드른 후에 돈을 밧아가지고 각기 무ᄉᆞ히 헤여져 갓고

○ 셔소문 안 뎨이련딕 뎨일대딕쟝 박셩환씨ᄂᆞᆫ 일본딕쟝들이 그 영문에 와셔 군긔를 거두고자 ᄒᆞ매 박씨가 ᄀᆞᆯᄋᆞ딕 내가 대딕쟝이 되여 병뎡의게 군긔를 내여노라고ᄂᆞᆫ ᄎᆞᆷ아 못ᄒᆞ겟다 ᄒᆞ고 ᄎᆞᆺ던 바 군도를 ᄲᆡ여 ᄌᆞ긔 빅를 찔너 즉ᄉᆞᄒᆞ엿고

○그 대딕쟝 박씨가 ᄌᆞ결ᄒᆞᆫ 후에 병뎡들이 ᄆᆞᄋᆞᆷ이 분격ᄒᆞ야 불온ᄒᆞᆫ 모양이 잇더니 별안간 일본 딕쟝을 향ᄒᆞ야 총을 노흐니 일본 병뎡 뎨삼딕가 진뎡ᄒᆞ기 위ᄒᆞ야 그 영문을 향ᄒᆞ야 나아가니 영문에셔 총노키를 시작ᄒᆞ야 두 나라 군ᄉᆞ가 여러 시를 싸홧고

○ 오젼 열 시에 남대문에 걸엇던 긔관포機関砲를 그 영문에 딕고 련ᄒᆞ야 쏘앗고

○ 일병 일딕는 그 영문을 급히 치매 우리 병뎡도 방 속에셔 마조 쳐 대단히 싸호기를 이십분 동안을 ᄒᆞ다가 일병 일즁딕가 또 와셔 도아 그 영문을 ᄡᅢ아ᄉᆞ매 우리 병뎡이 ᄉᆞ면으로 헤여졋고

○ 그 영문 건너편에 잇는 뎨이련딕 뎨일대딕도 일병과 서로 싸홀 제 다른 문으로 일병이 또 드러오며 ᄶᅵ고 쳐셔 열ᄒᆞᆫ 시 ᄉᆞ십분에 젼혀 일병의게 잡히니 두 나라 병뎡 죽고 샹ᄒᆞᆫ 거시 만흔지라 위션 됴사ᄒᆞᆫ 거시 일병은 쟝교 이하가 이십삼명이라 ᄒᆞ고 우리 병뎡은 쟝교 이하 ᄇᆡᆨ여명이오 잡힌 쟝교가 아홉이오 하ᄉᆞ가 팔십 명이라더라

○ 시위 뎨일련딕 뎨이대딕만 남겨두고 다른 포딕 마딕 공딕 교셩딕는 다 헤쳣더라

○ 오후 여ᄃᆞᆲ 시에 우리 나라 죽은 병뎡은 마챠 닐곱으로 시러 슈구문 밧그로 내여갓더라

○ 셔쇼문과 남대문에셔 시작ᄒᆞᆫ 싸홈이 남문 밧 약현에ᄭᆞ지 미쳣는딕 대한 병뎡 여러명이 약현셩당 근쳐로 올나가는 거ᄉᆞᆯ 보고 일본 병뎡이 남대문 뎡거쟝과 다른 곳에셔 총을 노타가 여러 탄환이 셩당 안헤 드러갓고 ᄒᆞᆫ 개는 뎡신부 잇는 방에ᄭᆞ지 드러갓ᄉᆞ며 셩당 압헤셔 대한 병뎡 세 명이 죽고 다른 병뎡 몃명은 잡혓더라

○ 이런 놈도 세샹에 잇나 일본 병뎡이 대한 병뎡을 ᄎᆞ자 잡을 ᄯᅢ에 대한인 즁에 엇던 놈은 일본의게 무ᄉᆞᆷ 긴ᄒᆞᆫ 리익을 밧는 놈인지 대한 병뎡 숨어잇는 곳을 일병의게 ᄀᆞᄅᆞ치고 병뎡의 복ᄉᆡᆨ을 벗고 평복 닙은 병뎡을 병뎡이라고 닐ᄋᆞ니 일런 일이 셰

샹 인간에 엇지 잇는고

○ 참혹흔 죽엄이 너무 만하 도망흔 병뎡을 추자 잡으려고 일본 역군들을 만히 발흐야 셔쇼문 안 각 려염집을 뒤여 피흐야 숨은 병뎡을 만히 잡은 즁 윤쥬스 집에 는 드러가 병뎡 열명을 잡아 즉디에 짜려 죽엿다더라[78]

이 기사에서는 먼저 서두에 군대 해산이 한국의 친일적 고위 관료와 일본군 대장 간의 밀약에 의한 것임을 명시한 후 대대장 박성환이 무장 해제에 대한 항거의 표시로 할복자살한 사실을 묘사함과 동시에 이로 인해 촉발된 한국 군대와 일본 군대 간의 교전과 그에 따른 사상자 수를 보도하고 있는데, 이 같은 상세한 보도가 가능했던 배경에는 교전 과정에서 한국 병정 몇 명이 약현 성당으로 도피하자 일본 병정이 이들을 쫓아가 성당 안으로 진입하여 이들을 살상하는 사건을 이 성당의 '정 신부'가 모두 목격하였기 때문임을 알 수 있다. 나아가 일본 병정에게 한국 병정이 은신해 있는 곳을 고자질하는 같은 한국인에 대한 지탄과 함께 이들의 죽음이 "참혹"한 것이라는 감정적 언사가 표명되어 있음을 알 수 있다.

이상의 기사들에서 알 수 있듯이 『경향신문』은 『대한매일신보』나 확대판 『제국신문』보다 강력하면서도 강경한 반외세적, 반봉건적 관점에서 당대의 현실에서 발생한 일본의 한국에 대한 주권 침탈과 인명 살상 및 재물 손괴 등 다양한 범죄 행위를 고발함과 동시에 같은 동포이자 보호해야 할 백성들을 오히려 억압하고 늑탈하는 관료 집단 및 지배 계층의 부정적인 행태와 비리들을 여과 없이 잡보란에 기사화함으로써 당대에 가장 비판적인 언론 매체로서의 면모를 보여주었다고 해도 과언이 아니다. 이 같은 『경향신문』의 보도 경향이 고종의 강제 퇴위로부터 군대 해산과 한일신협약으로 이어지는 엄혹한 식민지화의 도

78 『경향신문』, 1907.8.9, 2면

정 속에서 독자들로 하여금 이 신문을 열독하게 만든 원인이 되었다고 보는 것이 타당할 것이다. 그런 점에서 이 시기의 현실에 대한 고찰에 있어 『경향신문』이 갖는 사료적 가치는 종전보다 더욱 높게 평가되어야 한다고 생각한다.

제4장

잡보를 통해 살펴본 근대 초기 한국사회의 양상

이 책에서는 근대 초기 신문의 잡보란이 한국 근대 초기의 현실에 대한 총체적 조망과 고찰에 있어 필수적일 뿐만 아니라 가장 유용한 자료가 될 수 있다는 점을 논증해 보이고자 하였다. 이를 위해 1895년 9월 『한성신보』에 의해 잡보란이 개설된 이래 각 시기별로 발행된 모든 신문들의 잡보란에 대한 종합적인 고찰을 시도하였고, 더불어 동일한 시기에 발행된 신문들의 잡보란에 대한 상호 비교 검토라는 방법론을 토대로 당대의 현실이 매체에 의해 어떻게 묘사되고 있었는지를 살펴보았다. 1895~1910년 사이에 발행된 신문들의 모든 발행분이 현전하는 것은 아니기에 부득이하게 특정 신문 또는 동일 시기에 발행된 신문들의 지면을 중심으로 비교 작업을 진행할 수밖에 없었지만 이러한 제약에도 불구하고 잡보란에 대한 고찰을 통해 우리가 근대 초기 한국사회의 현실에 대해 알 수 있는 점은 적지 않다고 할 수 있다.

제2장에서는 먼저 1895년 9월 지형을 확대한 배대판의 형태로 한국어 지면의 발행을 개시하였던 『한성신보』를 필두로 하여 근대 초기 신문 시장의 형성기에 등장하였던 다양한 민간 발행 순국문 신문들의 잡보란에 대한 고찰을 통해 당대 현실의 종합적인 양상을 살펴보았다. 『한성신보』는 한국 근대 초기 신문 중 최초로 잡보란을 개설하고 다양한 제재와 내용을 담은 기사를 게재함으로써 이후 등장한 모든 신문들의 잡보란 편성과 지면 구성 방식에 영향을 미친 매체로 기록되어야 할 것이다. 초기의 『한성신보』 잡보란은 조선인의 시각에서 서술된 근대 일본 체험과 함께 서구 문명으로부터 유래된 지식과 정보를 독자들에게 설명하는 기사들을 다수 게재하였고, 이러한 기사들은 독자는 물론이거니와 당시의 한국인들에게 신문이라는 매체와 잡보란이라는 지면이 갖는 유용성과 효과에 대해 인지하게 만들었을 것으로 판단된다. 이와 더불어 『한성신보』 잡보란은 서사화된 기사를 적극적으로 게재하는 경향을 보였다. 이는 지면의 오락성을 증대시키는 방식을 통해 독자 확보를 지향하는 상업주의적 전략의

일환으로 볼 수 있으며, 이렇게 형성된 잡보란의 기사 작성 특징은 이후에 등장한 모든 근대 초기 신문들의 독자 확보를 위한 지면 구성 전략으로서 수용되었다고 할 수 있다.

『한성신보』에 이어 창간된 『독립신문』의 잡보란은 국내의 정치 현안 및 사회 문제에 대한 내용을 중심으로 보도하는 경향이 강했다. 『독립신문』의 잡보란은 조선 사회 내부에서 벌어지고 있는 다양한 사건 사고를 보도함과 동시에 경우에 따라서는 사건 사고에 대한 짧은 비평적 언급을 첨부함으로써 독자들로 하여금 잡보란을 조선 사회의 현실에 대한 동시대적 인식을 공유하게 하는 지면으로 인식하도록 만들었다고 할 수 있다. 이처럼 근대 초기 신문의 잡보란이 당대 조선 사회의 현실을 반영함과 동시에 대중들의 지향과 열망을 적극적으로 반영하는 지면으로서 복합적인 속성을 갖게 된 데에는 『독립신문』의 역할이 자못 컸다고 할 수 있다.

『한성신보』 잡보란의 기사 속에서 형상화된 조선의 모습은 '문명의 세례를 받지 못한 채 미몽과 야만에 의해 지배당하는 세계'로 요약된다. 이에 비해 『독립신문』 잡보란의 기사 속에서 형상화된 조선의 모습은 '문명개화를 향한 도정을 시작하였으나 이의 온전한 구현이 이루어지지 못해 혼란상을 표출하고 있는, 과도기적 양상을 노정하고 있는 세계'라고 할 수 있다. 좀 더 구체적으로 설명하자면 『독립신문』의 잡보란을 통해 그려지고 있는 조선의 현실은 일반 민중들이 각자의 삶의 자리에서 저마다의 생업에 종사하면서 정당한 권리와 복락을 누릴 수 있는 세계가 아니었다고 할 수 있다. 민중의 삶은 사익의 편취를 도모하는 범죄자들의 폭력적 행태로부터 안전을 보장받지 못한 채 일상적인 위협에 노출되어 있었고, 약자적 위치에 있는 여성과 노비, 그리고 하급 노동자 등의 개인들이 범죄자들의 주요 범행 대상이 되었다. 충분한 수준은 아니지만 전근대의 공동체적 질서 속에서 일정한 정도로 개인을 보호하는 기능을 담당해오던 전통적 규범과 관습이 무력화되고 있었던 현실의 모습이 잡보란의 기사들을 통해 여과 없이 보도되고 독자들에게 공유되었던 것이다. 이처럼 『독립신문』 잡보란은 지배 계급인 양반이나 고위 관료들에 의해 주도되고 있는 현실이 아닌 일반 백성들이 직면하고 있는 문제와 상황들을 주된 보도의 대상으로 삼았고, 가상이나 허구가 아닌 동시대의 실제 현실을 지면에 담음으로써 이에 대한 독자들의 비판적인 인식을 불러일으켰다고 할 수 있다.

한편 『독립신문』에 이어 기독교계에서 발행한 순국문 신문인 『조선(대한)그리스도인회보』와 『그리스도신문』의 잡보란은 당대의 기독교인을 구성하고 있던 하위 계층의 현실적 문제와 밀접한 관련이 있는 사안에 대해 중점적으로 보도하였음을 알 수 있다. 경제적 여력이 부족한 백성들의 생계 영위에 직접적인 영향을 미치는 미곡 가격의 폭등 문제를 이슈화하는 한편 한국인이 외국인으로부터 받는 차별의 문제 또한 편향성 없이 균등하게 조명하였던 것이다. 이러한 두 신문의 기사들에 의해 환기되고 있는 당대의 현실은 '외국 세력에 의해 권익과 인권을 침해당하고 있는 위기의 조선과 인민'이라고 할 수 있다. 민생 문제와 외국인에 의한 차별이라는 사회적 이슈를 독자들에게 인식시키는 데 있어 두 신문이 담당한 역할은 결코 작지 않다고 평가할 수 있을 것이다.

다음으로 살펴본 『협성회회보』와 『매일신문』, 그리고 『제국신문』의 잡보란에서는 외국인에 의한 자국민 차별 문제뿐만 아니라 다양한 사회적 문제를 해결하는 데 있어 무능함을 드러내던 중앙 및 지방의 관료 집단에 대한 비판적 보도를 더욱 적극적으로 수행함으로써 앞서 발간되었던 신문들과 차별화된 양상을 보여주었음을 알 수 있다. 이 신문들은 특히 한국 정부 및 한국 국민과 가장 교류가 많은 만큼 상호 간에 갈등과 충돌 역시 적지 않았던 일본 정부와 일본인들의 잘못된 처사와 행위들을 고발하는 기사를 많이 실었음을 알 수 있다. 이 신문들의 잡보란을 통해 그려진 당대 조선 사회는 '주로 일본으로 대표되는 침략적 제국주의 세력과 조정 내의 부패 관료 세력이 대내외적으로 일반 민중의 삶을 위협하는 현실'로 요약된다. 여기에 더하여 '국민으로서 누려야 할 지위와 권익을 보장받지 못한 채 오히려 집권 세력에 의해 고통과 수난을 겪는 인민의 상황' 또한 이 시기 사회 현실의 중요한 국면으로서 제시되었다고 할 수 있다. 그리고 이상과 같은 당대의 현실은 기본적으로는 사실주의적 저널리즘에 기반하여 폭로와 고발의 방식으로 묘사되는 한편, 때로는 우의와 풍자의 방식으로, 때로는 풍부한 구체성을 갖춘 서사의 방식으로 그려졌음을 알 수 있다.

제3장에서는 1904~1907년 사이에 신문 시장이 확대되고 매체의 다양한 분화가 이루어지던 시기에 등장하였던 대표적인 신문이라 할 수 있는『대한매일신보』와『제국신문』, 그리고『경향신문』잡보란을 비교 고찰함과 동시에 이들 신문의 등장에 앞서 대척점에 서 있었던 일본인 발행 신문인『대한일보』의 잡보란을 고찰함으로써 서로 다른 정파성을 지닌 매체들이 당대의 현실을 어떻게 상이하게 묘사하고 있었는지를 비교해 보았다.

먼저 1904년 3월에 창간된『대한일보』의 잡보란은 언뜻 보기에는 당대 사회의 현실에 대한 비판과 바람직한 사회적 변화를 견인하기 위한 대안을 제시하는 것처럼 보이지만, 기사의 실질적인 내용을 면밀히 살펴보았을 때에는 러일전쟁에서 일본의 승리가 확실시된다는 인식을 확산시키는 것과 일본의 조선에서의 위상이 강화되는 현실에 대한 한국 국민의 순응, 나아가 적극적인 협조가 필요하다는 인식을 유포하려는 시도에 초점이 맞춰져 있음을 알 수 있다.

요컨대『대한일보』가 그리고 있는 당대 조선의 현실은 '보호국화될 가능성이 높아진 상황에서 새로운 시대를 함께 열어갈 파트너를 찾아야 하는 도전과 위기의 시국時局'이라고 할 수 있다. 그리고 이러한 시국을 타개해 나갈 수 있도록 조선을 도울 수 있는 진정한 보호자가 일본이라는 인식을 확산시키는 것이 잡보란에 게재된 기사들에 담긴 정치적 의도라고 할 수 있을 것이다. 이 같은『대한일보』의 정파성은 한국인 독자들에게 설득력을 지니기 어려웠고, 외면당할 가능성이 높았다고 할 수 있다. 『대한일보』가 잡보란을 통해 다양한 오락적 서사물을 게재한 것은 이러한 정파성의 한계를 극복하고 독자를 확보하기 위한 전략의 일환이었던 것으로 볼 수 있다.

이에 비해 『대한일보』와 동일 시기에 발행된 『대한매일신보』는 창간 직후부터 일본에 의해 강행되는 식민지화 정책과 그로 인해 일반 백성들이 겪게 되는 피해를 보도하는 데 있어 전언과 지방관의 보고문 인용 등의 방식을 통해 문제점을 드러내고 독자들에게 현실에 대한 각성을 불러일으키는 기사들을 잡보란을 통해 적극적으로 게재하였음을 알 수 있다. 그리고 여기에 더하여 『대한매일신보』는 외세의 주권 침탈 및 민권 침해의 현실 속에서도 이에 맞서 국민을 보호하고 국권을 수호하는 데에 경주하기는커녕 오히려 사익을 탐하고 백성을 더욱 도탄에 몰아넣는 군수와 아전 등 지방 관료 집단의 폐단과 비리를 고발하는 기사 역시 적극적으로 게재하였음을 알 수 있다. 이 같은 보도를 통해 외세에 맞선 저항과 체제 개혁의 주체는 결국 '한국 인민 자신'이어야 한다는 인식을 유포하고 확산시키는 데 기여한 매체로 규정할 수 있다.

다음으로 역시 동일 시기에 발행되었던 확대판 『제국신문』과 『대한매일신보』의 잡보란 비교 고찰을 통해 두 신문이 당대의 현실을 어떻게 인식하고 묘사하고 있었는지에 대해 살펴보았다. 먼저 정미의병의 활동이 왕성하게 이루어졌던 시기에 발행된 두 신문의 잡보란을 비교해 보면 표면적으로는 의병에 대한 기사를 거의 비슷한 분량과 비중으로 다루었던 것은 사실이지만, 의병을 지칭하는 단어의 사용 양상과 그 용법을 좀 더 구체적으로 살펴볼 경우 의병에 대한 두 신문의 시각에는 일정한 차이가 있음을 알 수 있다. 이는 확대판 『제국신문』이 『대한매일신보』에 비해 통감부로 대표되는 일제 당국의 의병에 대한 시각 내지는 보도 지침을 더 철저히 따르지 않을 수 없는 어떤 사유가 있었다는 의미로도 이해할 수 있고, 혹은 의병에 대한 제국신문사의 시각이 대한매일신보사보다 상대적으로 더 부정적이었다는 의미로도 해석할 수 있다.

이와 같은 두 신문의 차이를 좀 더 분명하게 드러내는 대상은 바로 여성 관련 기사라고 할 수 있다. 물론 같은 순국문 신문이라 하더라도 창립 당시부터 여성을 주요 독자층으로 상정했던 『제국신문』이 『대한매일신보』에 비해 여성 관련 기사를 더 많이 게재했을 것이라는 점은 충분히 예상 가능한 일이기는 하다. 이러한 추론을 반영하듯 확대판 『제국신문』에서도 여성 관련 기사는 동일한 시기의 『대한매일신보』에 비해 건수 및 분량에 있어서도 우위를 나타내고 있을 뿐만 아니라 여성을 지칭하는 단어와 이의 용법 또한 더욱 다양하면서도 복잡한 양상을 보이고 있다는 점을 알 수 있다.

한편 동일 시기에 발행되었던 『경향신문』은 제국주의적 침략을 노골화하고 있던 일본의 한국인에 대한 폭력과 억압적 행태에 대해 대단히 상세하면서도 비판적인 관점에 입각하여 보도하였던 것으로 확인된다. 『경향신문』 잡보란의 기사들이 형상화하고 있는 것은 군수와 순검으로 대표되는 '공권력의 집행을 담당하고 있는 관료 집단이 자신들이 돌봐야 할 백성들을 착취와 수탈의 대상으로 삼아 어떠한 죄책감도 없이 악행을 일삼는 부조리한 현실'이라고 요약할 수 있다. 특히 『경향신문』에서는 이러한 현실을 고발하고 폭로하는 데 있어 가해자인 관료 집단에 대한 비판적인 인식을 적극적으로 드러내는 경향을 보여 비교적 전언과 인용의 방식으로 형식적인 객관성을 유지하고 있던 『대한매일신보』와는 뚜렷한 차이를 나타내고 있다. 『경향신문』은 『대한매일신보』나 확대판 『제국신문』보다 더욱 강력하면서도 강경한 반외세적, 반봉건적 관점에서 당대의 현실에서 발생한 일본의 한국에 대한 주권 침탈과 인명 살상 및 재물 손괴 등 다양한 범죄 행위를 고발함과 동시에 같은 동포이자 보호해야 할 백성들을 오히려 억압하고 늑탈하는 관료 집단 및 지배 계층의 부정적인 행태와 비리들을 여과 없이 잡보란에 기사화함으로써 당대에 가장 비판적인 언론 매체로서의 면모를 보여주었다고 할 수 있다.

이상의 논의를 통해 저자는 근대 초기 사회에 대한 고찰에 있어 일정한 편향성과 의도에 의해 근대 초기 매체의 일부만이 한정적으로 선택되어온 관행, 그리고 매체의 지면 안에서 나타나고 있었던 내용적 다양성이 사상된 채 논설만이 매체의 메시지 그 자체이자 연구자들의 주장을 뒷받침하는 가장 중요도가 높은 근거 자료로 인용되어 온 관행에 대한 반성의 필요성을 제기하였고, 이의 극복을 위해 매체 전반에 걸친 비교 검토와 함께 비교 대상을 논설에서 잡보로 확장할 것을 제안하였다. 이에 따라 1890년대와 1900년대에 등장하였던 여러 신문들의 잡보란에 대한 비교 고찰을 통해 이 신문들이 서구 문물의 도입에 의해 추동되었던 근대화와 외세의 주권 침탈이라고 하는 두 가지 외부로부터의 자극에 대해 조선 사회와 구성원들이 어떠한 고통과 피해를 입었으며 이에 대해 어떻게 대응해야 하는가에 대한 생생한 보고와 제안의 기록을 남겼다는 사실을 확인할 수 있었다. 이 기록들은 지금까지 학계로부터 그 가치에 부합하는 정당한 관심과 주목을 받지 못했다는 것이 저자의 판단이다. 앞으로도 지속적인 고찰과 분석을 통해 당대 사회의 현실이 지닌 복합적이면서도 역동적인 양상을 재현해내기 위한 노력이 이루어져야 할 것이다.

참고문헌

1. 자료

『한성신보』, 『독립신문』, 『조선(대한)그리스도인회보』, 『그리스도신문』, 『협성회회보』, 『매일신문』, 『제국신문』, 『황성신문』, 위키피디아, 한국민족문화대백과사전, 빅카인즈.

2. 단행본 및 논문

강현조, 「근대초기신문의 전래 서사 수용 및 변전 양상 연구-『한성신보』와 『제국신문』의 공통 게재 서사물을 중심으로」, 『현대문학의 연구』 51, 한국문학연구학회, 2013.

______, 「『제국신문』 잡보란 연구-신자료 지면확대판(1907.5.17.~1909.2.28.)을 중심으로」, 『현대문학의 연구』 63, 한국문학연구학회, 2017.

구선희, 「『한성신보』의 조선 사회에 대한 인식-斷髮令(1895)과 관련하여」, 『사학연구』 137, 한국사학회, 2020.

근대초기매체연구회 편, 『제국신문 미공개 논설 자료집-1907.5.17~1909.2.28.』, 현실문화연구, 2014.

김연희, 「근대 도시로의 기반시설 구축」, 서울특별시 시사편찬위원회, 『서울 2천년사 25-근대 문물의 도입과 일상문화』, 경인문화사, 2014.

김영민, 『한국의 근대신문과 근대소설 2-한성신보』, 소명출판, 2008.

김종준, 「『한성신보』의 한국 정치 및 사회에 대한 인식」, 『역사와현실』 102, 한국역사연구회, 2016.

김항기, 「『한성신보』의 의병보도와 그 특징(1895~1896)」, 『역사와현실』 116, 한국역사연구회, 2020

신용하, 『독립협회연구』, 일조각, 1976.

쓰치야 레이코(土屋禮子), 권정희 역, 『일본 대중지의 원류』, 소명출판, 2013.

오영섭, 「『독립신문』에 나타난 미국인식」, 『한국민족운동사연구』 67, 한국민족운동사학회, 2011.

유영익 외, 『한국인의 대미인식-역사적으로 본 형성과정』, 민음사, 1994.

이유미, 「일본인 발행 미디어의 기획된 단편소설」, 『현대문학의 연구』 41, 한국문학연구학회, 2010.

이재선, 『한말의 신문소설』, 한국일보사, 1975.

장영숙, 「한성신보의 이중적 언론활동」, 『숭실사학』 44, 숭실사학회, 2020.

정보라미, 「〈마상루〉계 피난서사 자료의 상호 관계 재고」, 『우리문학연구』 45, 우리문학회, 2015.

최기숙, 「이념의 근대와 분열 / 착종되는 근대 여성의 정체성과 담론」, 『여성문학연구』 31, 한국여성문학학회, 2014.

최기영, 『대한제국시기 신문연구』, 일조각, 1991.

한원영, 『한국 개화기 신문연재소설연구』, 일지사, 1990.